ROWOHLT
BERLIN

Willi Jasper

Faust und die Deutschen

Rowohlt · Berlin

Die Abbildungen im Innenteil (S. 17, 33, 99, 181, 217, 261) zeigen Aquarelle von Rudolf Schröder, «Visionen zu Goethes Faust», Dresden 1949 (Stiftung Weimarer Klassik/Herzogin Anna Amalia Bibliothek).

1. Auflage September 1998

Umschlaggestaltung Walter Hellmann
(Fotos: Archiv für Kunst und
Geschichte, Berlin)
Satz aus der Bembo PostScript PageOne
Gesamtherstellung Clausen & Bosse, Leck
Printed in Germany
ISBN 3 87134 289 0

Inhalt

Einleitung

Als Albrecht Schöne 1994 seine vielbeachtete Neuedition von Goethes «Faust» kommentierte, sprach er die Hoffnung aus, daß es mit der faustischen Überhöhung in Deutschland vorbei sei. Ein frommer Wunsch, wie man heute weiß. Der Kulturpessimismus von Jünger und Spengler sowie aus dem Zusammenhang gerissene Ideen von Nietzsche erleben zur Zeit eine epigonale Renaissance. Die antiintellektuelle Distanzierung von historischem Fortschrittsdenken stützt sich auf die Fatalismusformel: «Das Böse kehrt zurück.» In erhabener Einsamkeit blickt eine selbsternannte neudeutsche «Geisteselite» lustvoll in den Abgrund und beschwört die Mythen der Antimoderne. Die neue metaphysische Sehnsucht nach Härte und Schwere folgt der alten Logik einer rechtskonservativen Geschichtsphilosophie mit den bekannten nationalistischen und antidemokratischen Affekten. Der Aufschwung des «Faustischen» in nationalen und säkularen Hochstimmungen läßt auf eine zyklische Gesetzmäßigkeit schließen.

Die 12000 Verse von Goethes «Faust» belasten seit über 150 Jahren als gymnasiales Zitatentrauma und moralisches Lehrstück die deutsche Bildungs- und Ideologiegeschichte. Mit volkstümlichem Tiefsinn hat das Ruhrgebietsoriginal von Manger alias Adolf Tegtmeier den Sachverhalt erfaßt: «Ich will Ihnen sagen, wat Goethes Faust is – Sie, der Abgrund inne deutsche Bildung.»

In der Tat sind sich in der Beziehung der Deutschen zu «ihrem» Faust Bildung und Abgrund sehr nahegekommen

– zuletzt und zugespitzt thematisiert in der Goldhagen-Debatte. Die Remythisierung des Holocaust führe in die faustischen Tiefen des deutschen Bewußtseins zurück, lautete da eine betroffene Erkenntnis. Der Philosoph Karl Jaspers hatte schon 1947 die Frage gestellt, ob die im Geiste Goethes geprägte Bildung nicht mitverantwortlich für das «deutsche Verhängnis» gewesen sei. Die Beziehungsgeschichte «Faust und die Deutschen» ist demnach nicht zu trennen vom Verhältnis «Goethe und die Deutschen». Der Dichterfürst benötigte für sein «Hauptgeschäft» – wie er es nannte – mehr als sechzig Jahre, seine «Faust»-Dichtung ist also das repräsentative Produkt seines Lebens.

Die «Historia» vom Teufelsbündner Faust war zwar schon an der Schwelle vom Mittelalter zur Neuzeit in «Volksbüchern» als christliche Mahnliteratur verbreitet, doch zur deutschen «Nationalbibel» wurde die Legende erst durch Goethes Werk. Ob Maler Müller, Klinger, Lenau oder Grabbe – alle «Faust»-Versuche zeitgenössischer Autoren zählten neben Goethe nicht mehr, das gilt auch für die großen Gegenentwürfe von Lessing und Heine.

Schelling und Hegel erklärten «Faust» zur «mythologischen Hauptfigur» und zur «absoluten philosophischen Tragödie» unseres Volkes. Seitdem «sitzt Faust», wie es 1835 in der *Zeitung für die elegante Welt* hieß, «dem Deutschen wie Blei auf den Schultern». Goethe und sein «Faust» wurden zum deutschen Gemeinschaftserlebnis, das Lehrer mit Schülern, Dichter mit Politikern oder Publizisten mit Industriemanagern verband und verbindet. Vor allem in Zeiten existentieller Bedrängnis suchten die Deutschen Seelentrost in der «Faust»-Lektüre. In den Materialschlachten des Ersten Weltkriegs gehörte der «Tornisterfaust» (eine Miniaturausgabe im Schuber) zur Sturmausrüstung der deutschen

Soldaten, und im Zweiten Weltkrieg dienten «Faust»-Zitate nicht nur als Durchhalteparolen in den Trümmern von Stalingrad, sondern wurden von Fronttheatergruppen selbst auf U-Booten vorgetragen. Und auch Jan Philipp Reemtsma hat während seiner Geiselhaft – wie er berichtet – Zerstreuung und Trost in den Versen von «Faust II» gefunden.

«Faust»-Zitate lindern aber nicht nur Seelennot, sondern dienen in trivialisierter Form seit dem 19. Jahrhundert auch der Reklame. Mit den Worten von Faust, Mephisto und Gretchen wurden unter anderem Fleischextrakt, Sekt, Liköre, Margarine, Hühneraugenmittel, Schreibmaschinen, Schuhe und sogar Klosettpapier angepriesen. Auch heute zeigt der Mythos noch Werbewirkung: In Leipzig hat «Auerbachs Keller» unter Berufung auf die Zahlungskraft seiner klassischen Stammgäste den Konkursverwalter milde stimmen können, und 1995 posierten Claudia Schiffer und David Copperfield in Karl Lagerfelds «Photoroman Faust» für ein Modedesign der Postmoderne.

Die Wirkungsgeschichte von Goethes «Faust» ist einmalig. Zwar haben auch Shakespeare, Dante oder Corneille Nationalepen geschaffen, die zur Weltliteratur zählen – doch bei keinem vergleichbaren klassischen Autor sind Ruhm, Identifikationsangebot und Wirkung so mit einem einzigen Text verbunden wie bei Goethe. Was aber sind die Gründe für die Verabsolutierung von Goethes Weltbild zu einer idealistischen Grundlage, auf der sich das «Faustische» als Ideologie deutscher Sonderart und deutschen Sonderschicksals entwickeln konnte? Der oft gezogene Vergleich mit dem «Nibelungenlied» hinkt – abgesehen von dem Umstand, daß Richard Wagners radikale Erneuerung des

Stoffes «gewisse, sinnliche, nervöse und intellektuelle Reize» (Thomas Mann) freizulegen vermochte. Doch wo gibt es ein Zitat aus dem «Nibelungenlied», das attraktiv für moderne Schützengräben oder Werbekampagnen sein könnte? Wer kann und konnte den Originaltext überhaupt lesen? Von «Volkstümlichkeit» wie im Fall des «Faust» kann bei diesem mittelhochdeutschen Epos nicht die Rede sein. Schon in seinen mittelalterlichen Anfängen habe das Lied, so der Germanist Klaus von See, «außerhalb der literarischen Moden» gestanden. Und in der Tat war das «Nibelungenlied» nicht zum Nationalepos geschaffen, weil es von keiner nationalen Geschichtsideologie getragen ist. Der Enthusiasmus, der es zur Zeit der Napoleonischen Fremdherrschaft kurzfristig zur vaterländischen Erbauungsdichtung werden ließ, ging nicht vom Text aus, sondern reduzierte sich auf oberflächliche Affinitäten von «deutsch» und «nordisch» oder «Sage» und «Mythos».

Goethe hat die Erkenntnis formuliert, eine «Nationaldichtung» müsse schal werden, die nicht auf dem Menschlich-Ersten ruht, «auf den Ereignissen der Völker und ihrer Hirten, wenn beide für *einen* Mann stehen». Bei ihm ist selbst der metaphysische Teufelspakt zum kumpelhaften deutschen Männerbund geraten. Das Faust-Mephisto-Verhältnis folgt der Idee von der «Selbstzeugung des Mannes», einer bewährten Abwehrstrategie gegen das Weibliche. Der Psychoanalytiker Kurt R. Eissler hat die sublimierte Triebstruktur des Autors Goethe als treibende Kraft für die titanische Leistung seiner Dramenfigur verantwortlich gemacht. Faust kann sich als überlegene maskuline Lichtgestalt des Abendlandes behaupten. In seinem Studierzimmer, einem symbolischen Ort der deutschen «Gelehrtenrepublik», ist kein Platz für Intellektuelle. Faust entwickelte sich geradezu zum Prototyp des «Gegenintellektuellen»: «Bilde mir nicht ein, was rechts zu wissen, / Bilde mir nicht ein, ich könnte was lernen, / Die Menschen zu bessern und bekehren … / Darum habe ich mich der Magie ergeben.»

Mephisto, der zersetzende «Geist, der stets verneint», störte die harmonischen Kreise des deutschen Gelehrten. Dichtung und Wahrheit vermischten sich. Am Hof von Weimar und an der benachbarten Universität Jena waren zu Goethes Zeiten die Gründerväter des deutschen «Mandarinentums» versammelt – Geistesaristokraten wie Schiller, Schelling, die Schlegels, Hegel oder Fichte. Die Ausgrenzung des freischwebenden Intellektuellen wurde im 19. Jahrhundert zur Grundlage einer geisteswissenschaftlichen Ideologie. Ein verdrängter – und daher um so wirkungsmächtigerer – Aspekt der «deutschen Misere» ist die darauf gründende Dichotomie von Geist und Intellekt. Die faustische Geistigkeit wurde das deutsche Kontrastprogramm zur «französischen» Zivilisation und zum «jüdischen» Intellektualismus. Nietzsches «unzeitgemäßer» Zwischenruf – seine Kritik des Bildungsfetischismus im «Reich der Neureichen» – verhallte ungehört oder wurde mißverstanden.

Oswald Spengler und Ernst Jünger waren es dann vor allem, die versucht haben, das faustisch-elitäre Lebensgefühl über den deutsch-germanischen Mythenkreis hinaus auf den gesamten abendländischen Kulturkreis auszuweiten. Der autoritäre Staat und eine geistige Elite, die ihm dient, diese Tradition sollte in Deutschland Epoche machen – rechts wie links. Die Nationalsozialisten bemühten den Faust-Mythos gegen «jüdische Zersetzung» und die Kommunisten gegen «bürgerliche Dekadenz». Faust *und* Marx – das ist der Tragödie dritter Teil.

Als der französische Philosoph André Glucksmann in den siebziger Jahren darauf hinwies, daß die Ideen der deutschen «Meisterdenker» des 18. und 19. Jahrhunderts den totalitären Willen zur Macht legitimiert hätten, der für die Endlösungen des 20. Jahrhunderts «unabdingbar» gewesen sei, wurde das hierzulande – ähnlich wie die Goldhagen-Thesen – als unwissenschaftliche Provokation gewertet. Im Kern hatte Glucksmann versucht, jenen historischen Vorgang zu analysieren, durch den sich deutsche Texte an die Stelle von territorialer Wirklichkeit schieben, um sie zu verdrängen oder je nach Bedarf umzudeuten. In makabrer Modernität sei «Deutschland», so Glucksmann, «kein Territorium, keine Bevölkerung, sondern ein Text und ein Verhältnis zu Texten, die lange vor Hitler aufgestellt» und verbreitet wurden. Diese «Einigung durch Texte» sei einhergegangen mit der «Auflösung des Territoriums».

In diesem Sinne ist auch Goethes «Faust» ein Text makabrer Modernität. Goethe selbst wußte bereits, daß er es als Nationalschriftsteller in dem territorial zerstückelten Deutschland nicht einfach haben würde. Denn es fehle «ein Mittelpunkt gesellschaftlicher Lebensbildung, wo sich Schriftsteller zusammenfänden und nach *einer* Art, in *einem* Sinne, jeder in seinem Fache sich ausbilden könnten». In dieser Analyse – nicht in den Schlußfolgerungen – befand sich Goethe übrigens in erstaunlicher Übereinstimmung mit seinem Kontrahenten Ludwig Börne. Der hatte nämlich schon 1808 in seiner Dissertation erkannt: Wenn ein Land «eines Mittelpunkts entbehrt, so spricht sich auch die zentrifugale Tendenz des Egoismus nirgends stärker aus als bei seinen Einwohnern». Auch August Wilhelm Schlegel machte im frühen 19. Jahrhundert auf den deutschen Widerspruch von Text und Territorium aufmerksam:

«Deutschland, wiewohl nicht bloß geographisch, sondern auch in intellektueller Hinsicht im Herzen Europas gelegen», sei «immer noch selbst für die nächsten Nachbarn eine terra incognita». Das ewige Problem der Deutschen bestand darin, «in zwei getrennten Welten zu leben, in der Welt der Ideen und der Tatsachen, des Ideals und des Realismus» (Glucksmann). Je größer das deutsche Identitätsproblem war, desto entschiedener engagierte man sich mit radikalen Texten für eine abendländische Mission oder Idee. Die Anstrengung der «Meisterdenker», die in Faust ihren «dämonischen Helden» besaßen, zielte am Ende darauf, die «Ganzheit des deutschen Schicksals» – das heißt die «Politik der Mythologie *und* der Kanonen» – zusammenzuphilosophieren. Das war die faustische «Wiege» des Totalitarismus. In diesem Sinne hat auch Thomas Mann den Höllensturz Deutschlands als «faustisches Schicksal» beschrieben. Das hat man ihm als «Verrat» an Goethe übelgenommen. Nach 1945 wurde er von den «inneren Emigranten» als Nestbeschmutzer gescholten, ein Vorwurf, der zuletzt von Hans Schwerte alias SS-Schneider in seiner Schrift «Faust und das Faustische» subtil formuliert ist.

Goethes «Faust» ist keine Tragödie im Sinne eines Trauerspiels – seine Wirksamkeit erklärt sich nicht aus dem Charakter des Bühnenstücks, sondern aus der Ideologie des Textes. Auf der Bühne ist die Rolle des Faust verglichen mit der des Mephisto undankbar. Daher beschrieb Gustaf Gründgens das Problem der Faust-Darsteller als das Bemühen von «genialen Zwergen», einen «genialen Riesen» anzudeuten. Und Walter Benjamin hat mit Verweis auf Goethe dargelegt, daß nicht die Bühne, sondern das Buch die entscheidende Materie sei. Die Möglichkeit, eine fragmentarisch zersplitterte Welt als Allegorie ihres ganzheitlichen

Sinns zu «lesen», liege in der Fähigkeit des Menschen zur Interpretation.

Als das eigentliche Medium einer «technischen Reproduzierbarkeit» der «Faust-Idee» für die Bühne erwies sich die rauschhafte Oper. So beschreibt Thomas Mann nicht zufällig in seinem «Faustus»-Roman das Leben eines «deutschen Tonsetzers». Schon Goethes ausdrücklicher Wunsch war es, seinen «Faust» vertonen zu lassen, doch «ein unsichtbarer Drudenfuß» verhinderte, so Hanns Eisler, sein Eindringen in das «Laboratorium» der Musik. Erst mit Richard Wagner sollte diese magische Schwelle überwunden werden. Seine vollendete «Faust-Idee» in der Musik ist der «Parsifal». In dieser Oper wird die Idee der arischen Erlöserfigur realisiert, an der die Macht des Bösen zerbricht. Die Verbindung «Goethe / Wagner» und «Faust / Parsifal» ist bis heute ein Faszinosum für deutsche Regisseure.

Am Vorabend des 250. Geburtstages von Goethe geht «ein Ruck» durch das Land, so wie ihn der Bundespräsident in seiner «Berliner Rede» gefordert hat. Zur Wiedereröffnung des Goethe-Museums in Frankfurt am Main sprach auch er sich für einen «allgemein anerkannten Literaturkanon» aus. Damit unterstützte der Präsident demonstrativ die *Zeit*-Kampagne vom Mai 1997: «Kein deutsches Abitur ohne ‹Faust›-Kenntnis!»

Als Höhepunkt des Jubiläums wird vom deutschen Meisterregisseur Peter Stein die Realisierung seines seit mehr als zehn Jahren verfolgten Plans erwartet, den «Faust» endlich nach Goethes Vorstellungen zu inszenieren. Dazu benötigt er – wie man weiß – mindestens zwanzig Stunden, aufgeteilt auf sieben Theaterabende. Bruno Ganz, der rechtzeitig den Iffland-Ring erhielt, wurde von Botho Strauß als

«Faust»-Darsteller ausgelobt. Der Dramaturg würdigte in seiner Laudatio vor allem, daß Ganz als Heldendarsteller jener intellektuellen «Formzerstörung und Deheroisierung» widerstanden habe, mit der die 68er-Generation «unsere Sinne verseucht» habe. Doch würde Ganz sich wirklich in der Rolle als «mythologische Hauptfigur» der Deutschen wohl fühlen?

Der Worte sind indes genug gewechselt, man will jetzt Taten sehen. «Am 25. Juli 2000 werden die Angebote, die Goethe gemacht hat, angenommen», so kündigte Peter Stein unter Posaunenklängen in der Berliner Parochialkirche den heiligen Tag seiner «Uraufführung» an. Nun wollen die frühere Treuhand-Chefin Birgit Breuel und ihr künstlerischer Assistent Tom Stromberg das «Faust»-Projekt Steins im Kulturprogramm der EXPO 2000 in Hannover unterbringen. Stromberg, der zuletzt Adolf Hitler, RAF-Terroristen und Gefängnisaufseher im Fernsehen gespielt hat, sehnt sich jetzt nach faustischer Größe im Kulturmanagement.

28 Millionen DM soll «Faust 2000» kosten. Als Hauptsponsorin konnte die Kulturstiftung der Deutschen Bank gewonnen werden: «Wichtig ist uns das Live-Erlebnis» (Brigitte Seebacher-Brandt). Geplant ist «eine Art Gastspielversion» mit gehobenem Volksfestcharakter in den «multifunktionalen» Messehallen von Hannover, Berlin und Wien. Jetzt, wo alles unter Dach und Fach zu sein scheint, wirkt der Regisseur gelöst und erstaunlich offenherzig: «Die sind doch blöd, die von mir Neues erhoffen. Sie können doch von einem Sechzigjährigen nicht erwarten, daß er neue Ideen hat» (Interview mit der *Zeit* vom 14. Mai 1998).

In der Tat hat man früher schon phantasievoller geplant. Bereits vor Erfindung der Drehbühne ließ Otto Devrient den «Faust» auf einer dreidimensionalen «Mysterienbühne» aufführen, und für die Salzburger Festspiele wurde 1933 eine ganze «Fauststadt» errichtet. Am Geld ist «Faust» noch nie gescheitert. Der Zeitgeist ist immer gut bei Kasse. Gotthold Ephraim Lessing wird auch nach dem Goethe-Jubiläumsjahr 1999 noch recht haben:

«Wie verliebt war Deutschland – und ist es immer noch! – in seinen Doktor Faust.»

Berlin, Mai 1998

I. Prolog: Der Fall Schneider / Schwerte

Im zweiten Teil der Dichtung Goethes erwacht Faust wie neugeboren aus einem tiefen Schlaf. Leid und Verbrechen der Schlußszene des ersten Teils sind vergessen und verdrängt: «Des Lebens Pulse schlagen frisch lebendig.» Ähnlich muß sich der SS-Offizier Dr. Hans Ernst Schneider gefühlt haben, als er 1945 unter dem Namen Hans Schwerte ein neues Leben begann. Und seiner Frau erging es wie Marthe Schwerdtlein, die von Mephisto die Nachricht erhielt: «Ihr Mann ist tot und läßt Sie grüßen.» Schneider / Schwerte heiratete seine Frau zum zweitenmal, adoptierte das eigene Kind und promovierte noch einmal. Das Leben wurde zur Literatur. In seiner 1962 publizierten Habilitationsschrift «Faust und das Faustische» hat er beides – Leben und Literatur – wissenschaftlich analysiert. Die Bildungs- und Bedeutungsgeschichte des Wortes «faustisch» sei, so heißt es da, «zu einem Kapitel deutscher Unwirklichkeit und Übersteigerung, deutscher Sehnsucht und Selbstkritik, deutschen Selbstbewußtseins und deutschen Weltverlustes» geworden. So brachte der Autor kollektive deutsche Realitätserfahrung auf einen ideologiekritischen Begriff.

Mehr als dreißig Jahre später holte ihn die persönliche Vergangenheit und Realität ein. Um einem Fernsehbericht holländischer Journalisten zuvorzukommen, enttarnte sich Schwerte selbst. Als offiziell bekannt wurde, daß es vor seiner akademischen Nachkriegskarriere als kritischer Germanist, liberaler Hochschulreformer, beliebter Lehrer und

Rektor der Technischen Hochschule Aachen noch eine andere Laufbahn gegeben hatte – als Hauptsturmführer im Stab Himmlers –, sprach Schwertes Nachfolger im Rektorenamt von einer «deutschen Tragödie». Das Verwaltungsgericht Düsseldorf war sachlicher und begründete die Streichung der Beamtenversorgung schlicht mit dem Vorwurf der «arglistischen Täuschung».

Inzwischen sind die erschreckenden Details der ersten Karriere Schneider / Schwertes, von der viele seiner Hochschulkollegen wußten, sich aber in kameradschaftliches Schweigen hüllten, offiziell bekannt. Schneider war von Anfang an ein Mann der Tat und durchlief alle Organisationsstufen der NS-Hierarchie. Bereits 1932 wurde er Mitglied des nationalsozialistischen Studentenbundes, trat 1933 der Sturmabteilung (SA) bei, bemühte sich 1936 erfolgreich um Aufnahme in die Reichsschrifttumskammer und wurde 1937 in die SS aufgenommen. Ab Februar 1938 war er als «hauptamtlicher Referent» im Rasse- und Siedlungshauptamt Berlin beim Reichsführer SS und später für das SS-Wissenschaftsamt «Ahnenerbe» aktiv. Zentrale Aufgabenbereiche: «Volkstumsarbeit» und «germanischer Wissenschaftseinsatz».

Der geisteswissenschaftlich gebildete SS-Mann Schneider war – so scheint es – immer auf der «faustischen» Suche nach neuen Experimentierfeldern. Sein arischer Missionsdrang für die «Idee völkischer Weltanschauung und großgermanischer Gemeinsamkeit» führte ihn von Berlin nach Salzburg, Oslo, Warschau, Krakau, Riga und Den Haag. Die große Bewährungsstunde kam in der Phase der erfolgreichen Eroberungskriege. In Krakau und Warschau übte er eine Statthalterfunktion für das SS-«Ahnenerbe» aus, und in Riga wurde er mit «Umsiedlungsmaßnahmen» beauftragt.

Ab August 1940 übernahm er im «Stab des Höheren SS- und Polizeiführers Nordwest» von Den Haag aus «Neuordnungs- und Überwachungsarbeit» in den Niederlanden und Flandern. 1942 kehrte Schneider nach Berlin zurück, um als «Verbindungsführer» der Waffen-SS Freiwilligenverbände aus den «germanischen Randgebieten» Dänemark, Norwegen, Belgien und den Niederlanden dem Reich zuzuführen sowie dem «Ahnenerbe» eine neue Dimension der Wissenschaftspraxis zu eröffnen. So bildete zum Beispiel der «Stabsbefehl Nr. 14 / 42» des Reichsführers SS vom 14. August 1942 die Grundlage, auf der Schneider «mit der Durchführung sämtlicher wissenschaftlich-forschenden Aufgaben und Arbeiten» des SS-Amtes betraut wurde – dazu gehörten auch medizinische Versuche an Menschen im KZ Dachau. Obwohl Schneider unter anderem nachweislich im Januar 1943 den Auftrag bekam, aus den Beständen der niederländischen Universität Leiden Mikroskope, Zentrifugen und Schmelzöfen für «terminale» KZ-Versuche zu besorgen, bestreitet er bis heute, etwas über «Ziel und Zweck» seines mörderischen Auftrages gewußt zu haben.

Vor diesem Hintergrund ist die Frage, die jetzt verstärkt die germanistische Zunft zu interessieren scheint, ob der «Doktor Schneider» im Dritten Reich wirklich ordentlich promoviert wurde (die angebliche Königsberger Dissertation aus dem Jahre 1935 über «Turgenjev und die deutsche Literatur» ist nicht aufzufinden), von nachgeordneter Bedeutung. Was den Fall für unser Thema so spannend macht, ist der «faustische» Aspekt von Schneider / Schwertes Lebensprinzip, das heißt sein «strebendes Bemühen», und die Frage nach Kontinuität und Bruch innerhalb seines Identitätswechsels. Wie konnte sich der fanatische SS-Hauptsturmführer und NS-Geisteswissenschaftler problemlos zum liberalen Hochschulrektor und ideologiekritischen Literaturwissenschaftler verwandeln?

Auffällig ist eine Gemeinsamkeit in beiden Hälften der Doppelkarriere: Schneider / Schwerte hat seine wissenschaftliche Praxis vor und nach 1945 – wenn auch unter anderen Vorzeichen – jeweils im privaten Vorhof der politischen Macht ausgeübt. Reichsführer Himmler schätzte die persönlichen Strategiepapiere des Hauptsturmführers Schneider ebenso hoch ein, wie man später in NRW-Ministerien und der Düsseldorfer Staatskanzlei Professor Schwertes Expertisen zur sozialliberalen Hochschulreform zu würdigen wußte. Und auch als Kongreßteilnehmer, Tafelgast und Reisebegleiter war Schneider wie Schwerte der jeweiligen Politprominenz gleichermaßen willkommen. Auf den Totenkopforden folgte das Bundesverdienstkreuz. Diese Karriere spricht mehr für Elitekontinuität als für Identitätsbruch.

Schneider / Schwertes Lebensgeschichte ist nicht nur die Einzelbiographie eines individuell verstrickten Akademikers, sondern symbolisiert die apokryphe Übergangsgeschichte der Germanistik, die wie kaum eine andere wissenschaftliche Disziplin den Neuanfang nach 1945 in weitgehender personeller und institutioneller Kontinuität vollzog. Den Anstrengungen Eberhard Lämmerts, Walter Killys oder Karl Otto Conradys in den sechziger Jahren, der Germanistik eine kritische Überprüfung ihrer Funktion als Legitimationswissenschaft des Nationalsozialismus abzutrotzen, ist bis heute kein gründlicher Versuch gefolgt, die Geschichte der Germanistik als Geschichte einer «deutschen Wissenschaft» zu rekonstruieren. So vermißt zum Beispiel der Aachener Germanist Ludwig Jäger nach wie vor eine umfassende Analyse des «biographisch-institutionellen Netzwerkes» seines Faches für den Zeitraum «zwischen 1925 und 1964». Auch im September 1996, als sich Fachvertreter aus dem In- und Ausland in Frankfurt trafen, um den 150. Jahrestag der ersten Germanistenversammlung zu begehen, wurde eine solche Analyse nicht geleistet. Im Gegenteil, man pries die Umwidmung der Germanistik zur «Kulturwissenschaft» ohne kritischen Rückblick als moderne Zukunftsperspektive. Aber schon die NS-Germanistik hat sich im interdisziplinären «Dreiklang» aus Sprachgeschichte, Volkskunde und Literaturgeschichte «modernisiert». Und die bei Hans Schwerte irrtümlich als «Bruch» und «wegweisend» gelobte «neue Methode», der Wechsel vom ästhetischen zum politischen Diskurs, war bereits Programm des «Germanistischen Wissenschaftseinsatzes» der SS.

Die offizielle Enttarnung Schneider / Schwerte als SS-Offizier machte vor allem eine jüngere Generation von Literaturwissenschaftlern sprach- und ratlos. Stand nicht Schwertes immer wieder zitierte und hochgelobte Arbeit über «Faust und das Faustische» für den Beginn einer neuen, kritischen Germanistik? Nun rätselt man, ob es sich bei der wissenschaftlichen Produktion des ehemaligen SS-Offiziers nach 1945 um «maskierte» Texte handelt oder um solche, die gleichsam in einem Zustand «diachronischer Schizophrenie» verfaßt worden seien. Verbittert und hilflos wirkt die Feststellung im Begleitband zur Göttinger «Faust»-Ausstellung (1995), daß sich Schwertes Habilitationsschrift über das «Faustische» auch heute noch lese, «als wäre es ein gutes Buch». Aber man müsse fürchten, «daß dieser Herrenmensch in seiner Gelehrtenstube unbelauscht in Hohngelächter ausgebrochen ist ob der Perfektion, mit der sein Lebensplan aufging».

Von «Perfidität» zu sprechen, ohne sich erneut mit dem Inhalt des Buches auseinanderzusetzen, ist leider selbst eine Verdrängungspraxis. So hat die *Österreichische Hochschulzeitung* (Ausgabe 7 / 8 / 1995) den «Faust»-Forscher nach seiner Enttarnung mit dem Argument verteidigt: «Wir haben aber keinerlei ‹Eierschalen› der NS-Zeit auf Schwertes Werk entdecken können.» Und Teilnehmer eines Erlanger Symposiums werteten noch im Februar 1996 seine «ideologiekritischen Arbeiten» wohlwollend als «Ausweis seines Umdenkens, seiner Revisionsbereitschaft und der Fähigkeit zur Selbstkritik». Die erste gründliche Auseinandersetzung mit dem doppelten Leben und Werk Schwerte / Schneiders erfolgte im April des Jahres 1996 in der amerikanischen Hochschulzeitung *Lingua franca.* Sie bewirkte unter anderem, daß eine jüdische Amerikanerin die Ehrendoktorwürde der TH Aachen ablehnte. Erst danach durchbrachen auch die Aachener Germanisten das offizielle Schweigen und dokumentierten ihre Sicht der notwendigen «Vergangenheitsbewältigung» in der Zeitschrift *Sprache und Literatur* (77 / 1996). «Ein so heikles Thema», heißt es im Editorial, fordere von den Autoren, «über die gebotene historische Sorgfalt hinaus», Antworten auch auf Fragen, «die den unmittelbar fachhistorischen Horizont übersteigen». Im Ergebnis werten die Aachener Schwertes «Entscheidung» für die «intensive Beschäftigung mit der Faust-Figur in ihrer teuflischen Verstrickung» als Symptom für den «Zwiespalt der Doppelexistenz» und als «eindeutiges Indiz heftiger innerer Auseinandersetzungen mit dem selbstgeschaffenen Problem».

Identitätswechsel als «Trauerarbeit» und Ideologiekritik als Selbstkritik? Oder Entnazifizierung als Entfaustifizierung? Die Gleichungen wären nur aufgegangen, wenn sich

Schwerte als Mensch und Wissenschaftler innerlich von Schneider und dessen Werk distanziert hätte. Das hat er aber nicht. Er hat verdrängt und vielleicht auch «vergessen». Doch wie bei Goethe baut der zweite Teil des Dramas auf dem ersten auf. Daran ändert auch eine Neubesetzung der Rolle nichts. Wie Faust zeigte auch Schneider / Schwerte keine Reue. Die einzige Einsicht, zu der sich der *Mensch* Schneider / Schwerte zum Zeitpunkt der öffentlichen Diskussion durchzuringen vermochte, lautet: «Nun erkenne ich, daß ich über dünnstes Bodensee-Eis geritten bin» (*Die Zeit* vom 12. Mai 1995). Und den Vorwurf, ein «Doppelleben» geführt zu haben, hat er in einem Interview zurückgewiesen: «Doppelleben? Das ist wohl ein bißchen übertrieben. Ich habe ein Leben und dann ein neues Leben geführt. Ich habe mich nicht verdoppelt» (*Aachener Volkszeitung* vom 28. April 1995).

Und das Werk des *Wissenschaftlers* Hans Schwerte? War es – wie viele seiner Schüler und Kollegen meinen – tatsächlich «Ausdruck einer bewußten fachlichen Neukonzeption»? Hat es die Hoffnungen auf «einen befreienden methodischen Innovationsschub, der endlich Ernst machte mit der allfälligen Aufarbeitung schlechter deutscher Traditionen», eingelöst? Immerhin war der Promotionsausschuß der Erlanger Universität der einstimmigen Meinung, daß Schneider / Schwerte seinen Doktortitel behalten dürfe. Die rechtliche Stellungnahme der Universitätsverwaltung betonte, es gebe keine Hinweise darauf, daß sich der als ehemaliger SS-Offizier Enttarnte «der Führung des Titels unwürdig erwiesen» habe. «Insbesondere sein Ansehen als Gelehrter» wurde in der Beurteilung positiv gewertet. Dieses «Ansehen» kann sich allerdings kaum auf die nur auszugsweise vorhandene Dissertation über Rilke beziehen.

Schneider / Schwertes wissenschaftliches Renommierwerk ist seine Habilitationsschrift «Faust und das Faustische».

Merkwürdig ist, daß auch heute immer nur von der bahnbrechend neuen «ideologiekritischen Methode» dieses Buches die Rede ist, aber nie vom Inhalt. Der einzige namhafte Kritiker, der nach Erscheinen der Publikation seine Verständnisprobleme mit dem Textinhalt einzugestehen wagte, war Walter Boehlich. Er berichtete 1963 in der Zeitschrift *Der Monat* (15 / Heft 178) über sein «Mißvergnügen» bei der Lektüre von Schwertes Arbeit, die «in allzu reichem Material» ertrinke und sich «durch mangelnden Willen» auszeichne, «Verbindungen herzustellen, Zusammenhänge anzudeuten». Es gelinge Schwerte «so gut wie nirgends, die Einzelurteile aus Gesamt- und Gruppenvorstellungen herzuleiten». Allein für den Zeitraum von Goethes Tod bis 1870 benötigt er fast 100 Seiten, um nachzuweisen, daß «das neutrale Adjektiv possessiver Bedeutung (‹faustisch›) fast unmerklich in einen aus sich selbst Sinn entwickelnden Allgemeinbegriff umgewandelt wurde».

Boehlichs Mißvergnügen über strukturlose Textwucherungen ist nachvollziehbar – reicht aber als Kritik nicht aus. Denn Schneider / Schwerte entwickelt sehr wohl eine dezidierte «Gesamtvorstellung» über Inhalt und Verlauf des faustischen Prozesses. Am wichtigsten ist ihm die Feststellung: «Goethe hatte mit dem ‹Faustischen› unmittelbar nichts zu tun.» Dann kommt die Relativierung des Mißbrauchs: In «offenbarer Fehlinterpretation des poetischen Textes Goethes» sei zwischen 1870 und 1918 eine «ideologische Aufhöhung» des Begriffs erfolgt, ein Fall von «schlechter Philosophie» – aber glücklicherweise von relativ kurzer Dauer. Bereits mit Spengler sei der «Abgesang» gekommen und der Nationalsozialismus habe kaum noch etwas mit der ideologischen Deformierung zu tun gehabt. Die demonstrative Parteinahme für eine «antifaustische», das heißt antititanische Interpretation des Titelhelden als angeblich authentischer Meinung Goethes und philosophisch «korrekte» Aussage des Dramas, steht in einem seltsamen Kontrast zur Verharmlosung jener ideologischen Deformierung. Der Autor unterscheidet zwischen «richtiger» und «falscher» Interpretation. Goethes Dichtung sei durch eine «faustische» Fehlinterpretation «im fortschreitenden Prozeß der Ideologisierung selbst destruiert» worden.

Ist es ein Zufall, daß Schneider / Schwertes Kritik der ideologischen «Fehlinterpretation» nicht konsequent bis zum deutschen Idealismus, dem Kern der «Faustik», vordringt? Einen Hinweis auf Schelling, der als einer der ersten Nationalpädagogen zur Bildung der Persönlichkeit im Sinne der deutschen Klassik aufrief und Goethes Faust-Fragment von 1790 als «wahrhaft mythologisches Gedicht», das die «reinste Essenz» unseres Zeitalters sei, bezeichnete, findet man in diesem Zusammenhang nur gut versteckt in einer Fußnote. Gerade hier, an dem neuralgischen Punkt der faustischen Ideologiegeschichte, vermißt man ein eindeutiges Zeichen von «Umdenken» oder die «Fähigkeit zur Selbstkritik». Schwerte bleibt im Netzwerk der «Faustik» verstrickt, in dem sich schon Schneider in der Gesellschaft von braunen Goethe-Spezialisten wie Hermann August Korff, Josef Nadler oder Julius Petersen wohl gefühlt hatte. Hätte Schneider / Schwerte eine deutliche, inhaltliche Auseinandersetzung mit Schelling und anderen metaphysischen Kommentaren des deutschen Idealismus geführt, hätte er auch selbstkritisch mit seinem eigenen Goethe- und Faust-Bild in der Nazizeit abrechnen müssen. Denn 1940 sprach auch er von Goethes «Faust» als dem «einzigartigen deutschen Welt-Gedicht» und forderte die nationalsozialistische Germanistik auf, Goethe endlich «dem politischen Bereich der deutschen Volksgeschichte» zuzuführen und so «sein schöpferisches deutsches Dasein, ... seine Gestaltvollendung hohen Menschentums» zu erkennen (*Weltliteratur*, Heft 9 / 1940).

Die Formulierung vom «Wächteramt der Philologie», die er in seiner Habilitationsschrift gebrauchte, hat man ihm stets als Bemühung um einen sozialen «Praxisbezug» der kritischen Germanistik angerechnet. Doch aus heutiger Sicht muß man diese wehrhafte Terminologie auch in der kriegerischen «Praxis»-Tradition der NS-Germanistik sehen. Das, was die Weimarer Germanistentagung im Juli 1940 im Hinblick auf «die Möglichkeit eines besonderen Kriegseinsatzes» des Faches nur vage umrissen hatte, konkretisierte Schneider am 7. Februar 1943 in Goebbels' kulturpolitischer Wochenzeitung *Das Reich* anschaulich unter dem Titel «Das Tragische und Stalingrad». Vor dem Hintergrund der «Opferbereitschaft» Hunderttausender deutscher Soldaten wurde die Steigerung der Tragikfähigkeit des «nordischen Geistes» als akademische Aufgabe beschworen. Der «germanisch-deutsche Mythos» verlange, daß auch die Literaturwissenschaftler ihre «ästhetische Sehnsucht» vergäßen und sich «das entschlossene Wissen um die Wirklichkeit und Ordnung unseres Blutes» aneigneten.

Auch noch 1944 und 1945 entwickelte er Thesen für eine straffere Organisierung des «totalen Kriegseinsatz der Wissenschaft». So fand man im Bundesarchiv ein Dokument vom 19. Oktober 1944, in dem Schneider unter anderem forderte: «Der bisherige sogenannte Kriegseinsatz der deutschen Geisteswissenschaften ist endlich aus dem Stadium eines größtenteils nur rhetorischen und ästhetischen

Vorhandenseins zu lösen und muß ohne jede weitere Diskussion über mögliche oder eingeschränkte Freiheit der Wissenschaften unmittelbar den praktischen Erfordernissen der Stunde vordringlich vor jeder anderen Aufgabe zur Verfügung gestellt werden.» Und noch am 17. März 1945 beschwerte sich Schwerte / Schneider bei seinem Vorgesetzten im «Ahnenerbe» schriftlich, daß der «Gesamteinsatz der deutschen Geisteswissenschaften» nach wie vor nicht «unter Führung durch die SS» erfolge.

Nach seinem Identitätswechsel wurde Schneider / Schwerte nicht nur als «progressiver» Hochschulreformer gefeiert, sondern besuchte in Begleitung politischer Prominenz auch dreist die Stätten seines früheren Wirkens als SS-Offizier. So ließ er sich zum Beispiel in Den Haag von der niederländischen Königin für seinen Einsatz als NRW-Koordinator des internationalen Wissenschaftleraustausches dekorieren. Schneider / Schwertes zweite Karriere erfolgte so schwindelerregend schnell und zeichnete sich durch einen derart ausgeprägten Drang zum Rampenlicht aus, daß wohl kaum Zeit für «Trauerarbeit» und «Umdenken» blieb. Drastisch dokumentiert ist die ungebrochene ideologische und stilistische Tradition des «Ahnenerbes» noch 1952 in seinem Beitrag für den Sammelband *Annalen der deutschen Literatur.* Herausgeber des Bandes war Heinz-Otto Burger, ebenfalls ein prominenter Bannerträger der NS-Germanistik, der seine Vorlesungen während der «Kampfzeit» in SA-Uniform gehalten hatte. Nach dem Krieg war er ohne Namens- und Identitätswechsel an der Universität Erlangen untergekommen.

Es wirft ein bezeichnendes Licht auf die akademische Publikationslandschaft der Adenauer-Zeit, daß ein ehemaliger NS-Germanist ausgerechnet einem ehemaligen SS-Offizier den Auftrag erteilen konnte, die literarhistorische Entwicklung Deutschlands zwischen 1889 und 1945 zu bewerten. Und Schneider / Schwerte fühlte sich so sicher, daß er kein Blatt vor den Mund nahm. Da ist die Rede vom «geschichtlichen Schicksalsgang unseres Volkes», von «völkischer Sorge» oder vom «Notweg deutscher Seele»; für die «Dichtungsgeschichte» habe «das Jahr 1933 keinen echten Einschnitt» (!) bedeutet; eine «grundsätzliche Trennung in ‹Emigrantendichtung› (inner- und außerdeutscher Art) und in ‹NS-Dichtung›» sei «nicht berechtigt»; die Bücherverbrennung wird nicht kommentiert, aber durch die heftige Schelte der «Asphaltliteratur» indirekt befürwortet: Das Werk Arthur Schnitzlers zum Beispiel war in den Augen Schwerte / Schneiders «intellektuell überpointiert», bestehe aus «zerredender Analyse», bedeute «Décadence des Seelischen, Geistigen, Geschlechtlichen in reinster Form»; Heinrich Mann schwanke «zwischen Karikatur und Rausch», Walter Hasenclever repräsentiere «unsaubere intellektuelle Pubertätsrevolution» und Jakob Wassermann dokumentiere «künstlich erzeugte Menschenschablonen». Exilrückkehrer werden kaum erwähnt, um so ausführlicher dafür völkische und nationalsozialistische Autoren wie Julius Langbehn, Rudolf Binding, Agnes Miegel oder Hans Grimm.

In den frühen Jahren der Bundesrepublik nahm man offensichtlich kaum Anstoß an solchen Publikationen. Zu den wenigen Ausnahmen des öffentlichen Einspruches gegen die ungebrochene Kontinuität brauner Literaturbetrachtung gehörte Walter Jens. 1962 kritisierte er Schneider / Schwertes verzerrende Darstellung in den *Annalen* und fragte: «Wer hätte wohl 1945 zu ahnen gewagt, daß die Kategorien der völkischen Literaturbetrachtung sich als so dauerhaft erweisen würden?» In der überarbeiteten Neuauflage des Bandes von 1971 fehlt Schwerte / Schneiders Beitrag. Man habe, so der opportunistische Herausgeber Burger im Vorwort, wegen «anderweitiger Belastung Schwertes» darauf verzichten müssen. Der Autor selbst hat sich nie von seinem Machwerk distanziert. Auch in den 1981 vom Germanistischen Institut der TH Aachen zusammengestellten «Gesammelten Aufsätzen» Schwertes ist der Beitrag von 1952 in unveränderter Form aufgenommen.

Unverändert geblieben ist auch Schwerte / Schneiders tiefsitzendes Vorurteil gegenüber Thomas Mann. Als Schriftleiter der NS-Zeitschrift *Weltliteratur* hatte Schneider 1941 Thomas Mann in das Milieu «jüdelnder Teerunden» verbannt, und als Schwerte bezichtigte er ihn 1951 in der Erlanger Universitätszeitung des «Mithelferdienstes» bei der «allgemeinen Glaubens- und Wertzerstörung der ‹Neuzeit›». An einer Stelle fällt sogar das Wort vom «Vorheizer der Hölle». Die Diffamierung als «Vorheizer der Hölle» taucht in verschlüsselter Form und im allegorischen Sinn auch in Schneider / Schwertes Habilitationsschrift auf, in seiner Auseinandersetzung mit Thomas Manns «Faustus»-Roman. Erstaunlicherweise ist diese perfide Polemik den Bewunderern der ideologiekritischen «Methode» bis heute nicht aufgefallen. Was Schneider / Schwerte beim Lesen des «Faustus»-Romans nahezu körperliches Unbehagen bereitete, ist die, wie er es nennt, «vollzogene Diabolisierung des Faustus-Deutschen». Thomas Mann hat das Faust-Mephisto-Verhältnis «als etwas dem deutschen Wesen eigentümlich Naheliegendes» bezeichnet und in seinem Roman den Höllensturz Deutschlands als «faustisches» Schicksal skizziert. Da die «deutsche Katastrophe» nach Schneider / Schwertes Grundüberzeugung aber nichts mit

Goethe und dessen «Faust» zu tun haben darf, ordnet er das Romanthema dem scheinbar unverfänglicheren vorgoetheschen Bereich von Dürers «Ritter, Tod und Teufel»-Mythos zu, dessen «angebliche ‹Faust›-Gemeinsamkeit ... bis zu Thomas Mann ihre fragwürdige Anziehungskraft bewahren» sollte. Aber ebenso, wie er das «Faustische» von Goethe trennt, will er auch das «Meisterwerk Dürers» wieder «mit ursprünglichem Sinn» erfüllt sehen. Mit Fouqué vernimmt der hellhörige Schneider / Schwerte, daß im «tragischen Welternst» Dürers auch «der hellere Siegfried-Ton» mitschwingt, ein harmonischer Klang, der die «faustische» Dissonanz aus dem «geistigen Raum der Nation» vertreiben soll. Thomas Mann und sein Leverkühn haben diese «helle» Klangerfahrung offensichtlich nicht gemacht. Deshalb die Mahnung des Kritikers: «Werden die Hüter dieses geistigen Raumes blind und taub – oder entmündigt, steigen von dorther Dämonen mit der verführerischsten Waffe auf: dem Schein-Wort, dem Wort ohne Grund und Maß, dem Schlagwort, hinter dem allemal Nichts steht.»

Der Dämon des «Faustischen» war und ist mehr als ein «Schlagwort», wie uns zuletzt die Thesen von Daniel Jonah Goldhagen vor Augen führten. Auch Frank Schirrmacher, Mitherausgeber der FAZ, muß das gespürt haben, als er in seinem Beitrag zur Goldhagen-Debatte vom 15. April 1996 mit banger Ahnung fragte: «Holocaust aus faustischem Streben?»

II. Die Dichter und ihre Tragödie

Bevor das Adjektiv «faustisch» im 19. Jahrhundert zur deutsch-abendländischen Sinnbestimmung aufgewertet wurde, besaß es eine negative Bedeutung. Dies belegt ein Spottgedicht auf den Tod des ungeliebten Herzogs von Luxemburg (1695), der «ein Erschröckliches Doctor-Faustisches Ende» genommen haben soll.

Das Ende des Zauberers und Schwarzkünstlers Faust in der überlieferten «Historia» von 1587 ist in der Tat schrecklich. Studenten hörten den «Doctor» zwar um Hilfe schreien, doch wegen eines die ganze Nacht tobenden Sturms wagten sie sich erst am Morgen in sein Haus. Sie fanden dort «aber keinen Faustum mehr» vor. Ein Teufelsmassaker hatte stattgefunden: In allen Zimmern war Blut verspritzt, Faustens Hirn klebte an der Mauer, weil ihn der Teufel «von einer Wand zur anderen geschlagen» hatte; die herausgerissenen Augen und Zähne lagen auf dem Boden verstreut, und das, was von seinem Körper übriggeblieben war, fand man draußen «bei dem Mist». Der Autor dieses Szenarios blieb anonym. Veröffentlicht wurde es von Johann Spies, einem angesehenen Frankfurter Verleger, der sich auf christliche Mahnliteratur lutherischer Prägung spezialisiert hatte.

Inhalt und Quintessenz der «Historia» von 1587 bildeten die Grundlage für alle späteren Faust-Volksbücher wie das von Georg Rudolf Widman (1599) und Nicolaus Pfitzer (1726) oder die «zum Druck beförderte Warnung» eines «Christlich-Meynenden» aus dem Jahre 1725. Schon der lange Titeltext auf dem Bucheinband der «Historia» verkündete die Botschaft:

«Historia von D. Johann Fausten / dem weitbeschreyten Zauberer und Schwartzkünstler / Wie er sich gegen den Teuffel auff eine benandte zeit verschrieben / Was er hierzwischen für seltsame Abentheuwer gesehen / selbst angerichtet und getrieben / biß er endtlich seinen wol verdienten Lohn empfangen. Mehrertheils auß seinen eygenen hinderlassenen Schrifften / allen hochtragenden / fürwitzigen und Gottlosen Menschen zum schrecklichen Beyspiel / abscheuwlichen Exempel / und treuwherziger Warnung zusammen gezogen / und in den Druck verfertigt.»

Das zentrale Motiv ist die Beschwörung des Teufels und der folgenschwere Pakt eines unsteten und frustrierten Wissenschaftlers. Faust, der Tag und Nacht «spekuliert und studiert» hatte, wandte sich von der Theologie ab, versuchte sich als Mediziner, Astrologe und Mathematiker, um schließlich als «Weltmensch» bei der Magie zu landen. Da sein Drang, «alle Gründe am Himmel und auf der Erde» zu erforschen, immer wieder an die Grenzen der menschlichen Unzulänglichkeit stieß, ließ er sich auf einen Pakt mit dem Teufelsgeist Mephistopheles ein. Der verpflichtete sich auf eine 24jährige Dienstzeit, um nach Ablauf dieser Frist die Seele seines Vertragspartners in Besitz zu nehmen. Faust wird in die Geheimnisse der schwarzen Kunst und Nekromantie eingeführt. Magische Kräfte ermöglichen ihm Pendelflüge zwischen Hölle und Himmel sowie Zeit und Raum überwindende Weltreisen. Er beschwört Tote, um mit deren Hilfe Informationen über Zukünftiges und Vergessenes zu erlangen. Die angewandte Nekromantie befriedigt aber nicht nur seinen Wissensdrang, sondern auch den

Sexualtrieb. So wird die schöne Helena aus dem antiken Griechenland herbeigezaubert, «damit nun der elende Faust seines Fleisches Lüsten genügend Raum gebe».

Nach über zwanzig Jahren sünd- und frevelhaften Treibens zeigt Faust plötzlich Bußbereitschaft und Reumütigkeit. Doch nun nützt kein Wehklagen mehr, der Pakt wird grausam erfüllt. Am Anfang und am Schluß der «Historia» wird für den «christlichen Leser» die lutherische Moral noch einmal zusammengefaßt: «Euer Widersacher der Teufel geht umher wie ein brüllender Löwe / und suchet / welchen er verschlinge / dem widersteht fest im Glauben.»

Zielen einfache Handlung und direkte Botschaft der «Historia» auf Popularität ab, geben sich die Faust-Bücher von Widman und Pfitzer enzyklopädisch-gelehrt. Widmans Buch ist dreimal so umfangreich wie das Volksbuch von Spies. Auf 671 Seiten wird die Handlung durch einen Kommentar begleitet, der von Bibelzitaten und Verweisen auf klassische Autoren überquillt.

Faust-Autor Pfitzer, ein Arzt aus Nürnberg, stützt sich zwar ausdrücklich auf Widman, vermeidet aber dessen akademische Gestelztheit. Zwar kommentiert auch er die Handlung, doch bemüht er sich in der Tradition der deutschen Barockliteratur um eine spielerisch-unterhaltsame Belehrung. Daß Goethe das Buch von Pfitzer zum Quellenstudium benutzt hat, ist verbürgt, denn er hatte es im Jahre 1801 für mehrere Monate aus der Weimarer Bibliothek entliehen. Vielleicht kannte er auch die Faust-Version des «Christlich-Meynenden», eine Broschüre, die sich auf nur 46 Seiten beschränkte, aber immerhin 30 Auflagen erreichte. Noch zu Goethes Kinderzeiten wurde dieser auf billigem Löschpapier gedruckte Moritatenband auf Jahrmärkten verkauft.

Man muß dem Faust-Biographen Günther Mahal in der Einschätzung zustimmen, daß es sich bei den frühen Volksbüchern nicht um Lebensbeschreibungen einer historischen Figur handelt, sondern mehr um «Anekdotenbündel», um eine «Mischung aus kirchlicher Propaganda und erzählerischer Freude am Unwahrscheinlichsten». Daß Faust als reale Person existiert habe, wurde bereits im 17. und 18. Jahrhundert bezweifelt. Zu den ersten Wissenschaftlern, die ihn mit aufklärerischer Geste in den Bereich der Legende verwiesen, gehörte der Tübinger Hebraistik-Professor Wilhelm Schickard (1592–1653). Aus dem Jahre 1704 stammt die Äußerung des Hallenser Juristen Johann Reiche, daß «Kinder-Muhmen und Mädge» den Doktor Faust mit «thörichten Fratzen und Fabeln» in die «Spinn-Stuben schleppten». Und der Magie-Historiker Franciscus de Cordua gab 1716 «D. Fausten betreffend» folgende Erklärung ab: «So ist noch lange nicht erwiesen / ob jemahls ein Mann dieses Nahmens gelebt / und der so ein beschriebener Hexenmeister gewesen seyn solle ... Das zusammen geschmierte Leben des D. Fausts beweiset dessen Existenz noch lange nicht / weil dieses Buch aus nichts / als lauter albern Fratzen bestehet / die ein jeder Vernünfftiger / sonder alle Mühe / mit Händen greifen kan ... nur dieses wird kein gescheuter Mann glauben / einmahl / daß ein D. Faust jemahls gewesen / und dann / daß der närrische Höllenzwang eine Geisterbezwingende Kraft haben könne.»

Gleichwohl wird es eine Art «Vorbild» gegeben haben. Die Wurzeln der Sagen- und Legendenbildung um die historische Gestalt führen vor allem in süddeutsche Städte des 16. Jahrhunderts. Erzählungen, Berichten und Gerüchten nach hielt Faust sich mit Vorliebe in Schänken, auf Märkten und an geistlichen Herrschaftssitzen auf, nannte sich «Philosophum philosophorum», betätigte sich als Theologe, Arzt, Astrologe, Hellseher, Alchemist und Nekromant – aber auch als Knabenschänder und Sodomit. Er soll nach Angaben der Biographen zwischen 1478 und 1480 «mit aller Wahrscheinlichkeit» (Mahal) im damals pfälzischen – später württembergischen – Knittlingen geboren und um 1540 im heute badischen Staufen / Breisgau unter mysteriösen Umständen gestorben sein.

Der erste Bericht, der das «elendigliche» Ende des Faust in Staufen bekundet, ist die «Haus-Chronik des Grafen Christoph Froben von Zimmern auf das Jahr 1541». Ausführlicher und blutrünstiger ist die Schilderung des protestantischen Pfarrers Johannes Gast aus Breisach, die vier Jahre später schriftlich niedergelegt wurde: «Er (Faust) hatte einen Hund und ein Pferd bei sich, die, wie ich glaube, Teufel waren, da sie alles verrichten konnten. Einige sagten mir, der Hund habe zuweilen die Gestalt eines Dieners angenommen und ihm Speise gebracht. Der Elende endete auf schreckliche Weise, denn der Teufel erwürgte ihn; seine Leiche lag auf der Bahre immer auf dem Gesicht, obgleich man sie fünfmal umdrehte.» Der Hinweis auf den teuflischen Hund findet sich auch in den Faust-Gesprächen, die Philipp Melanchthon 1563 mit seinem Schüler Johann Manlius führte. Dabei handelte es sich offenbar um eine Anspielung auf die Wesensverwandtschaft von Faust mit dem Kölner Mediziner, Astrologen und Philosophen Heinrich Cornelius Agrippa von Nettesheim (1486–1535), der einen Hund namens «Monsieur» besaß. Auch im Fall Agrippa behaupteten böse Zungen, daß der Teufel ihn in Gestalt eines Hundes begleitet habe und nach seinem Tod verschwunden sei.

In Staufen haben Lokalhistoriker das seit 1407 bestehende Gasthaus «Zum Löwen» als Faustens Sterbestätte deklariert. Rudolf Blume, Autor eines Buches über die «Geschichte des Gasthauses» als «Stätte des Untergangs des geschichtlichen Faust» (1915), versuchte gar zu belegen, daß Faust exakt in dem im dritten Stock gelegenen Zimmer Nr. 5 ermordet wurde. Der Faust-Biograph Mahal will sich nicht auf einen präzisen Ort und eine genaue Art des Todes festlegen. Er zieht sowohl Mord aus Habgier in Betracht als auch Selbstmord angesichts vergeblicher alchemistischer Bemühungen – schließt aber auch einen unpoetischen Tod aus Altersschwäche nicht aus. Je unklarer die Beschreibungen der Todesumstände von Faust sind, um so lokalpatriotischer wird sein Erbe verwaltet: Im Knittlinger «Faust-Museum», dessen Leiter Günther Mahal ist, im Staufener «Faust-Zimmer» oder im Maulbronner «Faust-Turm».

Die Faust-Figur aus den Volksbüchern hat sich nicht nur im Strom der wandernden Prediger, Wunderdoktoren, Propheten, Gaukler und Magier auf der alten Reichsstraße Frankfurt–Fulda–Erfurt–Leipzig fortbewegt, sondern ist auch in den Stadtchroniken von Bamberg, Nürnberg oder Ingolstadt registriert. Aus einigen urkundlichen Belegen geht hervor, daß eine Person, die dem Faust der «Historia» ähnelt, in jenen Orten zu Beginn des 16. Jahrhunderts den Kirchenautoritäten teure Horoskope erstellt habe und wegen der bereits erwähnten Neigung zur Päderastie ausgewiesen worden sei. Faust erscheint als eine Figur der ewigen Unruhe, die nicht faßbar ist. Den bereits erwähnten Orten seines frevelhaften Treibens werden von zeitgenössischen Autoren weitere hinzugefügt: Basel, Gelnhausen, Speyer, Würzburg, Kreuznach und Köln. Gleichzeitig wollen ihn andere in Krakau getroffen haben.

Doch wie sah er aus? Ist Faust ein «kleines, buckliges

Männlein» gewesen, wie es bei Widman heißt und wie man übrigens auch den zeitgenössischen Wandermediziner Paracelsus beschrieben hat? Die Leser des Volksbuches werden vermutlich für die anschauliche anatomische Vorwegnahme des teuflischen Endes dankbar gewesen sein – die aufgeklärten modernen Biographen aber lehnen einen Vergleich des historischen Faust mit dem Glöckner von Notre-Dame ab. Auch bei Goethe findet sich ein widersprüchliches Körperbild. Gretchens schwärmerische Bewunderung – «Er sah gewiß recht wacker aus ... sein hoher Gang, seine edle Gestalt» – stimmt nicht überein mit dem Tenor des Eingangsmonologs. Wir sehen die Faust-Figur hier als eine gespaltene, nicht im Gleichgewicht des Körpers befindliche Person. Der Schwerpunkt liegt auf der oberen Hälfte: Kopf, Arme, Brust. Diese kopflastige Tendenz entspricht einer Beschreibung als «entfleischt» und «entwässert». Das einzige Faust-Denkmal, das existiert, wurde 1954 vor dem Knittlinger Rathaus errichtet. Die Ratsherren, verständlicherweise an der Imagepflege der «Faust-Geburtsstadt» interessiert, haben sich für eine Bronzestatue der Bildhauerin Hanne Schorp-Pflumm entschieden, die einen ehrfurchtgebietenden Magier im Geist der Renaissance darstellt.

Das spannendste zeitgenössische Dokument der Auseinandersetzung mit der Existenz des historischen Faust ist ein Brief des Benediktinermönchs Johannes Trithemius an den Magister Johann Virding von Haßfurt. Trithemius war von 1482 bis 1506 Abt des Sponheimer Klosters St. Martin und danach bis zu seinem Tode im Jahre 1516 Vorsteher des Schottenklosters in Würzburg. Der lateinisch abgefaßte Brief, datiert vom 20. August 1507, befindet sich in der Bibliotheca Apostolica Vaticana. Der Verfasser antwortet auf ein nicht mehr auffindbares Schreiben des Mathematikers und Astrologen Virding (um 1465–1538/39), der offenbar mit großer Spannung auf ein Erscheinen des Faust in Heidelberg wartete. Trithemius hielt es für angebracht, den betreffenden Magister zu warnen:

«Jener Mensch, über welchen Du mir schreibst, Georg Sabellicus, welcher sich den Fürsten der Nekromanten zu nennen wagte, ist ein Landstreicher, leerer Schwätzer und betrügerischer Strolch, würdig ausgepeitscht zu werden, damit er nicht ferner mehr öffentlich verabscheuungswürdige und der heiligen Kirche feindliche Dinge zu lehren wage. Denn was sind die Titel, welche er sich anmaßt, anders als Zeichen des dümmsten und unsinnigsten Geistes, welche zeigen, daß er ein Narr und kein Philosoph ist? So machte er sich die folgenden ihm konvenierenden Titel zurecht: Magister Georg Sabellicus, Faust der Jüngere, Quellbrunn der Nekromanten, Astrolog, Zweiter der Magier, Chiromant, Aeromant, Pyromant, Zweiter in der Hydromantie. – Siehe, die törichte Verwegenheit des Menschen; welcher Wahnsinn gehört dazu, sich die Quelle der Nekromantie zu nennen! Wer in Wahrheit in allen guten Wissenschaften unwissend ist, hätte sich lieber einen Narren, denn einen Magister nennen sollen. Aber mir ist seine Nichtswürdigkeit nicht unbekannt. Als ich vor ein paar Jahren aus der Mark Brandenburg zurückkehrte, traf ich diesen Menschen in der Nähe der Stadt Gelnhausen an, woselbst man mir in der Herberge viele von ihm mit großer Frechheit ausgeführte Nichtsnutzigkeiten erzählte. Als er von meiner Anwesenheit hörte, floh er alsbald aus der Herberge (...) In jener Stadt erzählten mir Geistliche, er habe in Gegenwart Vieler gesagt, daß er ein so großes Wissen und Gedächtnis aller Weisheit erreicht habe, daß, wenn alle Werke von Plato und Aristoteles samt der zugehörigen Philosophie den Menschen verloren

gegangen wären, er sie wie ein zweiter Hebräer Esra durch sein Genie sämtlich und vorzüglicher als vorher wieder herstellen wolle. Als ich mich später in Speyer befand, kam er nach Würzburg und soll sich in Gegenwart vieler Leute mit gleicher Eitelkeit gerühmt haben, daß die Wunder unseres Erlösers Christi nicht bewundernswert seien; er könne alles tun, was Christus getan habe, so oft und wann er wolle. In den Fasten dieses Jahres kam er nach Kreuznach, wo er sich in gleicher großsprecherischer Weise ganz gewaltiger Dinge rühmte und sagte, daß er in der Alchemie von Allen, die je gewesen, der Vollkommenste sei und wisse und könne, was nur die Leute wünschten. Während dieser Zeit war die Schulmeisterstelle in genannter Stadt unbesetzt, welche ihm auf Verwendung von Franz von Sickingen, dem Amtmann Deines Fürsten, einem an mystischen Dingen überaus interessierten Manne, übertragen wurde. Aber bald darauf begann er mit Knaben die schändlichste Unzucht zu treiben und entfloh, als die Sache ans Licht kam, der ihm drohenden Strafe. Das ist es, was mir nach dem sichersten Zeugnis von jenem Menschen feststeht, dessen Ankunft Du mit so großem Verlangen erwartest.»

Das Merkwürdige an diesem ausführlichen «Steckbrief» ist, daß kein einziger der detaillierten Hinweise auf persönlichen Beobachtungen beruht. Trithemius gibt nur das wieder, was ihm zu Ohren gekommen ist. Persönlich begegnet ist er dem «Fürsten der Nekromanten» nie. Das Anliegen seines Briefes war es, die Legende Faust zu zerstören. Es ging ihm nicht nur um eine Entlarvung des Etikettenschwindels mit akademischen Titeln und der Prahlerei mit alchemistischen Künsten. Besonders erregt zeigte sich der Abt über die anmaßende Behauptung, Faust könne nach Belieben die Wunder Christi wiederholen und sei in der Lage, im Falle des Verlustes die Philosophie Platons und

Aristoteles' «wie ein zweiter Hebräer Esra» zu rekonstruieren.

Dazu muß man wissen, daß Trithemius, als ehemaliger Schüler des großen italienischen Humanisten Pico della Mirandola, sich mit dessen Darstellung der Bedeutung von Esra identifizierte. Esra genoß hohes Ansehen bei den Thora-Gelehrten, weil er die göttliche Botschaft für die in der Diaspora verstreuten Juden aufgeschrieben und tradiert hatte. Das Geschriebene sollte aber im Sinne einer mystischen Kabbala eine Geheimlehre für Auserwählte bleiben. Dies galt auch für die Geheimnisse der Renaissance-Magie. Und ein vagabundierender Großsprecher Faust – so wie er von Trithemius dargestellt wurde – könnte womöglich das heilige Geheimwissen gegen Bezahlung preisgeben. So argwöhnte schon Heinrich Heine, der die Faust-Quellen studiert hat, daß Trithemius jemand sei, «welcher ebenfalls mit Geheimnissen sich abgab und daher, beiläufig gesagt, vielleicht aus Handwerksneid den Faust herabzuwürdigen und ihn als einen unwissenden Marktschreier darzustellen suchte».

Andere Autoren vermuten, daß Trithemius nicht über Faust, sondern über sich selbst schrieb. Wollte er sich in erster Linie selbst vom Verdacht befreien, unerlaubte Magie zu betreiben? Immerhin nannte er sich einen «Freund der Magie» («philomagus») und pflegte stets aus der Magieliteratur der Antike und des Mittelalters zu zitieren. Im Sponheimer Kloster hatte man ihm überdies theologische Pflichtverletzungen vorgeworfen, wozu unter anderem die Arbeit an einer «Chronologia mystica» gehörte. Sie erschien ein Jahr nach dem Faust-Brief und wurde zu Recht als der «Gipfelpunkt astrologischen Wahns» (Mahal) bezeichnet.

Als Indiz für eine Selbstverteidigung oder auch Selbstbezichtigung könnte man die im Brief an Virding verwendete Namenskombination von Faust und Sabellicus werten. «Sabellicus», so nannte sich Marcantonio Coccio (1436–1506), der Leiter der berühmten Markus-Bibliothek in Venedig. Auch der Abt Trithemius war in Gelehrtenkreisen als leidenschaftlicher Bibliothekar und Sammler von Handschriften bekannt. In Sponheim hatte er die Klosterbücherei zu einer der bedeutendsten wissenschaftlichen Bibliotheken – mit einem Bestand von über 2000 Bänden in lateinischer, griechischer und hebräischer Sprache – ausgebaut. Als der Abt im Jahre 1506 gezwungen wurde, das Sponheimer Kloster zu verlassen, sah er vor allem durch die Aufgabe der Bibliothek sein Lebenswerk bedroht. Noch Jahre später beklagte er sich an seinem neuen Wirkungsort Würzburg bitter über den Verlust seiner Bücherschätze. Abgeschnitten von den Quellen seines Wissens, verlor er als Ratgeber an Bedeutung, und sein Ruhm verblaßte zusehends. Dem einst etablierten Theologen, gelehrten Mystiker und deutschen «Sabellicus» drohte das Schicksal des Vergessens und der Verbitterung. In dieser Situation radikalisierten sich seine Neigungen für Okkultismus. Seine «Faust»-Polemik erscheint daher als therapeutisches Medium der Selbstanalyse. In der Tat wirkt sein Warnbrief wie ein Dokument der apokryphen Seelenverwandtschaft.

Heinrich Heines Wort vom «Handwerksneid» verweist aber noch auf andere heimliche Querverbindungen. War nicht auch der Briefadressat ein Konkurrent? Der Mathematiker Virding fungierte nämlich genau zu jenem Zeitpunkt als Hofastrologe für Maximilian I., als Trithemius sich bei diesem um einen «Ehrensold» bewarb.

Und die Spur führt weiter zu Johannes Reuchlin, der

Zentralgestalt des deutschen Humanismus. Der Kabbala-Spezialist Reuchlin war nicht nur ein Lehrer von Trithemius, sondern auch ein Diskussionspartner des von ihm hochverehrten Pico della Mirandola. Im Jahre 1508 stellte sich Trithemius mit seiner Hetzschrift «Antipalus maleficiorum» auf die Seite des Konvertiten Pfefferkorn und anderer, die den «Judenfreund» Reuchlin gern auf dem Scheiterhaufen gesehen hätten. Aus dem humanistisch gebildeten Trithemius war ein vulgärer Hexenjäger geworden, der sich beim Markgrafen Joachim von Brandenburg mit einer eigenen Version des «Hexenhammers» anzubiedern versuchte. Er trieb das päpstlich verordnete Kesseltreiben auf die Spitze und wollte in jedem Dorf eine Hexe aufspüren. Derjenige, der die päderastischen «Verfehlungen» des Faust anprangerte, beschrieb selbst im wollüstigen Detail barbarische Hexenbäder und Exorzismen. Zur gleichen Zeit konnte ein einziger Triebtäter als Kirchenrichter 800 «Hexen» auf die Scheiterhaufen schleppen lassen. Auch eine Form des faustischen Strebens. Die Zahl der Todesopfer der Hexenprozesse lag in manchen Gegenden weit über der Opferzahl des Dreißigjährigen Krieges. Man schätzt, daß im Zeitraum vom 15. bis zum 17. Jahrhundert insgesamt über 500 000 Frauen verbrannt wurden.

Das alles geschah nicht nur im «finsteren» Mittelalter, sondern auch und zugleich in der Zeit der Renaissance und des Humanismus, einer Epoche der geistigen Wiedergeburt der Antike, der wissenschaftlichen Neuentdeckung des Menschen und der philosophischen Grenzüberschreitung. Und schließlich war es auch die Zeit der beginnenden Luther-Reformation.

Wie bringt man diese Gegensätze zusammen? Das erklärte Ziel der Renaissance war die «Selbstverwirklichung des Individuums». Die Perspektive der «Willensfreiheit» eröffnete den Menschen im antiken Sinn titanische Möglichkeiten. Es entstand ein polemisches Bewußtsein mit dem Willen zur Rebellion, mit Programmen für veränderte Formen der Erziehung und des Zusammenlebens sowie der Hoffnung auf ein neues Verhältnis zwischen Mensch und Natur. Es war eine Ära der revolutionären Umwälzungen im Bereich der Naturwissenschaften, der Theologie und der Philosophie – aber zugleich auch eine der Märtyrer und Scheiterhaufen. «Es war eine Zeit», wie Friedrich Engels in seinen Notizen zur «Dialektik der Natur» schrieb, «die Riesen brauchte und Riesen hervorbrachte, Riesen an Gelehrsamkeit, Geist und Charakter, die Zeit, die die Franzosen richtig als Renaissance, das protestantische Europa einseitig borniert die der Reformation benannten.»

Die «Renaissance» (übrigens ein Begriff, der sich erst im 19. Jahrhundert durchgesetzt hat) bestimmter italienischer Kulturlandschaften spiegelte sich in der Tat nur bedingt im deutschen Geistesleben des 15. und 16. Jahrhunderts wider. Zweifellos beeindruckte der italienische Humanismus die deutschen Scholastiker, doch konnten sie ihn wirklich begreifen? Zwar begann man sich auch an deutschen Universitäten verstärkt dem Studium der Antike zuzuwenden, doch kaum ein Magister wagte es, den Individualismus oder die Dogmen- und Bibelkritik zum Programm zu erheben. Abweichend vom kirchlichen Dogma ließ man allein eine volkstümlich-mystische Lehre zu. Die neue «Geistigkeit» der Deutschen beschränkte sich fast ausschließlich auf theologische Fragen, sie wußte mit dem neuen Kunst- und Kulturbegriff des Südens nicht viel anzufangen. Das Programm der «Selbstverwirklichung des Individuums» als Lebensinhalt unabhängiger Wissenschaftler und Künstler blieb weitgehend beschränkt auf das Milieu und soziale Klima der oberitalienischen Stadtstaaten.

Das wenig entwickelte Renaissancebewußtsein der Deutschen äußerte sich beispielhaft in den Versuchen, den rebellischen Charakter der Magie-Kunst zu unterdrücken. Der wissenschaftliche Erkenntnisdrang wurde diffamiert, indem man ihn auf die Schwarzkünste eines dubiosen Gauklers reduzierte. Der «Schwarzkünstler» Faust wurde zu einer literarischen Figur, weil das religiös definierte Weltbild nach einem «schrecklichen Beispiel» und «abscheulichen Exempel» verlangte. Das faustische Rebellentum sollte im Interesse der Kirchenautorität – sowohl der katholischen als auch der protestantischen – gleichsam in Ketten gelegt werden.

Zum Verständnis der zeitgeschichtlichen Umstände, die zur Entstehung des Mythos führten, ist daher die Faust-Polemik des Abtes Trithemius aufschlußreicher als die rührenden Versuche von Lokalhistorikern, die Vita contemplativa eines biederen Alchemisten zu rekonstruieren. Nach den «realhistorischen» Versionen wurde Faust nicht vom Teufel geholt, sondern soll auf Grund seines ungeschickten Hantierens am heimischen Goldherd einem bedauerlichen Explosionsunfall zum Opfer gefallen sein. (Gelegentlich wurde er auch mit einem Meister der neuen «schwarzen Kunst», mit dem Mainzer Buchdrucker Johann Fust, verwechselt, so auch noch 1791 in Friedrich Maximilian Klingers Roman «Fausts Leben, Taten und Höllenfahrten. In fünf Büchern».)

Im Brief des katholischen Würdenträgers Trithemius fehlt allerdings die Denunziation Faustens als Teufelsbündler. Die Ausmalung des Teufelspaktes und seiner schrecklichen Folgen sollte vor allem zu einer Spezialität der protestantischen Mahnliteratur werden; auch am Tisch des Reformators Luther wurde ausgiebig über Faust gesprochen. Aus Luthers Schriften, vor allem aber aus seinen Briefen und anderen persönlichen Zeugnissen wird deutlich, wie real die Vorstellung von der ständigen Gegenwart des Teufels und das Gefühl der persönlichen Bedrohung bei ihm war. Für Luther – aber auch für seinen Mitstreiter Melanchthon – waren Gott, die Engel und der Teufel Mächte, die um den Menschen kämpfen, wobei der Mensch rettungslos dem Teufel verfiel, wenn er nicht durch Gott herausgerissen wurde.

Der Faust der protestantischen Volksbücher geriet daher auch in literarische Konkurrenz mit einer entsprechenden Ahasver-Version. Diese Legende wurde in Deutschland vor allem durch das im Jahre 1602 erschienene Volksbuch unter dem Titel «Kurze Beschreibung und Erzählung von einem Juden mit dem Namen Ahasverus» verbreitet. Hier ist Ahasver ein jüdischer Schuhmacher aus Jerusalem. Als Jesus, das Kreuz schleppend, einen Augenblick vor Ahasverus' Haus stehenblieb, um auszuruhen, jagte ihn der Schuhmacher mit Schmähungen davon. Zur Strafe für seinen Frevel findet Ahasverus selbst keine Ruhe mehr und muß umherirren. Er läßt sich bekehren und berichtet allen Menschen vom Leiden und der Allmacht des Erlösers. Die Breitenwirkung des Ahasverus-Buches erklärt sich in erster Linie dadurch, daß ein zum Christentum übergetretener Jude zum Chronisten der Leidensgeschichte Jesu bestimmt wird. Von der Idee der Judenbekehrung waren Päpste und Luther-Reformatoren gleichermaßen besessen. Vagabundierende Schwindler, die sich als Ahasver ausgaben, konnten im 16. Jahrhundert – anders als rebellische Faust-Imitatoren – mit äußerster Milde der Kirchenautoritäten rechnen. Im Volksbuch von 1602 wird sogar behauptet, daß ein angesehener Schüler Luthers, der Bischof Paulus von Eitzen, im Jahre 1542 persönlich die Bekanntschaft von Ahasverus gemacht habe.

Als Luther am 16. April 1521 zum Widerruf seiner Thesen aufgefordert wurde, erhielt er für die Hin- und Rückreise kaiserliches Geleit. So reiste nun der neue deutsche Nationalheld – wie seinerzeit Johannes Hus durch die böhmischen Lande nach Konstanz gezogen war – unter rauschendem Beifall nach Worms. Das stürmische Verlangen der Deutschen nach einem «wahren Evangelium» war vor allem eine politische Kundgebung. Man sah in diesem «wahren Evangelium» die Unvereinbarkeit des volkstümlichen Christenglaubens mit dem in Pomp erstarrten Absolutheitsanspruch der Päpste bestätigt. Luthers neue Lehre wurde also in erster Linie als Appell an das erwachende deutsche Nationalbewußtsein empfunden, als ein aus dem Herzen gesprochenes Votum für die Lösung von römischer Tyrannei. Was Konzilien und «Gravamina» im deutschen Reich nicht erreicht hatten – die Herstellung erträglicher Zustände, die sich mit einem heiligen Obrigkeitsbegriff vereinbaren ließen –, war in anderen Ländern Europas zur Selbstverständlichkeit geworden. Deutschland blieb die letzte Bastion für das päpstliche Benefizium.

Aus dieser bitteren Erkenntnis mußte ein aus mystischer Versenkung zur humanistischen Kritik erwachter Geist sich radikalisieren: Reformation und Humanismus haben – gewollt oder ungewollt – das fatale deutsche «Sonderwegsbewußtsein» geweckt und gestärkt. Tacitus' «Germania» wurde an deutschen Hochschulen wiederentdeckt, und Ulrich von Hutten, ein Erasmus-Schüler, ließ Hermann den

Cherusker auferstehen, weil der «als erster Deutscher» den Römern erfolgreich entgegengetreten war. Auch Franz von Sickingen verstand sich als Freiheitsritter gegen Rom. Doch von den glaubensstarken Juden und aufständischen Bauern auf die Probe gestellt, zeigten sich bald die Grenzen der deutsch-evangelischen Freiheitsidee. Enttäuscht von seinen vergeblichen Missionsversuchen rief schließlich auch Luther dazu auf, die Synagogen der verstockten Juden anzuzünden und das Treiben der «räuberischen und mörderischen Rotten» der Bauern mit brutaler Gewalt zu beenden.

Es war eine Zeit, in der eine vagabundierende Freigeistgestalt wie der Doktor Faust als demagogischer Prophet des zuchtlosen Pöbels galt. Und während dieser Faust in Deutschland sein Bühnendasein ausschließlich in Puppenspielen und Jahrmarktsbuden fristen mußte, stellte ihn Christopher Marlowe (1564–1593) in England in eine große dramatische Situation: «The Tragical History of Doctor Faustus». Marlowe entführt Faust aus der muffigen Studierstube einer winkligen deutschen Kleinstadt in die Welt der Meere und Piraten. Wie Sir Francis Drake will er Indien und den Ozean plündern und mit einer durch erbeutete Schätze bezahlten militärischen Einsatzgruppe den Fürsten von Parma vertreiben. Marlowe, selbst in zwei Atheismus-Prozesse verwickelt, zeigt Faust als rebellischen Gottesleugner, der nach dem Imperium greift. Der Teufelspakt ist für ihn eine unbedenkliche Sache, denn: «Was ist Hölle? Ein Hirngespinst! Ewige Qualen? Ein Ammenmärchen!» Mit Rücksicht auf die Kirchenzensur und einen drohenden Prozeß mußte Marlowe seinen Teufelsbündler aber doch nach vorgeschriebener Tradition und Sitte enden lassen. Sein Schluß trieft vor Ironie. Begleitet von Blitzen, fährt Faust in die Hölle, und der Chor verkündet die obligate Weisheit, man dürfe nicht mehr wollen, als der Himmel erlaube. Das Ende des Autors war dramatischer als das seines Helden. Marlowe wurde in einem Wirtshausstreit erstochen.

Gewissermaßen als reformatorischer Gegenmythos zur Faust-Figur entstand in Deutschland der Typus des «geistlichen Reiters», wie ihn Albrecht Dürers Kupferstich «Ritter, Tod und Teufel» (1513) symbolisierte. Einige zeitgenössische Betrachter vermuteten in dem Dürer-Stich eine Darstellung Franz von Sickingens, als mutige Reitergestalt auf dem dornenreichen Wege zur «festen Burg» Luthers. Doch der Reiter-Mythos hat die Faust-Legende nicht völlig verdrängen können. Vom 16. bis zum 18. Jahrhundert behauptete sich eine durchgehende Tradition der deutschen Faust-Literatur, in der sich einzelne aufklärerische Aspekte der «Historia» gegen die protestantische Moral der Verfasser durchsetzten und den Stoff der Sage lebendig erhielten. Die letzten Repräsentanten dieser aufklärerischen Faust-Tradition waren Lessing und Heine.

Erst im nationalistischen Blickwinkel des 19. Jahrhunderts konnte Goethes faustische Titanengestalt zu einer dem Reiter-Mythos ebenbürtigen Ikone deutsch-germanischer Selbstdarstellung aufsteigen. «Faust und Luther wurden miteinander ausgesöhnt», schreibt Klaus Völker in seinem «Lesebuch» über den deutsch-faustischen Mann. In den Augen des preußischen Historikers Heinrich von Treitschke verschmolzen Reiter-Mythos und Faust-Legende zu einem «symbolischen Bild der vaterländischen Geschichte». Diese Symbiose machte den Weg frei für eine idealistische Bildungsgeschichte, die zur Verabsolutierung von Goethes Weltbild und seines Dichtungsbegriffs führte. Das «Faustische» als heroische Ideologie deutscher Sonderart und deutschen Sonderschicksals hatte sich von seinem rebellischen Ursprung in der «Historia» gelöst. Selbst Nietzsche, der anfangs Dürers «Ritter, Tod und Teufel» gegenüber Richard Wagner als Darstellung der Willenskraft des deutschen Mannes gepriesen hatte, schreckte vor der faustischen Symbiose und Überhöhung zurück – empfand das Bild später als «unheimlich» und «viel zu düster». Einen ähnlichen Weg der Umkehr ging auch Thomas Mann. Während er zwischen den Weltkriegen das «Wesenselement der Dürerisch-deutschen Charakterwelt» noch wohlwollend-positiv als «faustische Melancolia» beschreibt, macht er im «Doktor Faustus» Dürers Leidenssympathie und Goethes klassische Passion gleichermaßen mitverantwortlich für den Höllensturz Deutschlands.

Goethes «Hauptgeschäft»

Kurz vor seinem 82. Geburtstag, am 22. Juli 1831, notierte Goethe knapp und bündig den Abschluß des zweiten Teils seiner Faust-Dichtung: «Das Hauptgeschäft zu Stande gebracht. Letztes Mundum. Alles rein Geschriebene eingeheftet.» Dann versiegelte er sein Werk, um es erst nach seinem Tod im Jahre 1832 durch die Freunde Johann Peter Eckermann und Friedrich Wilhelm Riemer der Öffentlichkeit präsentieren zu lassen.

Goethe war sich bewußt, wie schwer es die Nachwelt mit seinem «Faust» haben würde. Am 17. März 1832 – also fünf Tage vor seinem Tod – schrieb er an Wilhelm von Humboldt: «Es sind über sechzig Jahre, daß die Konzeption des ‹Faust› bei mir jugendlich von vorne herein klar, die ganze Reihenfolge hin weniger ausführlich vorlag. Nun hab' ich die Absicht immer sachte neben mir hergehn lassen und nur die mir gerade interessanten Stellen einzeln durchgearbeitet, so daß im zweiten Teil Lücken blieben, durch ein gleichmäßiges Interesse mit dem übrigen zu verbinden.» Trotz seiner Anstrengungen, das widersprüchliche Werk zu vereinheitlichen, befürchtete Goethe, daß seine Bemühungen «an den Strand getrieben wie ein Wrack in Trümmern daliegen und vom Dünenschutt der Stunden zunächst überschüttet» würden. Die Zeit sei noch nicht reif: «Verwirrende Lehre zu verwirrtem Handel waltet über der Welt ...»

Schon 1788 hat er das bis dahin entwickelte Fragment als «Summa Summarum (s)eines Lebens» bezeichnet und später mehrfach auf die «Inkommensurabilität» des Stückes hingewiesen. Eine durchgehende «Idee» habe er nicht verkünden wollen. «Es hätte auch in der Tat ein schönes Ding werden müssen», so erklärte er im Mai 1827 gegenüber Eckermann, «wenn ich ein so reiches, buntes und so höchst mannigfaltiges Leben, wie ich es im Faust zur Anschauung gebracht, auf die magre Schnur einer einzigen durchlaufenden Idee hätte reihen sollen». Bei anderer Gelegenheit gestand Goethe gegenüber dem Gesprächsfreund ein, daß «nicht bloß das düstere, unbefriedigte Streben der Hauptfigur, sondern auch der Hohn und die herbe Ironie des Mephistopheles» Teile seines «eigenen Wesens» seien.

Die Faust-Dichtung ist das repräsentative Produkt, das Symbolwerk eines Lebens, in das ganze Literaturepochen, vielfältige Tätigkeiten, philosophische Aneignungen und philologische Studien ihre Spuren gegraben haben. «Es sprechen und singen in diesem polyphonen Werk die Stimmen des jungen Leipziger Studenten, des Straßburger und Frankfurter Stürmers und Drängers, des Weimarer Klassikers, des alten Mannes ...» (Albrecht Schöne). Die Werkgeschichte vollzieht sich als dynamischer Prozeß mit veröffentlichten Momentaufnahmen. 1775: «Urfaust» – aufgefunden erst 1887 –, der Geniestreich des Fünfundzwanzigjährigen; 1790: «Faust – ein Fragment», die klassizistisch überformte Arbeitsprobe des Vierzigjährigen; 1808: «Faust. Der Tragödie erster Teil», der vom Sechzigjährigen endgültig ad acta gelegte erste Szenenkomplex; 1832: «Faust. Der Tragödie zweiter Teil», zwischen dem fünfundsiebzigsten und zweiundachtzigsten Lebensjahr zu Ende geführt.

Die Druckgeschichte des «Faust»-Textes ist seit dem Herbst 1994 um einen Höhepunkt reicher. Albrecht Schönes Edition im Deutschen Klassiker Verlag ließ den Blätterwald des deutschen Feuilletons rauschen. Was ist nun der Tragödie neuester Stand? «Neu» beziehungsweise «authentisch» erscheint vor allem die Restaurierung von Goethes originaler Syntax. Da ergeben sich im Vergleich mit bisherigen Ausgaben nicht weniger als 1009 Abweichungen von Wortlaut und Schreibweise, 647 getilgte oder abschwächend veränderte Interpunktionen sowie 2415 zusätzliche oder verstärkende Satzzeichen. Eine verdienstvolle Korrektur, die nahelegt, daß offenbar ganze Generationen von Germanisten in Pädagogenmanier das «Klima» des Textes harmonisiert haben.

Wir wissen jetzt außerdem, daß Teufel auch «von unten pusten» und somit ganz normalen «Schwefelstank» produzieren – oder daß Goethe am Schluß von «Faust II» nicht schrieb, wie es uns unter anderem Erich Trunz in der Hamburger Ausgabe wiedergibt: «Das Unbeschreibliche / Hier ist's getan», sondern durch Ausbrechen aus dem Versmaß: «Hier ist es getan.» Man weiß, daß für Goethe der Vers- und Wortklang seines Werkes sehr wichtig war. Wie in seinem Tagebuch vermerkt, hat der alte Autor vom 2. bis zum 29. Januar 1832 den gesamten zweiten Teil des «Faust» noch einmal seiner Schwiegertochter Ottilie vorgelesen und gleichzeitig Veränderungen vorgenommen. So notierte er am 17. Januar: «Einiges im Faust Bemerkte nachgeholfen.» Und am 18. Januar: «Einiges umgeschrieben.» Die Feststellung, daß Form und Inhalt einer Wechselwirkung unterliegen, mag banal klingen, Goethe hat sie sehr ernst genommen: «Gehalt bringt Form mit / Form ist nie ohne Inhalt» (Paralipomena).

Dennoch – so beeindruckend Schönes penible editorische Leistung auch ist –, die bisher überlieferte Textbasis des «Faust» grundsätzlich in Frage zu stellen – dafür besteht kein Anlaß. Es gibt daher auch Einspruch gegen die Editionspraxis des Deutschen Klassiker Verlags. Der Germanist Peter Michelsen zum Beispiel kritisiert Schönes «diplomatische» Auswahl der Textzeugen, wodurch «eine Reihe von Fehlern und Entstellungen, die von früheren Editoren beseitigt worden waren, wieder eingeführt» worden seien, «einige sogar neu» (*Merkur* 8/95). Es wird auch nach Schöne weitere Neuausgaben des «Faust» mit Authentizitätsanspruch geben.

Das Problem der Einheit der Faust-Dichtung hat die Interpreten schon sehr früh beschäftigt. Doch was heißt «Einheit»? Ist die Kontinuität der Handlung gemeint oder die Einheit einer Idee, eines philosophischen Entwurfs? Der Dichter selbst will sich da nicht festlegen, auch wenn aus seinen Handschriften ein Schema zum Verhältnis von Faust I und II überliefert ist: «Lebensgenuß der Person – von außen gesehen – 1. Teil. – In der Dumpfheit Leidenschaft. Tatengenuß – nach außen – 2. Teil. – Und Genuß mit Bewußtsein. Schönheit. Schöpfungsgenuß – von innen – Epilog im Chaos – auf dem Weg zur Hölle.»

«Faust» besteht aus Verwandlungen: Goethe hat sich gewandelt und seine Gestalten mit ihm. Diese Folge von Metamorphosen, in einer Dichtung zusammengefaßt, ist die Einheit. Annähernd 230 Figuren sind an Goethes Metamorphosenspiel beteiligt, bestimmte Situationen und Konstellationen wiederholen sich in einem verwirrenden Verweissystem. Es ist kaum möglich, den Inhalt der Dramenhandlung in geschlossener Form zu referieren. Ein kursorischer Überblick über die zentralen Szenenfolgen und Motivkomplexe muß genügen:

Das Stück beginnt mit drei Präludien. Nach der «Zueignung» und dem «Vorspiel auf dem Theater» entfaltet der «Prolog im

Himmel» als Rahmenhandlung das Thema: Gott erteilt Mephistopheles die Erlaubnis, Faust in Versuchung zu führen, in der festen Annahme, daß der sich auch «in seinem dunklen Drange» immer «des rechten Weges wohl bewußt» sei. Zu Beginn des ersten Teils sieht man den Gelehrten Faust in seinem gotischen Studierzimmer in Verzweiflung. Er hat trotz gründlichen Studiums aller Wissenschaften nicht entdecken können, «was die Welt im Innersten zusammenhält». So wendet er sich der Magie zu und beschwört den Erdgeist, der ihn auf seine menschliche Beschränktheit zurückwirft. Als er sich zum Freitod entschließt, um «auf neuer Bahn den Äther zu durchdringen», hält ihn das Geläut der Kirchenglocken im letzten Augenblick davon ab, den Gifttrunk zu nehmen. Ein gemeinsamer Osterspaziergang mit seinem Famulus Wagner führt Faust aus der Enge der Mauern ins «bunte Leben». In der Volksmenge vor dem Tore spürt er ein Gefühl der Harmonie und empfindet neue Gelüste. Ein schwarzer Pudel folgt ihm auf dem Weg zurück in die Studierstube. Er stört den Doktor knurrend beim Versuch, das Johannes-Evangelium aus dem «heiligen Original» in sein «geliebtes Deutsch» zu übertragen. Gerade will Faust schreiben: «Im Anfang war die Tat!», da entpuppt sich Mephisto als des Pudels Kern und bietet seine Dienste an. Er will ihn zu Taten und Künsten führen, die «noch kein Mensch gesehen». Grundlage des vorgeschlagenen Paktes ist eine Wette, in die Faust einwilligt: «Werd ich zum Augenblicke sagen: / Verweile doch! du bist so schön! / Dann magst du mich in Fesseln schlagen, / Dann will ich gern zugrunde gehen!»

Nachdem der Pakt mit einem Blutstropfen besiegelt ist, begeben sich Faust und sein neuer Dienerfreund Mephisto auf ihre Reise durch «die kleine, dann die große Welt», zunächst in einem Zaubermantel fliegend, später auch als wilde Reiter auf schwarzen Rössern. Nach einer Stippvisite in der Leipziger Studentenkneipe «Auerbachs Keller» machen sie halt in der «Hexenküche». Es ist die erste Station im Bereich des Phantastischen. Sie treffen nicht nur auf eine alte Hexe, sondern auch auf Meerkatzen, die von dem «Bedürfnis der Menschwerdung» beseelt sind. Faust wird durch einen Zaubertrank verjüngt und erblickt im magischen Spiegel das Bild Helenas, der schönsten aller Frauen. Noch erregt von dieser sinnlichen Erscheinung, begegnet er dem unschuldig-frommen Gretchen. Der entfesselte Akademiker hat jegliche Skrupel verloren. Er verführt das Mädchen, bringt dessen Mutter durch ein vergiftetes Schlafmittel um und tötet den Bruder Valentin im unehrlichen Kampf. Schließlich überläßt er Gretchen ihrem Unglück, um mit Mephisto die Walpurgisnacht auf dem Brocken zu feiern. Beim Hexentanz hat er eine Vision und kehrt zu Gretchen zurück, die er halb wahnsinnig im Kerker vorfindet. Sie hat das gemeinsame Kind getötet und wartet auf den Henker. Als Faust sie befreien will, weist sie ihn ab: «Heinrich! Mir graut's vor dir.»

Im zweiten Teil der Tragödie wacht Faust in «anmutiger Gegend» aus dem heilenden Schlaf des Vergessens mit neuer Kraft auf. Er ist fester denn je entschlossen, zum «höchsten Dasein immerfort zu streben». Die aufgehende Sonne blendet ihn im «Flammen-Übermaß», so daß er die Augen abwenden muß. Sein Blick fällt auf den «farbigen Abglanz» eines Regenbogens. Das Wirkliche – so eine Grundüberzeugung Goethes – ist der Abglanz des Absoluten. Das Wahre läßt sich nicht direkt erkennen, sondern offenbart sich nur in Gleichnissen. Bestimmt von diesem Leitgedanken, setzen Faust und Mephisto ihre Expedition in die «große Welt» fort, wobei im Rollenwechsel nun Faust die Führung übernimmt. Es beginnt – in symbolischer Bilderfolge – eine bunte Bildungsreise durch die gesamte abendländische und antike Kulturlandschaft. Der Wechsel von Ort und Zeit, die Vermischung von Mythen und Realität sind so verwirrend, daß jede chronologische Idee auf der Strecke bleibt. Zuerst wird uns die politische und gesellschaftliche Sphäre, der Kaiserhof, vorgeführt. Das Staatsgebilde ist durch Mißwirtschaft und Korruption zerrüttet, die Truppen marodieren, und im Land erhebt sich des «Aufruhrs wachsendes Gewühl». Faust und Mephisto lösen die gröbsten fiskalischen Probleme durch Einführung des Papiergeldes. Doch der

Kaiser will nicht nur Wohlstand, sondern auch den schönen Schein. Er verlangt das Idealpaar Paris und Helena zu sehen. Faust fährt in das «Reich der Mütter» und versucht die Archetypen der Schönheit magisch zu präsentieren. Als es ihn selbst nach Berührung der Helena verlangt, verschwindet sie und läßt ihn betäubt zurück.

Inzwischen hat Famulus Wagner im Labor einen körperlosen «Humunculus» erzeugt, der den reinen Geist symbolisiert. Mit dem im Glas eingesperrten Retortenwesen brechen Faust und Mephisto zur Vergangenheitsreise in das antike Griechenland auf. Die «klassische Walpurgisnacht» erweist sich als ein Tummelplatz für Götter, Dämonen, Geister und zahllose andere Fabelwesen. Während Faust zielsicher den Hades und damit den Zugang zur schönen Helena findet, irrt Mephisto in den Felsbuchten des Ägäischen Meeres herum. Als nordisch-christlicher Teufel ist er dem antiken Milieu «ganz und gar entfremdet». Als skeptischer Rationalist erkennt er aber schnell den Scheincharakter («Mummenschanz») jener von Vampiren (Lamien) bevölkerten Welt: «Viel klüger, scheint es, bin ich nicht geworden; / Absurd ist's hier, absurd im Norden, / Gespenster hier wie dort vertrackt, / Volk und Poeten abgeschmackt.» Wenn er sich hinter der häßlichen Phorkyas-Maske zu verbergen sucht, ist das Selbstschutz und zugleich Ausdruck der Distanz gegenüber dem antiken Schönheitsideal.

Für Faust ist die nächste Station seiner imaginären Reise von besonderer Bedeutung. Es gelingt ihm der ersehnte Liebesakt mit Helena, die symbolische Vereinigung von Antike und Abendland. Aus dieser Verbindung geht ein Sohn hervor: Euphorion. Er erinnert nicht nur an den griechischen Mythos, sondern repräsentiert zugleich die neuere poetische Zeit. Er versucht in anmaßender Überheblichkeit zu fliegen und stürzt ab. Dabei zieht er Helena mit sich fort in den Orkus, nur ihr Schleier und ihr Kleid bleiben als äußere Hülle des klassischen Griechentums zurück.

Faust kehrt aus dem Reich der Ästhetik in die Sphäre der Gesellschaft zurück, um sich – wie die gängige Interpretation lautet – vom Genießenden zum sozial Tätigen zu wandeln. Er versucht, dem Meer Neuland abzugewinnen, doch seine Taten geschehen nicht nur zum Wohl der Menschheit. Schon bald entwickelt er sich als Statthalter des Kaisers zum ausbeuterischen Frühkapitalisten, führt sich als Kriegsherr und Kolonisator auf. Dem zum Gewaltherrscher gewandelten Faust ist schließlich auch die Enklavenidylle des alten Paares Philemon und Baucis ein Dorn im Auge. Ihre kleine, von zwei Linden umstandene Hütte und eine dazugehörige Kapelle sind die letzte archaisch-autonome Struktur im modernisierten und gleichgeschalteten Küstenreich: «Die Alten droben sollten weichen, / Die Linden wünscht ich mir zum Sitz, / Die wenig Bäume, nicht mein eigen, / Verderben mir den Welt-Besitz.» Da sie aber nicht weichen wollen, sieht der Diktator Faust seinen uneingeschränkten Herrschaftsanspruch bedroht und befiehlt den teuflischen Söldnern: «So geht und schafft sie mir zur Seite!» Das geschieht mit der grausamen Gründlichkeit einer «ethnischen Säuberung». Die Alten verbrennen in ihrer Hütte, ein Wanderer, der sie schützen will, wird ebenfalls niedergemacht. Der Bericht des Sonderkommandos an den Befehlshaber lautet: «Sie hörten nicht, sie wollten nicht; / Wir aber haben nicht gesäumt / Behende Dir sie weggeräumt.» Nach dieser Greueltat wird Faust von den vier allegorischen Figuren «Schuld», «Mangel», «Not» und «Sorge» heimgesucht. Die letztere raubt ihm das Augenlicht. Er fühlt den nahen Tod, will der Magie abschwören – möchte aber noch in Verwirklichung seiner Vision «auf freiem Grund mit freiem Volke stehn». Das wäre der Augenblick, zu dem er sagen könnte: «Verweile doch, Du bist so schön!» Doch der schöne Augenblick bleibt Utopie. Faust stirbt, und die Engel singen: «Wer immer strebend sich bemüht / Den können wir erlösen.» Mephisto fühlt sich um «die hohe Seele» betrogen, aber das «Unbeschreibliche» geschieht. Der «Chorus Mysticus» stimmt das rettende Finale an: «Das Ewig-Weibliche / Zieht uns hinan.»

Worin liegt nun das Geheimnis der Faszination von Goethes Faust-Gestalt? Die geläufige und gefälligste Interpretation ist die Orientierung an der Zerrissenheit. Das schmerzliche Selbstbekenntnis von Goethes Faust als Zweiseelennatur ist immer wieder auch als Schlüssel für das ominöse deutsche Wesen mystifiziert worden: die Deutschen als ewig gespaltene Nation zwischen Innerlichkeit und Imperialismus, romantischer Dichtung und übersteigertem Nationalismus, zwischen Hölderlin und Hitler, Himmel und Hölle.

Das von Goethe dargestellte «Streben» des Heinrich Faust zwischen Himmel und Hölle hat – anders als die Magie des Johannes Faust in den Volksbüchern – wenig gesellschaftliche Bodenhaftung. Auch im Vergleich zu anderen Heldengestalten der europäischen Dramenliteratur – wie zum Beispiel Hamlet – erscheint Goethes Faust als absolutes Individuum, das in einer geschlossenen Eigenwelt agiert. Es ist kein Zufall, daß Faust nicht verheiratet ist und im Gegensatz zu anderen Figuren des Dramas keinen sozialen Alltag hat. Der Kern des Paktes ist die Beschränkung auf die geistige Immanenz und die Perspektive höchster Lustmöglichkeit, eine Beschränkung, die der Tauschpreis für die geliehene Omnipotenz ist. Der große Unterschied zu allen früheren Behandlungen des Faust-Stoffes besteht bei Goethe vor allem darin, daß der Teufelspakt von einem Prolog im Himmel abhängig gemacht wird. Das «Faustische» – so Ernst Bloch – finde sich «rein stofflich überall dort, wo der grenzüberschreitende Doktor der alten Sage abgewandelt» werde. Das heißt zuerst und vor allem bei Goethe. Faust erkennt sich in Mephisto wieder, obwohl die göttliche Genesis dieser Doppelidentität Grenzen setzt. «Der Teufel für sich» ist, wie es bei Hegel heißt, «eine schlechte, ästhetisch unbrauchbare Figur, denn er ist nichts als die Lüge in sich selbst und deshalb eine höchst prosaische Person».

In seiner «Farbenlehre» hat Goethe den Kampf der beiden

Mächte «Licht und Finsternis» als einen Widerstreit gleichberechtigter Kräfte formuliert; sie sind nichts anderes als die beiden Pole eines Wesens. Zwischen beiden entwickelt sich das bunte Spiel der Farben – und in seiner Dichtung das Satyrspiel Faust–Mephisto. Mephisto, anfangs der traditionelle Verführer und Abgesandte der Hölle, wird der «Geselle» Faustens, sein Partner. Er erscheint nicht nur als Prinzip, sondern als eine dichterisch gestaltete Figur, die oft lebendiger ist als Faust und wohl auch die von Goethe als Wahrheiten empfundenen Auffassungen deutlicher ausspricht. Die Utopie des schönen Augenblicks bleibt über den Tod Fausts hinaus abstrakt und uneingelöst, denn sie ist unwiderruflich an die Perspektiven des Individuums gebunden, an dessen Lebe zwischen Geburt und Tod. Mit Fausts Tod ist «in persona» – zum Leidwesen mancher Interpreten – auch der Inhalt der Wette erledigt. Am Ende wird der Held zum fragwürdigen Symbol der Menschheit. Im Gegensatz zur klassischen Tragödie, in der die Herausforderung der Götter mit Strafe geahndet wird, erzwingt sich Faust den Zugang zum Paradies durch eine Fehlleistung. Weil Goethe den Teufel vermenschlicht und zum Kumpanen erklärt, wird Faust von der Schuld für Verbrechen und sexuelle Verfehlungen entlastet. Diese Entlastung erleichterte den Deutschen die Identifikation mit Goethe und seinem Helden.

Rüdiger Scholz, einer der wenigen, die sich kritisch durch die Massen der «Faust»-Literatur gekämpft haben, kam zu dem Schluß, «daß der Fragehorizont der ‹Faust›-Forschung enger als bei anderen Werken verläuft, eher dem des Mondes als dem der Erde gleicht, obwohl so oft Himmel und Ewigkeit angepeilt werden». In der Regel verharrte die wissenschaftliche Erörterung des Dramas und seines Autors, das heißt seiner Ideen, Figuren und Bilder, diesseits der von

Schelling und Hegel errichteten metaphysischen Schranken. Es liegt auf der Hand, daß diese Schranken die Aufklärung der Zusammenhänge von Autorenexistenz, Werk und geschichtlicher Realität verhinderten. Der Dramenheld wurde zum nationalen Mythos und der Autor zum klassischen Denkmal. Faust und Goethe verschmolzen zu einer einheitlichen Identifikationsfigur. Nicht unerheblichen Anteil an diesem Prozeß hatte der Dichterfürst selbst, der – in stilisierender Absicht – sein Werk und Leben für die Nachwelt ausführlicher kommentiert hat als je ein anderer «Klassiker». Die für ein adäquates Werkverständnis notwendige psychologische Analyse des Autors wurde jedoch durch die metaphysische Fassung des Geniebegriffs lange Zeit verhindert.

Fast alles, was Goethe schrieb, war autobiographisch. Daher betonte beispielsweise Sigmund Freud in seiner Frankfurter Goethe-Preis-Rede (1930) die Notwendigkeit, daß «die Psychoanalyse sich in den Dienst der Biographik gibt». Die historische Analyse der Beziehung «zwischen dem Leben des Dichters und seinen Schöpfungen» wurde zu einem wesentlichen Element von Freuds Phantasietheorie («Der Dichter und das Phantasieren»), zu deren Erklärung er nicht nur das Material antiker Mythen heranzog, sondern auch immer wieder Goethe und «Faust».

In der deutschen Faust- und Goethe-Forschung blieb die psychoanalytische Methode jedoch unterentwickelt und wurde mit wenigen Ausnahmen weitgehend ignoriert. Herman Grimm hat bereits 1876 – wenn auch nicht mit psychoanalytischem Vokabular, so doch sehr anschaulich – Goethe als Fausts «sichtbaren Zwillingsbruder» definiert. Faust, so Grimm, repräsentiere Goethes «wirkliches Leben». In seiner allgemeinen Existenz werde Faust fähig, mit

Goethe zu altern und doch jung zu bleiben. Faust sei der «verkörperte Geist» Goethes, dem keine Entfernung zu weit, keine Erfahrung unmöglich war. Grimm traute Faust sogar zu, «alle Gedichte Goethes, all seine wissenschaftlichen Werke geschrieben zu haben». Und umgekehrt: Alles, was Goethe an Versen und Gedanken hinterlassen hat, könne «samt und sonders als Paralipomena zum Faust betrachtet werden».

Goethes bewußte und unbewußte Selbstdarstellung als Faust läßt konkrete Rückschlüsse zu auf das Verhältnis von Psyche und Realität beziehungsweise von Dichtung und Wahrheit. Ein wichtiger früher psychoanalytischer Beitrag zu diesem Thema ist die 1929 erschienene Monographie von Theodor Reik «Warum verließ Goethe Friederike?», eine Arbeit, die kaum zur Kenntnis genommen wurde. Reik analysiert darin die schuldbesetzte Beziehung des jungen Goethe zu der Pfarrerstochter Friederike Brion und ihre dichterische «Verarbeitung». Er beschreibt die sexuelle Berührungsangst des Dichters, seine Kastrationsfurcht, die Angst vor Vergeltung und die Identifizierung mit dem überstrengen Vater, die sich mit einer auf die Geliebte projizierten «Unheilserwartung» verbanden. «Die analytische Untersuchung ergibt nun», so Reik, «daß das Schuldgefühl als solches berechtigt war, daß sich aber hinter seiner bewußtseinsfähigen Begründung starke unbewußte Motive verbergen. Das Reuegefühl bezieht sich auf die verdrängten feindseligen Impulse gegen das heißgeliebte Mädchen, auf die Todeswünsche gegenüber einem Liebesobjekt, dem er ‹ewiges Glück› wünscht.»

Die gründlichste psychoanalytische Studie stammt von dem Emigranten Kurt R. Eissler und erschien 1963 in Amerika. Eine deutsche Übersetzung kam erst zwanzig

Jahre später zustande. Der Autor geht davon aus, daß Goethes gesamte Dichtkunst eine unmittelbare Umformung seiner selbst sei, wobei «Faust» naturgemäß eine Sonderstellung einnehme: «Goethe stellt sich in Faust dar.» Für Eissler spiegelt das Frauenbild der Dichtung neben der bereits von Reik analysierten Schuldbesetzung auch die reale Fixierung Goethes an inzestuöse Objekte (Schwester Cornelia) wider. Vor allem im «Faust» werde das Leiden der Frauen als Wunscherfüllung und Schuldgefühl gleichermaßen sadistisch und masochistisch genossen. Die Aufteilung der literarischen Liebesobjekte in das naive, einfache Mädchen aus dem Volke (Gretchen) und in die überirdische Königin (Helena) entspricht dabei nicht nur der privaten Triebdisposition des Autors, sondern vermischt persönliche Konflikte mit gesellschaftlicher Problematik. Das dualistische Frauenbild – Erniedrigung zum Lustobjekt und Erhöhung zur göttlichen Seele – entspricht der realen, zeitgenössischen Rollenzuordnung. Eine fast schizophrene Spaltung dokumentiert sich hierbei allerdings in Goethes Doppelfunktion als Künstler und Politiker. In der Dichtung entwarf er mitleiderheischende Szenen der Gretchen-Tragödie, im Weimarer Staatsrat befürwortete er gleichzeitig die Todesstrafe bei Kindesmord lediger Mütter. Und der Kulturpolitiker Goethe fördert die Humanwissenschaften, während sein Dramenheld als Statthalter des Kaiserhofs «ethnische Säuberungen» betreibt.

Es wäre aber zu simpel, die brutale Beseitigung der dem «Fortschritt» im Wege stehenden Alten (Philemon und Baucis) allein aus Goethes Elternmordphantasie erklären zu wollen. Zwischen psychischen Bedürfnissen und Realitätsdruck besteht eine komplizierte Wechselbeziehung. Fausts Streben im Sinne der Kaiserautorität entsprach Goethes realhistorischem Interesse an der Erhaltung der Fürstenherrschaft. Seine materielle Existenz als Dichter und Minister war untrennbar an Karl August, den Herzog von Sachsen-Weimar-Eisenach, gebunden. Der faustische Drang, die Natur zu beherrschen, neue Staaten zu gründen und Kolonialreiche zu errichten, offenbart nicht nur allgemeine imperiale Omnipotenzphantasien. Der Plan, Land aus dem Meer zu erschaffen, erinnert an den Schöpfungsmythos. Auch Gott erschuf die Erde aus dem Wasser.

Goethes «Faust» hat aber mit christlicher Mahnliteratur ebensowenig zu tun wie mit der Verherrlichung eines Volkshelden. Goethe setzte sich nicht für Revolution, sondern für Evolution ein. Die Auswirkungen der Französischen Revolution, die er als Zeitgenosse erlebte, bedeuteten für ihn in erster Linie eine bedauernswerte Unterbrechung der geistigen Entwicklung Deutschlands, zu der er selbst viel beigetragen hatte. Goethe entwickelt im «Faust» die Begriffe der Metamorphose, der Entelechie und nimmt damit intelligible Elemente in sein Evolutionsmodell auf. Nicht eine biologisch-mechanische, sondern eine geistige Auslese und Höherentwicklung sind gemeint. Ob sich Goethes Drama deshalb als «völlig säkularisiert» bezeichnen läßt, bleibt fraglich. Das zeitgenössische Unverständnis gegenüber dem allegorischen Höhenflug in «Faust II» parodierte Friedrich Theodor Vischer 1862 als «der Tragödie Dritter Theil, treu im Geiste des zweiten Theils des Götheschen Faust gedichtet von Deutobald Symbolizetti Allegoriowitsch Mystifizinsky». Vischers Faust hat im Himmel zur Strafe den Auftrag erhalten, einer seligen Knabenschar Goethes «Faust II» zu erklären, und beginnt: «Es geht jetzt, wie gesagt, an den Homunkel, / Gebt acht, paßt auf, der Gegenstand ist dunkel!»

Zu einer solchen ironischen Distanz gegenüber Goethes Mystik waren die meisten Germanisten nicht fähig. Wilhelm Emrich zum Beispiel glaubt in «Faust II» eine Symbolik zu erkennen, die rätselhafte «Urbilder» des Seins gestalte und zugleich geschichtlich konkret sei. Empirische Wirklichkeit und Idee, Bedingtes und Unbedingtes, Anschauliches und Unergründliches werden als ein Zusammenhang von «antithetischen Symbolen» erklärt. Goethes Kosmos, «diese seltsam realistische Mystik» (Emrich), ist der allumfassende Rahmen für das eigene Weltbild, das Wesen der Kunst, die Interpretation der Welt durch Philosophen und Historiker. Auch neuere motivgeschichtliche Studien wie Michael von Engelhardts «Plutonischer Faust» (1992), die tradiertes mythologisches Material («Erddunkel», «Reich der Toten», «Schatz») mit modernen analytischen Kategorien («literarische Phantasiebildung») in Verbindung bringen, scheitern am Anspruch einer ganzheitlichen Systemdeutung.

«Faust» und das «Faustische» waren nie eindeutig. Der Widerspruch der «zwei Seelen» in einer Brust spiegelt nicht nur den allgemeinen Antagonismus von Natur und Welt, sondern ist vor allem auch ein deutsches Charakterbild. Goethe konnte Faust und Mephisto als Dioskurenpaar nur auf Grund dieses Widerspruchs salonfähig und bühnenwirksam machen. «Steckt nicht in jedem rechten Deutschen ein Stück Mephistopheles, ein Stück Schalk und Bösewicht? Wenn wir nichts hätten als die faustische Seele – wo kämen wir denn da hin?» (Klaus Mann, «Mephisto»)

Der Pakt und das «Ewig-Weibliche»

Faust und Mephisto gehören seit Goethe zusammen und bedingen sich gegenseitig. Faust *ohne* Mephisto wäre ein nicht sonderlich interessantes Beispiel unbefriedigter Sehnsüchte und Allmachtsphantasien. Die literarische Geschichte des Teufelspaktes ist sehr viel älter als die Faust-Legende. Der Kirchenvater Augustinus formulierte bereits zu Beginn des 5. Jahrhunderts eine Dämonen- und Magielehre, die im Kern schon eine Paktidee enthielt. Im Gegensatz zur spätantiken Lehre Platons, nach der die Dämonen durch einen naturgesetzlichen Zwang in den Dienst der Magie treten müssen, war Augustinus davon überzeugt, daß sich Dämonen und Menschen durch ein magisches Zeichensystem verständigen können. Einen solchen Verkehr von Menschen mit Geistern galt es als heidnischen Kult zu verdammen. Im Mittelalter wurde die augustinische Idee der magischen «Kommunikation» vor allem durch Thomas von Aquin zu einer systematischen Theorie vom Dämonenpakt entwickelt. Nach seiner Vorstellung übernahm der Dämon die Vermittlerrolle zwischen Mikro- und Makrokosmos, zwischen den irdischen Menschen und dem Jenseits von Himmel und Hölle. In der Anrufung des magischen Zaubers der Dämonen offenbare sich die für Christen verderbliche Gemeinschaft von Menschen und bösen Engeln.

Damit war nichts anderes zum Ausdruck gebracht als die hysterische Furcht des Abendlandes vor der Gegenkirche Satans. Der «gefallene» Satan des Neuen Testaments hatte im Gegensatz zu den alttestamentarischen Darstellungen seine subalterne Gottbezogenheit verloren und bildete eine autonome und logistisch strukturierte Gegenmacht des Bösen. Der Arzt Johann Weier hat im 16. Jahrhundert sogar versucht, die Mitarbeiterzahl der «Höllen-A.G.» – wie Thomas Mann das infernalische Konsortium nannte – mathematisch zu errechnen. Er kam auf 72 Höllenfürsten, denen 7 405 926 Helfershelfer unterstellt waren. Diese Unterteufel teilten sich in 1111 Legionen zu 6666 Komplizen auf. Wenn mehr als sieben Millionen teuflische Wesen die Gestalt von Hexen, Juden und Ketzern annehmen konnten, dann war das aus zeitgenössischer Sicht eine beängstigende Bedrohung der abendländischen Fundamente.

Der Fall des französischen Geistlichen Urbain Grandier ist ein anschauliches historisches Beispiel dafür, wie man den Teufelspakt zur realen juristischen Grundlage für einen Hexenprozeß machte. Am 18. August 1634 wurde der Beschuldigte in London nach den üblichen Folterungen auf dem Scheiterhaufen verbrannt. Ganz offensichtlich war der Pater ein Opfer sexueller Verstrickungen im Ursulinerinnenkloster geworden. Gleich mehrere Laienschwestern bekannten während eines exorzistischen Rituals, daß Grandier zusammen mit anderen Teufeln in sie eingedrungen sei. Das angebliche Beweisstück, der schriftliche Höllenpakt, tauchte erst im 18. Jahrhundert als kunstvoll gestaltetes «Faksimile» auf. Im Namen des «Rats der Teufel» wurde darin verkündet:

> «Wir, der mächtige Luzifer, bestärkt durch Satan, Belzebub, Leviathan, Elimi, Astaroth und andere, haben heute den Pakt mit Urbain Grandier geschlossen, der nun auf unserer Seite steht. Und wir versprechen ihm die Liebe der Frauen, die Reinheit der Jungfrauen, die Keuschheit der Nonnen, welt-

liche Ehre, Lust und Reichtümer. Huren soll er alle drei Tage; der Rausch soll ihm gut Freund sein. Einmal im Jahr soll er uns Tribut erstatten, der mit seinem Blut gezeichnet ist; er soll die Sakramente der Kirche mit Füßen treten, und er soll seine Gebete zu uns verrichten. Kraft dieses Paktes soll er zwanzig Jahre lang glücklich unter den Menschen auf Erden leben und am Ende zu uns kommen und Gott verfluchen.

Ausgefertigt in der Hölle, im Rat der Teufel.»

Es waren überwiegend deutsche Texte – wie der 1487 von den beiden Dominikanern Heinrich Institoris und Jakob Sprenger verfaßte «Hexenhammer» –, die die kollektiven Ängste schürten und die weltlichen Gerichte aufforderten, die Kirche bei der Verfolgung von Anhängern Satans zu unterstützen. Zur Popularisierung der Rechtsvorstellungen vom Teufelspakt dienten zahlreiche seit dem Mittelalter verbreitete Legenden. Im Faustbuch von 1587 wurde die Paktidee dramatisch konkretisiert. Der Knittlinger «Schwartzkünstler» Dr. Johann Faust unterschrieb das Teufelsbündnis mit erwärmtem Blut, weil er mehr erreichen wollte, als ihm von Gott und seinen natürlichen Fähigkeiten vorgegeben war. Zur Abschreckung malte die christliche Mahnliteratur sein furchtbares Ende genußvoll aus.

Bei Goethe ist der Teufel kein mächtiger Satan, der Faust ein furchtbares Ende bereiten könnte. Er sei «keiner von den Großen», erklärt Mephisto in der Paktszene. Der «Prolog im Himmel» steckt seinen Handlungsrahmen ab. Als Vertragspartner sind seine Vollmachten von Anfang an beschränkt. Seine Handlungsfreiheit findet ihre Grenzen im Rahmen der göttlichen Ordnung. Die Anlehnung an die Hiob-Konstellation ist unübersehbar. Selbst nach dem Sturz Satans registriert das Buch Hiob noch herzliche Beziehungen zwischen Gott und dem Teufel. Auch Goethe veranlaßt Mephisto zu der Loyalitätserklärung: «Von Zeit zu Zeit seh' ich den Alten gern / Und hüte mich, mit ihm zu brechen.» Gewissermaßen als göttlicher Lizenzträger hat er den Auftrag, durch Verführung und List die Menschen auf eine Probe zu stellen.

Auf eine genauere Einordnung seiner Teufelsfigur in die höllische Hierarchie hat Goethe jedoch verzichtet. Am 20. November 1829 schrieb er an Carl Friedrich Zelter: «Läßt man sich in historische und etymologische Untersuchungen ein, so gelangt man meistens immerfort ins Ungewissere. Woher der Name Mephistopheles entstanden, wüßte ich direkt nicht zu beantworten!» Neben Hinweisen auf den griechischen Ursprung einzelner Wortbestandteile gibt es auch Vermutungen, daß es sich bei «Mephistopheles» oder «Mephistophiles» um eine hebräische Namensverbindung handeln könnte, die auf das zweite Buch Samuel verweist. Gemeint ist die Kombination von «Mephiboschet», dem hinkenden Enkel des Königs Saul, und «Achitofel», dem diabolischen Berater des Königs. Auch wenn diese Mephisto-Etymologie Spekulation bleiben muß, ist nicht von der Hand zu weisen, daß deutsche Volksbücher den antijudaistischen und antisemitischen Grundton ihrer Zeit trafen, wenn sie dem Repräsentanten des Bösen einen hebräischen Namen gaben.

In Goethes «Faust» bilden der Prolog, die Paktszene und der Schlußteil den metaphysischen Rahmen für eine irdische Auseinandersetzung. Antike, christliche und jüdische Anspielungsebenen mischen sich und werden zugleich kontrastiert. Trotz aller Metamorphosen und Widersprüche behauptet sich Faust als überlegene Lichtgestalt des Abendlandes, wogegen sich Gestalt und Bedeutung Mephistos im

Verlauf der jahrzehntelangen Arbeit Goethes an seinem «Hauptgeschäft» deutlich wandeln. Der Teufel im zweiten Teil des «Faust» ist ein anderer als der im ersten. Er analysiert scharfsinnig-kritisch und nicht ohne einen Anflug von Barmherzigkeit das menschliche Dasein. Man ist sich meist kaum bewußt, wieviel der «geflügelten» Goethe-Worte nicht von Faust, sondern von Mephisto stammen. Germaine de Staël hat ihn in ihrem Buch «De L'Allemagne» als einen «zivilisierten Teufel» bezeichnet. Und als Göttinger Germanisten im Sommer 1995 eine Umfrage unter deutschen Nichtphilologen nach Lesegewohnheiten und Lieblingslektüre durchführten, kam heraus, daß nicht wenige Mitgefühl für Goethes Mephisto aufbrachten. Er sei «ein zutiefst menschlicher und in gewisser Hinsicht sympathischer Charakter», hieß es in einer Antwort. Während Faust in Goethes Text «eingeteufelt» wird, gewinnt Mephisto menschliche Züge und spricht wie ein wohlmeinender Freund: «Geh ein und tröste sie, du Tor!» Mephistos Funktion läßt sich nicht auf die Rolle des lizenzierten Menschenverderbers reduzieren.

In dem Maße, wie Mephisto zu einem selbständigen Charakter findet, verliert auch seine Funktion als Alter ego Fausts an Bedeutung. Daß der Zusammenhang beider Figuren – trotz dramaturgischer Trennung – jedoch nie ganz aufgelöst wird, verdeutlicht die unübersehbar homoerotische Konstellation. Vordergründig erscheint es so, als ob Mephisto die heterosexuelle Sphäre seines Freundes Heinrich nicht ernsthaft verletzt, doch sein erotisches Interesse konzentriert sich nicht nur auf schöne Knaben in Engelsgewändern. An symbolischer Bedeutung nicht zu übertreffen ist der Schluß von Teil I, wo Mephisto mit einem gebieterischen «Her zu mir» Faust an seine Seite zwingt, während

Gretchens gehauchtes «Heinrich! Heinrich!», der Regieanweisung folgend, matt «von innen» verhallt.

Mephisto als kraftvoller homoerotischer Verführer – das ist auch ein immer wiederkehrendes Motiv der Illustrationen seit dem 19. Jahrhundert. Nachdrücklich wird dieser Akzent von Eugène Delacroix in seinen Lithographien zur Londoner Faust-Aufführung des Jahres 1825 gesetzt. Er läßt Mephisto als schöne und zugleich dämonische Adonisgestalt über die Stadt fliegen – ein gefallener Engel zwischen Himmel und Hölle. Goethe wollte dem Maler «ein entschiedenes Talent» nicht absprechen, zeigte sich aber doch ein wenig erschrocken über das «Ungestüm» und die «Roheit des Kolorits». Besonders lasziv hat Franz Simm die Mephisto-Figur zur Illustration des Prologs im Himmel für Düntzers Goethe-Ausgabe von 1882 gestaltet. Eindeutig ist auch die Tendenz von Max Pechsteins Farbholzschnitt aus dem Jahre 1932. Eingehüllt im Zaubermantel fliegt das Männerpaar Faust und Mephisto gemeinsamen Vergnügungen entgegen.

Kurt R. Eissler hat die verschiedenen Männerfreundschaften in Goethes Leben, vor allem die Beziehungen zu Ernst Wolfgang Behrisch, Johann Gottfried Herder, Johann Kaspar Lavater und Herzog Karl August detailliert unter dem Aspekt der «mißlungenen Verdrängung von Homosexualität» untersucht und auf die Entwicklungsgeschichte des Verhältnisses von Faust und Mephisto bezogen. Daß der Umgang des jungen Goethe in Leipzig mit dem in allen Lebensbereichen erfahreneren Ernst Wolfgang Behrisch literarisches Material für die Mephisto-Figur lieferte, ist eine geläufige Erkenntnis der Forschung. Der elf Jahre ältere «Jugendfreund» war, wie Karl Otto Conrady konstatiert, «für Goethe der Kenner und Begutachter in Sachen Literatur, gleichzeitig Ratgeber und Vertrauter in geselligen und amourösen Fragen, liebte einen locker-freimütigen Ton, betrachtete das Leben skeptisch und dürfte auch zynischen Bemerkungen nicht abgeneigt gewesen sein». Zum Zeitpunkt ihres gemeinsamen Umgangs stand er als Hofmeister in Diensten des jungen Grafen von Lindenau, aus denen er im Oktober 1767 in Unehren entlassen wurde. Goethe, der den Freund in Briefen zärtlich mit «mon cher, bon Behrisch» ansprach, berichtet in «Dichtung und Wahrheit», daß durch die von Behrisch initiierten nächtlichen Streifzüge im Leipziger Studenten- und Kneipenmilieu (Auerbachs Keller) «unser Ruf nicht gefördert werden konnte». In einer Zeit, als der junge Goethe sich von elterlichen Lehren und Traditionen zu lösen begann, wurde Behrisch vorübergehend die Hauptstütze seines psychischen Gleichgewichts.

Diese «relative Auflösung des Überichs» (Eissler) fand ihre Fortsetzung und Zuspitzung in der ambivalenten Beziehung zu Herder. Galt Herder in Straßburg noch als Lehrer und väterlicher Freund Goethes, trübten später in Weimar wechselseitige Eifersucht und Neid das Verhältnis. Mit Herman Grimm teilten manche Philologen des 19. Jahrhunderts die Vermutung, daß Herder «die Elemente vorbereitet hatte, aus denen Mephisto erwachsen konnte». Goethe «erkannte bei Herder», so Herman Grimm, «zum ersten Male die furchtbare Macht kalter, uneigennütziger, aber schonungsloser Kritik». Herders «dämonische Eigenschaft» sei es gewesen, das «innerste Vertrauen zuerst herauszulokken und dann das sich arglos offenbarende Wesen seiner Freunde vor ihren Augen in nichts zerrinnen zu lassen». Seine «dämonische Kunst» habe darin bestanden, den Genuß eines Kunstwerkes «durch Kritik im Genusse selber noch aufzuheben».

Liegen die Deutungsmuster für die Beziehung Goethe / Herder / Mephisto in der biographischen Literatur bereit, so findet man nicht immer eine überzeugende Erklärung für Goethes lange und tiefe Bindung an den religiösen Fanatiker Lavater. Im Rückblick von «Dichtung und Wahrheit» war es eine «genialisch-tolle» Zeit. Die jahrelange intensive Freundschaft der beiden ungleichen Männer begann in jenen Tagen, als der Züricher Diakon in einer öffentlichen Polemik den Juden Moses Mendelssohn zur Konversion aufforderte. Trotz aller Zufälligkeiten ist der zeitliche Zusammenhang dieser Ereignisse schon verblüffend. «Eine merkwürdige Freundschaft: auf der einen Seite der Theologe Lavater, für den es keine andere Offenbarung als die biblische und nur den Weg zum Heil durch Christus gab. Auf der anderen Seite der zwar an Göttliches glaubende junge Goethe, der aber die Vorstellung von einem jenseitigen Gott und jenseitigen Heil hinter sich gelassen hatte und in der lebendigen Wirklichkeit Gott-Natur begriff» (Karl Otto Conrady). Was hat den Freigeist Goethe an den Ideen und der Persönlichkeit des Sektierers Lavater so fasziniert, daß er mit ihm eine umfangreiche Korrespondenz über Himmel, Hölle und Fegefeuer führte und im November 1779 an Charlotte von Stein schrieb: «Er ist der beste grösste weiseste aller sterblichen und unsterblichen Menschen die ich kenne»?

Auffällig ist Goethes Einfühlungsvermögen, mit dem er Lavaters libidinöse Beziehung zu Christus entzifferte: «Ich weiß, wie man sich fühlt, wenn man kein adäquates und befriedigendes Liebesobjekt hat; Lavater muß sein Verlangen auf etwas außerhalb der realen Welt übertragen.» Doch die Beziehung Goethe / Lavater läßt sich nicht nur als psychoanalytische Konstellation beschreiben. Obwohl Goethe gegenüber Lavater mehrfach betonte, kein Christ zu sein, erscheint es sinnvoll, daran zu erinnern, daß sein erstes veröffentlichtes Gedicht «Poetische Gedancken über die Höllenfahrt Jesu Christi» hieß. Aber in der überlieferten Korrespondenz ging es um mehr als die Frage der Wahrheit des Evangeliums. So konnte Lavater Goethe als Mitarbeiter für sein großes Werk gewinnen, das in vier Bänden zwischen 1775 und 1778 erschien: «Physiognomische Fragmente zur Beförderung der Menschenkenntnis und Menschenliebe». Goethe beteiligte sich nicht nur an den Texten, wie zum Beispiel über Klopstock, sondern entwarf auch Zeichnungen und Silhouetten.

Es gab aber noch einen anderen, speziellen Aspekt, der den Umgang des «Faust»-Autors mit dem Schweizer Theologen spannend machte. Lavater war ein Anhänger der Magielehre des berüchtigten Grafen Cagliostro. Daher erhoffte sich Goethe für Literatur und Politik verwertbare Informationen über den von Lavater als «paracelsische Natur» und «personifizierte Kraft» gerühmten legendären Hochstapler. Cagliostro, der eigentlich Giuseppe Balsamo hieß, trat in der zweiten Hälfte des 18. Jahrhunderts an den europäischen Fürstenhöfen – ähnlich wie der mittelalterliche Faust der «Historia» – als Betrüger, Magier und Alchemist in Erscheinung. Während seiner italienischen Reise im Frühjahr 1887 verfolgte Goethe Cagliostros Spuren bis nach Palermo und untersuchte dort dessen Familienverhältnisse und die Verbindung zu Geheimbünden. Die Ermittlungsergebnisse des Geheimen Legationsrates über Cagliostros verschwörerische Aktivitäten waren offenbar für die Weimarer Polizeiakten nützlicher als für das «Faust»-Manuskript: Der Nationaldichter als Staatsschützer am Hofe Karl Augusts – auf diesen heiklen Punkt der «unbewältigten deutschen Vergangenheit» wird noch genauer einzugehen sein. Zunächst aber zurück zu Faust und Mephisto.

Im zweiten Teil von Goethes Dichtung sehen wir Faust mit Potenzen ausgestattet, die die Misere von Staat, Gesellschaft und Naturbeschränkung überwinden könnten, wenn Herrscher und Volk sie nützen würden. Das dynamisch-dämonische Verhältnis von Faust und Mephisto eröffnet die Möglichkeit, der Realität der absolutistischen Gesellschaft zu entrinnen. Der plutonische Faust bleibt in seiner Größe isoliert, nicht weil er kaisertreu ist, sondern weil der Herrscher und seine Welt zu klein sind. Auch Mephisto dreht sich in diesem engen Kosmos im Kreis, als «Teil von jener Kraft, die stets das Böse will und stets das Gute schafft». Zur Debatte steht nicht mehr die Treue des Hiob-Fausts zu Gott, sondern – mit Kant und Hegel – die Frage nach dem Sinn der göttlichen Vernunft. Hegel erklärte, daß in der mythisch-religiösen Vorstellung der Ursprung des Bösen nicht begriffen werde, weil man die Dialektik nicht verstehe und von einem «Nacheinander und Nebeneinander» ausgehe. Das Gute habe aber, ebenso wie das Böse, seinen Ursprung im «Willen». Der Wille sei «in seinem Begriffe sowohl gut als böse». Friedrich Schiller hatte dieses Problem erkannt, als er im Juni 1797 an Goethe schrieb: «Verstand und Vernunft scheinen mir in diesem Stoff auf Tod und Leben miteinander zu ringen. Bei der jetzigen fragmentarischen Gestalt des Fausts fühlt man dieses sehr, aber man verweist die Erwartung auf das entwickelte Ganze. Der Teufel behält durch seinen Realismus vor dem Verstand und der Faust vor dem Herzen recht. Zuweilen aber scheinen sie ihre Rollen zu tauschen, und der Teufel nimmt die Vernunft gegen den Faust in Schutz.»

Da Eisslers Studie sich auf den Zeitraum von 1775 bis 1786 beschränkt, hat er die berühmteste Männerfreundschaft Goethes, die mit Schiller, nicht berücksichtigen können. Der Mythos beschwört eine deutsche Sternstunde, die vor dem Nationaltheater zu Weimar als Monument verewigt ist: Die beiden Meisterdichter besiegeln mit einem Handschlag ihren «Bund». Natur und Freiheit, Erfahrung und Idee, Realismus und Idealismus vereinigen sich in spannungsvoller Synthese, die zum Gipfel der klassischen Dichtkunst führte, zu «Faust« und «Wallenstein». Die beiden Geistesheroen ergänzten sich, wie es scheint, glänzend. Schiller löste Goethe von seiner Fixierung auf naturwissenschaftliche Studien und brachte ihn wieder zur dichterischen Produktion, während Goethe den extremen Hang Schillers zu philosophischen Spekulationen mäßigte. Das Ergebnis, so die Saga: harmonische Selbstvollendung, seelenvolle Hingabe an das «Wahre, Schöne, Gute» und Erhabenheit der Form – ein klassizistisches Bildungsprogramm zur Belehrung eines ganzen Volkes.

Doch von einer wahren Gleichberechtigung kann in Wirklichkeit keine Rede sein, weder im Olymp noch im Sozialgefüge. Die ihm auferlegte Bruderrolle im Dienste der deutschen Klassik war für Schiller nicht immer ein so «glückliches Ereignis», wie Goethe behauptet hat. Der damals schon sehr berühmte, mächtige und wohlhabende Weimarer Staatsminister und Günstling des Herzogs war der eindeutig Dominierende gegenüber dem idealistischen, ewig verschuldeten und kranken Jenaer Honorarprofessor. Bezeichnend ist die nach einer Privateinladung Goethes geäußerte Bitte Schillers, der Gastgeber möge ihm nur die «leidige Freiheit» gestatten, bei ihm «krank sein zu dürfen». Der Zeitgenosse Ludwig Börne kritisierte heftig «den Kotau» des Dichters der Vernunftfreiheit vor dem Weimarer Aristokratismus der Formen. Dem «Olympier» kam das freundliche Entgegenkommen sehr gelegen. Die gängige These, die nähere Bekanntschaft mit dem zehn Jahre jüngeren Schiller habe Goethe aus der geistigen Isolierung befreit, in die er nach seiner italienischen Reise geraten war, erscheint einleuchtend. In einer Zeit, in der die alten Freundschaften und Bündnisse des Sturm und Drang zerfallen waren, die Französische Revolution Entwurzelungen verursacht hatte, versprach ihm ein neuer Gedankenaustausch «reinen Genuß und wahren Nutzen».

Am Anfang kam dieser Nutzen offensichtlich auch dem Staatsschutz zugute. Schillers Einladung an Goethe, die neue Zeitschrift *Die Horen* zu unterstützen, folgte dieser zunächst, wie der Weimarer Germanist Karl-Heinz Hahn und sein amerikanischer Kollege W. Daniel Wilson herausfanden, «unter amtlichen Vorzeichen». Im Jahre 1794 standen Fichtes Vorlesungen unter verschärfter Zensorenbeobachtung, und da auch er am *Horen*-Projekt beteiligt war, kam Goethe die Einladung sehr gelegen. Er legte eine «Akte Schiller» und eine «Akte Fichte» an und benutzte den *Horen*-Herausgeber, wie Wilson es nennt, «als Werkzeug in seiner Erkundung der angeblich politischen Umtriebe in Jena». Ein wahrhaft mephistophelischer (oder faustischer?) Beginn des größten deutschen Dichterbundes.

Daß von Schiller wesentliche Impulse ausgingen, die Arbeit am «Faust» fortzusetzen, ist unbestreitbar. Auch die zitierten Bemerkungen über den Verstand-Vernunft-Konflikt bei Faust und Mephisto waren für Goethe «sehr erfreulich», motivierten ihn aber nicht zu der von Schiller erhofften Diskussion über Kants Thesen. Der hatte soeben in Ergänzung der Hauptwerke über die reine und praktische Vernunft seine «Metaphysik der Sitten» (1797) veröffentlicht. Kants Ideal einer von Sittlichkeit und Vernunft geprägten Gelehrtenrepublik war für die dynamische Beziehung Faust / Mephisto zu tugendhaft. Goethe löste das von Schiller angesprochene, nicht nur szenische Problem scheinbar konziliant und pragmatisch: «So werden wohl Verstand und Vernunft wie zwei Klopffechter sich grimmig herumschlagen, um abends zusammen freundschaftlich auszuruhen.» Die Ideen- und Realgeschichte des Faust-Mephisto-Verhältnisses verlief allerdings gar nicht harmonisch. Was als mehrdeutige Dialektik von Verstand und Vernunft begonnen hatte, verengte sich auf eine folgenreiche Dichotomie von Geist und Intellekt sowie auf den Widerspruch von gut und böse.

Etwas rätselhaft ist in diesem Zusammenhang das Ende des Dramas. Während im Verlauf des Stückes das Tätige, Strebende und Gewaltsame eindeutig als ein «Ewig-Männliches» dargestellt wird, erscheint die rettende Liebe und erlösende göttliche Vernunft als «Ewig-Weibliches». Die in den meisten gutmütigen «Faust»-Deutungen geäußerte Zuversicht, das «Ewig-Weibliche» sei als Ideal der reinen Liebe gedacht, das den sündigen Faust-Menschen zu sich heraufziehe, um ihn von seinen niedrigen Wünschen zu erlösen, widerspricht Goethes Grundauffassungen und wird durch seinen eigenen Zynismus ad absurdum geführt. «Es ist unglaublich, wie der Umgang der Weiber herabzieht», lautete zum Beispiel seine nicht so recht zum «Faust»-Schluß passende Klage aus dem Jahre 1808 gegenüber dem Weimarer Kanzler Friedrich von Müller. Auch der Zeitgenosse Friedrich Wilhelm Riemer weiß über eine «merkwürdige Reflexion Goethes über sich selbst» zu berichten: «Daß er das Ideelle unter einer weiblichen Form oder unter der Form des Weibes konzipiert. Wie ein Mann sei, das wisse er ja nicht. Den Mann zu schildern, sei ihm nur biographisch möglich ...»

Eine logische Erklärung hat – wie zu erwarten – der Psychoanalytiker Eissler. Die Verherrlichung des Weiblichen am Schluß des Faust-Dramas gewinne ihre Bedeutung «präzise aus dem Kontrast zu Mephistos plötzlichem Ausbruch von Homosexualität» in der letzten Szene. Diese Episode signalisiere den Zusammenhang, der zwischen nichtsublimierter Homosexualität, Aggression und allgemeiner Destruktivität bestehe – eine «reale Gefahr» für Faust *und* Goethe. Diese Gefahr hat später auch Schneider / Schwerte erkannt und bot in seinem Essay «Der weibliche Schluß von Goethes ‹Faust›» (*Sprachkunst* 21 / 1990) eine besonders pikante Ehrenrettung an. Obwohl er sich ziert und «nicht etwa eine verborgene Geheimlehre» oder gar «matriarchalische Überschwenglichkeiten» postulieren möchte, erhebt er Goethe doch in den Rang eines feministisch-theologischen Avantgardisten. Denn der habe «möglicherweise» durch die Betonung der «Teilhabe des Weiblichen am Schöpfungsgrund und Weltzustand» eine «Rehabilitierung der abrahamitischen Schuldbelastungen der Frau» im Sinn gehabt. Hier geht es ganz offensichtlich nicht um das Abraham-Motiv der Nimrod-Legende, das – ähnlich wie im Fall Hiob – auf Glaubensprüfung und bekehrtes Rebellentum verweist, sondern allein um die Befreiung Goethes von einem «bösen» Verdacht.

Der Anklang antisemitischer Untertöne ist nicht zu überhören. Zur Gestaltung des Schlußteils des «Faust» hat Goethe nicht nur eine christlich-religiöse Milieuszenerie benutzt, sondern ebenfalls Elemente der jüdischen Mystik instrumentalisiert. Wie aus einem Gespräch mit Eckermann vom 6. Juni 1831 hervorgeht, folgte er damit einem dramaturgischen Zwang, «denn der Schluß, wo es mit der geretteten Seele nach oben geht», sei «sehr schwer zu machen» gewesen. Bei «so übersinnlichen, kaum zu ahndenden Dingen» hätte er sich «sehr leicht im Vage verlieren können». Auch für Theodor W. Adorno «zitieren die Sachgehalte» der Schlußstrophe, «mochte Goethe es wollen oder nicht, jüdische Mystik herbei». In der Hauptsache zeige sich Goethe aber auch in dieser Szene als «Wahlverwandter von Hegels Idee». Im Eingedenken der eigenen Grenze, so Adorno, «wird der Geist zum Geist, der über jene hinwegträgt».

Gleichzeitig stellt er generell «die Autorität der großen Texte» in Frage. «Profane Texte wie heilige anzuschauen», das sei die Antwort darauf, «daß alle Transzendenz in Profanität einwanderte und nirgends überwintert als dort, wo sie sich verbirgt». Diese Tendenz hat auch in der deutschen Literaturwissenschaft überwintert. So konstatierte der durch zahlreiche Festschriften der Zunft geehrte Faust-Forscher Karl Theens im Jahr 1948 «die menschliche Begrenztheit, vielleicht sogar die mangelnde charakterliche Festigkeit» jener Dichter, die es gewagt haben, den Faust-Stoff in Konkurrenz zu Goethe zu bearbeiten. Goethe sei der «Gipfel der Faustdichtung», die in einer «grandiosen Lebensbeichte menschliches Einzelschicksal gestaltet» habe. Diese Dichtung könne sich in ihren «Spielarten» nur wiederholen, «übertroffen werden kann sie in ihrer Art nicht».

Lessings Versuch «ohne Teufelei»

Daß Goethe einen Faust geschrieben, kann mich nicht schrecken», teilte Nikolaus Lenau 1833 trotzig seinem Stuttgarter Freund Georg Reinbeck mit. «Faust ist ein Gemeingut der Menschheit. Da dürfte man am Ende auch kein Mondlied dichten, weil dieser und jener Meister schon eines gedichtet hat. Auch ist der Stoff so vieler Auffassungsweisen fähig, daß gar keine Kollision herauskommt.» Drei Jahre später erschien sein «Gedicht» und war natürlich – wie alle anderen zeitgenössisch-konkurrierenden Faust-Entwürfe – eine «Kollision» mit Goethe. Lenaus Offenbarung, es könne für das Individuum prinzipiell keinen «erfüllten Augenblick» geben, thematisierte seine eigene unendliche Hoffnungslosigkeit angesichts der verlorenen Identität eines naiven Naturzustandes. Diese sentimentale Faust-Botschaft wollte man mit und nach Goethe nicht hören – erst 120 Jahre nach ihrer Entstehung kam es zur Uraufführung der Lenau-Dichtung.

Etwas mehr Glück hatte Christian Dietrich Grabbe mit seinem Vierakter «Don Juan und Faust», der am 29. März 1829, also nur wenig später als Goethes «Faust I», in Detmold aufgeführt wurde. Doch von Grabbes tragikomischer Mischung aus Sturm und Drang, Romantik und Realismus ließ sich wohl nur der kleine lippische Premierenkreis provozieren. Goethe hatte das deutsche Faust-Terrain nicht erst mit seiner offiziellen Bühnenversion («Der Tragödie Erster Teil») konkurrenzlos besetzt, sondern bereits 1790 mit der Göschen-Veröffentlichung des Fragments. Noch bevor

«Faust I» erschienen war, hatten die deutschen Geistesgrößen den Entwurf schon zum Nationalepos gekürt. Die Vorgaben kamen aus Weimar und Jena. Schillers Lob wurde von Friedrich Schelling noch übertroffen, der das Goethe-Fragment in seiner Jenaer Vorlesung des Wintersemesters 1802 / 03 als «innerste, reinste Essenz unseres Zeitalters» bezeichnete – und sogar Hegel zitierte schon 1807 in seiner «Phänomenologie des Geistes» daraus. Ob Friedrich Müller, genannt Mahler Müller, Klinger, Lenau oder Grabbe – sie alle hatten ihre Faust-Stücke schnell und «profan» skizziert, gingen aber neben und nach Goethe unter. Nur Lessing und Heine haben über Jahrzehnte an «heiligen» Gegenentwürfen gearbeitet.

Ein Faust-Drama von dem großen Aufklärer Lessing, dem «edlen Wahrheitssucher, Wahrheitskenner» – wie Herder ihn genannt hat –, erscheint auf den ersten Blick als Überraschung. Faustisches Übermaß an rationaler Neugier mochte zwar zu Lebenskrisen führen, konnte aber niemals Stoff einer Tragödie sein. Tragik im Streben nach Erkenntnis, das war für das Weltbild der Aufklärung ein Widerspruch in sich. So wollte auch Moses Mendelssohn seinen Ohren nicht trauen, als er von den Faust-Plänen seines Freundes erfuhr. Entsetzt schrieb er ihm am 19. November 1755: «Wo sind Sie, liebster Lessing! mit Ihrem bürgerlichen Trauerspiele? Ich möchte es nicht gern bei dem Namen nennen, denn ich zweifle, ob Sie ihm den Namen Faust lassen werden. Eine einzige Exclamation, o Faustus! Faustus! könnte das ganze Parterre lachen machen.» Lessings Schreibsituation war zweifellos alles andere als glücklich, wie seine Selbstparodie vom 12. Dezember des gleichen Jahres belegt: «Merken Sie es mir nun bald an, daß ich an meinem D. Faust arbeite? Sie sollten mich in einer mitternächtlichen Stunde drüber sinnen sehen! Ich muß zum Entsetzen aussehen, wenn sich die schrecklichen Bilder, die mir in dem Kopfe herumschwärmen, nur halb auf meinem Gesicht ausdrücken. Wenn ich selbst darüber zum Zaubrer oder zum Fanatiker würde!» (Brief an Georg August v. Breitenbauch)

Hans Mayer vermutet, daß Lessing in den ersten Jahren der Arbeit am Faust «in starker Anlehnung an das Volksbuch eine pathetische Tragödie im englischen Geschmack» angestrebt habe. Leider muß es bei Vermutungen bleiben, denn das angeblich fast fertige Manuskript ging 1775 mit jener Kiste verloren, die von Leipzig aus an den Buchhändler Gabler nach Braunschweig und von dort nach Wolfenbüttel geschickt werden sollte, aber nie angekommen ist.

Dennoch kursierten im gleichen Winter 1775 immer wieder Gerüchte. Als Goethe in einem kleinen Weimarer Kreis – in Gegenwart von Anna Amalia und der Herzogin Luise, gewissermaßen als Antrittsvorlesung – aus seinen «Urfaust»-Szenen vortrug, kam die aufgeregte Meldung, daß Lessing auf der Königlichen Prager Schaubühne seinen «Johann Faust» als «allegorisches Drama von fünf Aufzügen» proben lasse. Doch zur Erleichterung der Weimarer Gesellschaft und zur Enttäuschung eines sensationslüsternen Publikums stellte sich heraus, daß es sich in Prag nur um einen hochstaplerischen Theatercoup des Wiener Dramatikers Paul Weidmann handelte. Zum «Literaturklatsch» jener Tage gehört auch die Korrespondenz zwischen den Schriftstellern Christian Felix Weiße und Johann Peter Uz vom 7. Oktober 1775, der zufolge Lessing gehört haben soll, daß Goethe einen Doktor Faust liefern wolle und ihm da «in den Weg» träte.

Um das verschwundene Faust-Manuskript Lessings rankt

sich in der Literaturgeschichte ein ähnlicher Mythos wie um das auf der Flucht in den Pyrenäen verlorengegangene «Passagen»-Manuskript Walter Benjamins. Allerdings ließ sich aus Benjamins Zettelkasten postum eine «Passagen»-Edition montieren, während man bei Lessings «Faust» auf Zeugnisse aus zweiter und dritter Hand angewiesen ist. Erhalten geblieben sind lediglich die Szene mit dem Geschwindigkeitstest der sieben Höllengeister («Übergang vom Guten zum Bösen») im 17. Literaturbrief sowie eine handschriftliche Gedankenskizze für das Vorspiel und die vier ersten Auftritte des ersten Aufzugs. Relativ ausführlich sind demgegenüber die Zeugenaussagen Karl Lessings, Johann Jakob Engels und des Hauptmanns von Blankenburg über den Inhalt der verschollenen Teile des Manuskripts. Es scheint so, als ob Lessing nicht nur versucht hat, Faust und bürgerliche Aufklärung zusammenzubringen, sondern die «Aufklärung» selbst dem «Prozeß der theoretischen Neugierde» (Hans Blumenberg) zu unterwerfen. Goethes Magier zitiert den Erdgeist, Lessings Doktor die Entelechie des Aristoteles.

Die aufklärerische Tendenz seines Entwurfs zeigt sich in der Konfrontation der religiösen Hierarchie mit der Emanzipation des Individuums. Der Anspielungshorizont ist europäisch: Calderón contra Marlowe. Schon in seinem Jugendstück «Der junge Gelehrte» (1748) hatte Lessing auf Deutschtümelei verzichtet und seinen Figuren französisch klingende Namen wie Damis oder Lisette gegeben. Das war nicht nur ein Zugeständnis an modische Komödienregeln, sondern ein bewußter kulturkritischer Akt. Es ging ihm um die Vertreibung des Polyhistors von der Zeitbühne.

In verschiedenen Szenen dieses frühen Stücks klingt bereits die Faust-Thematik an. Lessing polemisiert gegen «falschen Wissensdrang» und verspottet – wie später auch im «Nathan»- die «kalte Buchgelehrsamkeit». Fausts Gelehrtenstube ist in einer Welt der «gesunden Vernunft» desolat geworden. Für Lessing bestand «Gelehrsamkeit» nicht nur in der Anhäufung von Wissen, Daten, Fakten und Titeln, sondern im Prozeß einer intellektuellen Bemühung. So wie Kant später forderte, der Mündige solle «sich seines Verstandes ohne Leitung anderer bedienen», wollte Lessing ein Faust-Stück «ohne Teufelei». An diesem Dilemma verzweifelte er. Walter Jens läßt Lessing in einem «Totengespräch» (1983) mit Heine die Aufgabe seines Versuches mit den Worten begründen: «Weil ich begriff, daß Mephistopheles' Tage gezählt sind, seitdem die Vernunft in ihr Recht gesetzt worden ist.» Lessings Versuch, «bei der nächtlichen Lampe» sitzend, «den Teufel über des Aristoteles Entelechie» zu «zitiren», ließ seinen Faust nur als Gespenst der Aufklärung erscheinen.

Friedrich Spielhagen, bekannt wegen seiner Schwäche für Romanhelden mit intellektuell-antiklerikalem Einschlag, prägte 1867 die griffige Formel: «In Faust wird das Rätsel aufgegeben – in Nathan wird es gelöst.» Für die völkische Literaturwissenschaft des ausgehenden 19. Jahrhunderts war nicht Faust, sondern Nathan das Rätsel. Bereits in Lessings frühem Stück «Die Juden» von 1749 hatten Sätze provoziert wie: «Wenn ein Jude betrügt, so hat ihn, unter neun malen, der Christ vielleicht siebenmal dazu genöthiget.» Wie konnte ein deutscher Dichter so «judenfreundlich» sein, fragte man sich irritiert. Während mitfühlende Kreise Lessing für ein Opfer «jüdischer Reclame» hielten – er habe zuviel «jüdischen Verkehr» gehabt (Adolf Bartels) –, verkündete Eugen Dühring seine Überzeugung, daß eine Schrift wie «Nathan der Weise» nur von einem jüdischen

Autor stammen könne. 1881, zum hundertjährigen Todestag von Lessing, erschien auch Wilhelm Marrs antisemitischer «Nathan»-Kommentar «Lessing contra Sem». In diesem Pamphlet wurde Lessings Autonomie der Vernunft als fremdstämmige Wurzellosigkeit denunziert.

Daß Lessing ein bevorzugtes Objekt antiintellektueller und antisemitischer Affekte wurde, erklärt sich nicht nur aus seinem Werk und dem persönlichen Umgang mit dem jüdischen Aufklärer Moses Mendelssohn, sondern auch aus seiner, der etablierten Geistesaristokratie verdächtigen, unsteten Existenzform. Er war gewissermaßen der erste direkt für den Markt arbeitende Autor in Deutschland. Trotz wechselnder Brottätigkeiten als Berliner Journalist, Breslauer Gouvernementssekretär, Hamburger Dramaturg und zuletzt als Bibliothekar in Wolfenbüttel gab er nie seine Unabhängigkeit als freier Schriftsteller auf. Friedrich Schlegel nannte das eine «dreiste Selbständigkeit», und Goethe machte die «Schlechtigkeit der Zeit» dafür verantwortlich, daß Lessing «immerfort polemisch wirkte und wirken mußte». Diese Polemik richtete sich auch direkt gegen einzelne Werke Goethes. «Höchst aufgebracht» war Lessing zum Beispiel, wie ein Zeitgenosse berichtete, «gegen die Leiden des jungen Werther» und behauptete, «der Charakter des jungen Jerusalem» wäre ganz «verfehlt», er sei «niemals der empfindsame Narr, sondern ein wahrer nachdenkender Philosoph gewesen». Als Gegenstück entwarf er den Plan eines Schauspiels «Werther der Bessere» und organisierte 1776 die Herausgabe der philosophischen Schriften jenes Karl Wilhelm Jerusalem, dessen unglückliche Liebe und Selbstmord Goethe für die Gestaltung seines tragischen Romanhelden angeregt hatten. Im «Werther» sah Lessing eine kaltherzige literarische Trivialisierung: «Also, lieber

Göthe, noch ein Kapitelchen zum Schlusse; und je cynischer je besser!»

Entsprechend deutlich fällt die Abgrenzung des Weimarer Dichterfürsten gegenüber dem kritischen Intellektuellen auch in den Gesprächen mit Eckermann aus: «Lessing hält sich, seiner polemischen Natur nach, am liebsten in den Regionen der Widersprüche und Zweifel auf; das Unterscheiden ist seine Sache, und dabei kam ihm sein großer Verstand auf das herrlichste zustatten. Mich selber werden Sie dagegen ganz anders finden; ich habe mich nie auf Widersprüche eingelassen, die Zweifel habe ich in meinem Innern auszugleichen versucht, und nur die gefundenen Resultate habe ich ausgesprochen.» Aus diesen Worten spricht die gleiche Arroganz der machtgeschützten Innerlichkeit, mit der über einhundert Jahre später ein Thomas Mann den Bruder Heinrich als «Zivilisationsliteraten» abkanzelte. Sehr treffend ist daher die Bemerkung Alfred Kerrs (1911), Lessing sei «im äußersten Sinn ein hoher Zivilist» gewesen. In Deutschland, wo polemische Literatur es immer schwer hatte und die Vorstellung von idealer Kunst mit Verklärung und Überhöhung identisch war, mußte ein Attest der Abweichung von der Norm, wie Goethe es Lessing ausstellte, einem folgenschweren Verdikt gleichkommen: Faust contra Nathan.

Börnes Polemik und Heines Mephistophela

Die Kritik an Goethe wuchs mit dem erstarkenden Selbstbewußtsein einer jüngeren Schriftstellergeneration. Insbesondere die «Jungdeutschen», die eine Literatur der Bewegung propagierten, fühlten sich abgestoßen vom Marmorcharakter der Goetheschen Zeitdichtung und der scheinbaren Unbeweglichkeit seiner persönlichen Existenz. Die von Lessing überlieferte Bemerkung, «wenn er (Goethe) je zu Verstande käme, so würde er nicht viel mehr als ein gewöhnlicher Mensch seyn», wurde von Ludwig Börne zugespitzt auf die Frage: «Was machte den größten Dichter zum kleinsten Menschen?»

Der Ausgangspunkt einer lebenslangen Auseinandersetzung Börnes mit Goethe war das Faust-Fragment. In einer seiner ersten Veröffentlichungen aus dem Jahre 1805 zitiert der 19jährige Medizinstudent, der damals noch Baruch hieß, ausführlich aus Goethes Entwurf, um festzustellen, daß Faust «den wahren Zweck des akademischen Lebens gar nicht kenne», denn, «das ganze Gebiet des Lebens zu erfassen, müssen wir strebend uns bemühen». Die Forderung, daß der Wissenschaftler und Schriftsteller «das ganze Gebiet des Lebens erfassen» müsse, ist ein Gedanke Börnes, der auch die späteren Schriften wie ein roter Faden durchzieht. 1808, im gleichen Jahr, in dem die erste Druckausgabe von Goethes «Faust I» erschien, veröffentlichte Börne in der Zeitschrift *Minerva* seinen Aufsatz über Theorie und Praxis in der Politik («Das Leben und die Wissenschaft»). Er rechnet darin mit dem verknöcherten Absolutismus Preußens ab, der gegenüber dem Ansturm der Armee Napoleons moralisch, ideologisch und militärisch auf verlorenem Posten stand. «Wie konnte ein solcher Staat sich retten in einem Kampfe, wo ihm die ungeteilte Intelligenz gegenüberstand?»

Börnes Bild von der «ungeteilten Intelligenz» an den Schalthebeln der Macht, die beschworene Harmonie von Individuum und Staat, spiegelte seine romantische Frankreichverehrung. Im «christlich-moralisch-ökonomischen Deutschland» orientiere man sich an einer «Staatswissenschaft», welche die «Theorie von der Praxis» trennt und «jeden reinen Genuß unmöglich» mache. Die historische Entwicklung habe «eine Mauer aufgerichtet zwischen dem Leben und der Wissenschaft». Wo der Sinn am herrlichsten blühe, da mangele die Frucht der Tat, und wo die Tat am kräftigsten hervortrete, da handele sie bewußtlos. Heroismus und Genialität finde man selten nebeneinander. Und Börnes Klage, daß «man die Ämter am liebsten mit solchen Menschen» besetze, «bei denen man ihrer angeborenen Einseitigkeit wegen» die «Zerspaltung der Funktion des Geistes» nicht erst vorzunehmen brauche, klingt auch wie eine Kritik der Weimarer Berufungspolitik.

Die gemeinsame Lebenszeit von Goethe und Börne dauerte immerhin 46 Jahre – doch begegnet sind sich die beiden Frankfurter nie. Einmal, am 10. Februar 1828, wäre es fast dazu gekommen. Karl von Holtei wollte ein Treffen in Weimar arrangieren, aber in letzter Sekunde nahm Börne wieder Abstand von dem geplanten Besuch: «Als ich heute gegen Weimar zufuhr und es vor mir lag, mit seinen roten Dächern im Wintersonnenschein, kalt und freundlich, und ich dachte, daß Goethe darin schon länger als fünfzig Jahre wohne (...) – da überfiel mich wieder der alte Groll gegen diesen zahmen, geduldigen, zahnlosen Genius. Wie ein Adler erschien er mir, der sich unter der Dachtraufe eines Schneiders eingenistet.» Diese Äußerung läßt ahnen, wie magisch die Aura war, die Goethe umgab, wie unfrei das Verhalten der jüngeren Generation gegenüber dem bewunderten, gefürchteten und gehaßten Genius. Nur Heine hat seine Begegnung mit Goethe im Herbst 1824 als triviales Ereignis geschildert: «Ich war nahe daran, ihn griechisch anzureden; da ich aber merkte, daß er Deutsch verstand, so erzählte ich ihm auf deutsch: daß die Pflaumen auf dem Wege zwischen Jena und Weimar sehr gut schmeckten ... und Goethe lächelte.»

Im Unterschied zu Heines Gelassenheit sind Börnes Gefühlsausbrüche gegen Goethe selbst noch an der Form der Manuskriptbearbeitung erkennbar. Immer wurden neue Streichungen vorgenommen, alte Korrekturen durch neue ersetzt. Bei seinen Polemiken hat sich die Feder buchstäblich gesträubt. «Seit ich fühle», so Börne, «habe ich Goethe gehaßt, seit ich denke, weiß ich warum.» Der Stürmer und Dränger habe seine Jugendfrische gegen den goldenen Käfig in Weimar eingetauscht und sein Dichterherz erkalten lassen. In der Marmorglätte des Klassikers finde sich «keine Ader, die von der lilienweißen Hand den Weg zum Herzen zeige». Goethe, der «gereimte Knecht», das war für Börne nicht nur die Symbolfigur der geistigen Unterwürfigkeit, sondern auch ein ästhetischer Machtrepräsentant der deutschen Gefühllosigkeit, Trägheit, Objektivität und des Konservativismus.

Mehr noch als den Dichter bekämpfte Börne den Weimarer Politiker. Als Kriegsberater seines Herzogs hatte Goethe sich persönlich am Feldzug gegen die französischen Revolutionstruppen beteiligt und erst zu Zeiten der Befreiungskriege sein Herz für Napoleon entdeckt. Für den Emigranten Börne war Goethe ein Staatsminister der Restauration. «Es ist mir», schrieb er am 8. Dezember 1830 aus Paris, «als würde mit Goethe die alte deutsche Zeit begraben, ich meine, an dem Tage müsse die Freiheit geboren werden.» Freiheit, das bedeutete für Börne mehr als für andere. Er versuchte, aus einem doppelten Ghetto auszubrechen, aus der Frankfurter Judengasse und aus den rückständigen deutschen Verhältnissen. Wie muß ihn daher der Ton geschmerzt haben, in dem Goethe sich vom jüdischen Milieu seiner Heimatstadt distanzierte: «Die Enge, der Schmutz, das Gewimmel, der Akzent einer unerfreulichen Sprache, alles zusammen machte den unangenehmsten Eindruck.» Das Schicksal, das Ludwig Börne mit Heinrich Heine teilte, «zugleich ein Deutscher und Jude zu sein», war ein existentielles Dilemma, das seinem publizistischen Engagement gegen Goethes Politik und Kunstanschauung eine besondere Radikalität verlieh.

Doch Heines Radikalität war eine andere. In Börnes Goethe-Feindschaft sah er eine «nazarenische Beschränktheit». Heine wähnte sich auf einer Stufe mit dem «Griechen Goethe» und sehnte das Ende der klassischen Kunstperiode herbei, um selbst das Erbe im deutschen Olymp anzutreten. So darf es nicht erstaunen, daß er sich auch in der literarischen Gestaltung des Faust-Stoffes mit Goethe messen wollte. Seinem 1851 erschienenen Werk, «Der Doktor Faust. Ein Tanzpoem nebst kuriosen Berichten über Teufel, Hexen und Dichtkunst», lag ein fast dreißigjähriger Prozeß der Annäherung zugrunde. Bereits im Frühjahr 1824 hatte der 27jährige Student Heine versucht, einen bewußten Gegenentwurf zu Goethes «Mustertragödie» zu schreiben. Als entscheidende Abgrenzung war geplant, den Teufel als subtile und handlungstreibende Kraft darzustellen. Der Studienfreund Eduard Wedekind hat in seinem Tagebuch ausführlich über das Konzept berichtet. So heißt es in seinen Aufzeichnungen vom 16. Juli 1824: «Heines Faust wird genau das Gegenteil vom Goetheschen werden. Bei Goethe handelt Faust immer; er ist es, welcher dem Mephistopheles befiehlt, dies und das zu tun. Bei Heine aber soll Mephistopheles das handelnde Prinzip sein ... Bei Goethe ist der Teufel ein negatives Prinzip; bei Heine soll es positiv werden ... Gott soll ganz aus dem Spiel bleiben. Der Teufel schließt mit den guten Engeln eine Wette über Faust. Die guten Engel liebt Mephisto sehr, und diese Liebe, besonders zum Engel Gabriel, denkt Heine so zu schildern, daß sie ein Mittelding zwischen der Liebe guter Freunde und der Liebe der Geschlechter wird ...»

Einem Bericht des Bruders Maximilian zufolge soll Heinrich Heine anläßlich seines Treffens mit Goethe im Jahre 1824 nicht nur über Pflaumen gesprochen, sondern auch seinen Faust-Plan erwähnt haben. Die darauf von Goethe «in spitzigem Tone» gestellte Frage lautete: «Haben Sie weiter keine Geschäfte in Weimar, Herr Heine?» Und tatsächlich kamen die überlieferten frühen Szenenentwürfe über eine parodistische Satire nicht hinaus. Dem selbstauferlegten Druck, Goethes geniales Faust-Stück überbieten zu müssen, zeigte sich der junge Heine nicht gewachsen. Im Herbst 1826 verabschiedete er sich vorerst von der Hoffnung, sein Gegenprojekt zu realisieren. Als mythengeschichtlicher Forscher jedoch beschäftigte er sich in den dreißiger Jahren weiter mit dem Stoff, dokumentiert in den Werken «Die romantische Schule», «Religion und Philosophie in Deutschland», «Götter im Exil» und «Elementargeister». Heines Forschungsinteresse galt hier vor allem den historischen Darstellungen der Teufelsmetamorphosen. «Der Teufel», heißt es in den «Elementargeistern», sei «nicht bloß der Repräsentant der weltlichen Herrlichkeit, der Sinnenfreude, des Fleisches, er ist auch Repräsentant der menschlichen Vernunft».

Nicht Faust, sondern der Teufel ist bei Heine der intellektuelle Rebell gegen die heiligen Autoritäten: «Der Teufel glaubt nicht, er stützt sich nicht blindlings auf fremde Autoritäten, er will vielmehr dem eignen Denken vertrauen, er macht Gebrauch von der Vernunft! Dieses ist nun freilich etwas Entsetzliches, und mit Recht hat die römisch-katholisch-apostolische Kirche das Selbstdenken als Teufelei verdammt und den Teufel, den Repräsentanten der Vernunft, für den Vater der Lüge erklärt.» 1846, als Heine aus London den Auftrag erhielt, ein Faust-Ballett zu schreiben, vertiefte er sich erneut in Quellenstudien. Seine Beschreibungen der Entwicklungsstufen der Faust-Sage bis hin zu den Puppenspielversionen erschienen als essayistische «Erläuterungen» in einem Ballett-Begleitheft.

Trotz der Quellentreue, der sich Heine in den «Erläuterungen» rühmte, hat er mit der weiblichen Teufelsgestalt «Mephistophela» der Sage ein neues Element beigesteuert. Den Mittelpunkt des Balletts bildet die Walpurgisnacht-Szene, eine wilde Orgie, die fast alle jene Obszönitäten enthält, die Goethe wegen seines prüden Lesepublikums streichen mußte. Heine selbst betonte, «daß die Revolte der realistischen, sensualistischen Lebenslust gegen die spiritualistische altkatholische Askese die eigentliche Idee der Faustsage ist». Besonders in Goethes «lendenlahmem zweiten Teil des ‹Faustes›» vermißte er «durchgängig das treue Festhalten an der wirklichen Sage, die Ehrfurcht vor ihrem wahrhaftigen Geiste». Heines Faust wird daher auch nicht erlöst. Die Macht der Kirche kann ihn nicht schützen. Als er eine sittsame Bürgerstochter heiraten will, wird Faust von Mephistophela, die sich in eine Riesenschlange verwandelt, «mit wilder Umschlingung» erdrosselt und «unter Flammengeprassel» der Hölle übergeben.

Heine ging es mit seinem Stück um mehr als die Absicht, das englische Theaterpublikum mit der Quellengeschichte der Faust-Sage vertraut zu machen. Als «Der Doktor Faust» nebst «Erläuterungen» im November 1851 von Julius Campe verlegt wurde, waren die Londoner Theaterpläne längst gescheitert. Das frühviktorianische Publikum ist nie in den Genuß gekommen, Heines frivole Walpurgisnacht-Tänze auf der Bühne bewundern zu dürfen. Ob Mephistophela allerdings den englischen Moralvorstellungen jener Zeit entsprochen hätte, ist eine andere Frage – der Londoner Theaterdirektor Benjamin Lumley war da eher skeptisch. Selbst die französische Fassung, die im Februar 1852 in der *Revue des Deux Mondes* unter dem Titel «Méphistophéla et la légende de Faust» erschien, war von der Redaktion gekürzt und verändert worden. Auch Campe hatte lang gezögert, bis er sich zum Druck entschließen konnte. Die Faust-Publikation eines jüdischen Emigranten, die, «rivalisierend mit dem großen Goethe», nicht einen tiefsinnigen deutschen Grübler, sondern eine schöne Teufelin in den Mittelpunkt der Volkssage rückte, das war kulturpolitische Provokation und geschäftliches Risiko zugleich.

«Unser Doktor Johannes Faustus», spottete Heine über Goethes Helden, «ist eine so grundehrliche, wahrheitliche, tiefsinnig naive, nach dem Wesen der Dinge lechzende und selbst in der Sinnlichkeit so gelehrte Natur, daß er nur eine Fabel oder ein Deutscher sein konnte.» Mephistophela sei demgegenüber ein «sensibler Geist», «sehr vornehm und nobel», eine Gestalt, die «nicht bloß die Geschwindigkeit des Gedankens, sondern auch die Macht der Poesie» verkörpere. Wenn «Geschwindigkeit des Gedankens» und «Macht der Poesie» zusammenkommen würden, dann wäre auch der Gegensatz zwischen Aufklärung und Romantik aufgehoben. Mephistophela, die Repräsentantin eines intellektuellen Hedonismus, trat nicht nur einer christlich motivierten Dämonisierung der weiblichen Sexualität entgegen, sondern auch einer volkstümelnden Historisierung des «deutschen Geistes».

Dieser Stachel Heines sitzt bis heute tief im deutschen Fleische, rechts wie links. Die völkische Ideologie des «Männerbundes» wurde explizit gegen Heines «weibliches Prinzip» konstruiert – und auch die tugendhaften Sozialisten konnten mit seinem «lachenden Nymphentanz» wenig anfangen.

Abgesehen von dem Plagiat «Satanella», das der Ballettmeister Paolo Taglioni 1854 gegen den Einspruch Heines auf einer Berliner Bühne in Szene setzte, blieb Mephistophela in der deutschen Faust-Geschichte einsam. Erst Thomas Mann hat 100 Jahre später in der Esmeralda-Gestalt seines «Doktor Faustus» einige Anregungen von Heine dankbar aufgenommen. Ähnlich wie Mephistophela erging es Faustine oder Fausta. Der Auftritt weiblicher Faust-Figuren erfolgte in der Regel als Parodie auf die Frauenemanzipation, so zum Beispiel als «Fräulein Faust» in der Karnevalsbeilage des *Kladderadatsch* vom Februar 1910. Zu den wenigen Ausnahmen einer ernsthaften Auseinandersetzung mit dem männerbündischen Ideal gehören Ida Hahn-Hahns Roman «Gräfin Faustine» (1841) und Frank Wedekinds Drama «Franziska» (1911), das ursprünglich den Titel «Hexensabbath» erhalten sollte. In den meisten Inszenierungen jedoch – wie der von 1924 in Wien – wurde auch das Wedekind-Drama dem traditionellen Publikumsgeschmack angepaßt. So gefiel Tilla Durieux als «Franziska» der Kritik vor allem wegen «ihrer maskulinen Energie», die man als «ein Wahrzeichen bester deutscher Schauspielkunst» (Siegfried Jacobsohn) lobte.

Heinrich Heine war davon überzeugt, daß es in Deutschland einen explosiven Zusammenhang von Nationalcharakter und «maskuliner» Aufbruchsenergie gibt, daß eine deutsche «Kampflust» existiert, «die nicht kämpft, um zu zerstören noch um zu siegen, sondern bloß um zu kämpfen». Seine Warnung vor dem «deutschen Faust» war die Warnung vor dem «furor teutonicus», dem Monströsen und Unheimlichen, das er auch in unseren besten Traditionen brüten sah. «Wenn Ihr es einst krachen hört, wie es noch niemals in der Weltgeschichte gekracht hat», heißt es in Heines berühmter Vision, «so wißt: der deutsche Donner hat endlich sein Ziel erreicht. Bei diesem Geräusch werden die Adler aus der Luft tot niederfallen, und die Löwen in der fernsten Wüste Afrikas werden die Schwänze einkneifen und sich in ihre königlichen Höhlen verkriechen. Es wird ein Stück aufgeführt werden in Deutschland, wogegen die Französische Revolution nur wie eine harmlose Idylle erscheinen möchte.» Das Stück wurde aufgeführt.

III. Das Faustische

Die Nationalbibel und ein «unzeitgemäßer» Zwischenruf

Das Grollen des «deutschen Donners» war in verschiedenen Präludien zu vernehmen. Besonders ungeduldig rasselten die Säbel in der längsten Friedenszeit der neueren deutschen Geschichte, in jener Periode zwischen dem Ende des Deutsch-Französischen Krieges von 1870 / 71 und dem Ausbruch des Ersten Weltkrieges. Eine Flut von Druckerzeugnissen beschwor die deutsche Militärtradition und verlangte nach neuen Waffengängen. Dazu gehörte auch eine anonyme «Höllenparodie vom Famulus Wagner», die 1891 unter dem Titel «Der militairische Faust» erschien. Der Autor trivialisierte mit abgewandelten und zum Teil für das gebildete Publikum ins Lateinische übersetzten Goethe-Zitaten die traditionelle Gegnerschaft zwischen dem Teufel und dem Erzengel Michael. Als Schutzpatron der Deutschen und oberster Befehlshaber der himmlischen Heerscharen stand der Erzengel den ebenfalls straff organisierten Höllentruppen seines gestürzten Vorgängers Luzifer gegenüber. Diese trutzige Darstellung der Schutz- und Schirmherrschaft des heiligen Michael über das deutsche Schicksal wurde in der Kriegspropaganda der Jahre 1914 bis 1918 ein beliebtes Motiv auf Feldpostkarten. Und der «Germanist» Goebbels ließ 1934 seinen Romanhelden, der nicht zufällig «Michael» heißt, ins Tagebuch notieren: «Ich trage nur ein Buch in der Tasche: den Faust.» Die Schlußszene des «Militairischen Faust» kam ohne mythologischen Höhenflug aus. Faust inspiziert die berühmten Feldherrn der Weltgeschichte in Hölle und Himmel und gelangt dabei zu so kuriosen Erkenntnissen wie der, daß Napoleon im Vergleich zu Friedrich dem Großen nur «ein Stümper» gewesen sei.

Ein anderes zeittypisches «Faust»-Produkt sind die 1918 verfaßten und unter dem Titel «Krieg» im Leipziger Eigenverlag publizierten Fronterfahrungen eines gewissen Fritz Jupisch. Faust tritt hier im «blutroten Schlafrock» als personifizierter Krieg auf und diskutiert mit Mephisto, der abwechselnd als Diplomat und Flieger verkleidet ist, unter der Begleitmusik von Granaten und Flammenwerfern. In den Regieanweisungen heißt es: «Gewehrknatter schwillt an, man hört dazwischen Handgranaten. Zwei rote Leuchtkugeln steigen auf ... Die Artillerie setzt darauf von allen Seiten mit voller Kraft ein. Es ist ein ohrenbetäubender Lärm. Die Bühne füllt sich mit Rauch und Dampf, aus dem dauernd Lichtreflexe berstender Granaten aufzucken ...» Dieses Schlachtfeld-Szenario, dem allein Gretchen entkommt, um sich nach «Haag zur Konferenz» aufzumachen, ist kein Friedensplädoyer, sondern unterhaltende Lautmalerei für die Verbreitung von Dolchstoßlegende und Verschwörungstheorie. Nicht das Deutsche Reich trägt Schuld am Weltkrieg, sondern die internationale Diplomatie, ihre «Lügenpresse» und der jüdische Börsianer.

Parodien leben bekanntlich vom Urtext – das gilt auch für die «Faust»-Trivialisierungen des Kaiserreichs und der Weimarer Republik. Ihre Wirksamkeit konnte sich nur entfalten, weil der Goethesche Text, zumindest der vom ersten Teil der Tragödie, dem deutschen Bildungsbürger bekannt war. Der heilige Zitatenschatz wurde sogar zehntausendfach in die Schützengräben getragen. Im März 1915 erschien im Frauen-Verlag Jena der «Tornisterfaust» (der erste Teil von Goethes Dichtung) in Miniaturgröße als «Band der

Deutschen Kriegerbibliothek». Das Vorwort richtet sich «an die deutschen Krieger», die «draußen im Feld» Land und Ehre schützen. «Wir Frauen, die wir zurückbleiben mußten», so heißt es, «können euren Taten nur von ferne folgen ... Deshalb soll der deutsche Dichter jetzt für den deutschen Krieger dasein ...» Auch in der Liliput-Bibliothek des Leipziger Verlages Schmidt & Günther war der deutsche Faust-Dichter für den deutschen Krieger da, nicht größer als eine Streichholzschachtel, aber in Leder und im paßgenauen Schuber. So konnte Hans Gerhard Gräf, der damalige Herausgeber des Jahrbuches der Goethe-Gesellschaft, im Jahre 1915 «die Goethe-Kenntnis des wackren, hünenhaften Kanoniers» bewundern, der mit dem «Tornisterfaust» im Frontgepäck an ihm vorbeizog. Besonders ergriffen war der deutsche Akademiker von der Vorstellung, daß «ein schlichter Grenadier, hoch auf dem Kamm der Vogesen Posten stehend», in seine Feldpost Faust-Verse einflocht.

Lange bevor Faust-Zitate in deutschen Schützengräben auswendig gelernt wurden, war Goethes Stück bereits zum Buch religiöser Offenbarung stilisiert worden. Schon das Fragment von 1790 hatte zu einer idealistischen Interpretation eingeladen, die Goethes Drama über die historische Realität erhob und auf «das Menschliche» und «die Welt» ganz allgemein bezog. Metaphysische Wirklichkeitsbegriffe wie «das Leben», «das Sein» und «das Deutsche» überlagerten positivistische Sacherklärungen. Entsprechend verhielten sich die meisten Faust-Kommentatoren seit Heinrich Düntzer (1850) zu Goethes Dichtung wie christliche Ideologen zur Bibel. Der Geschichtsforscher und Literaturhistoriker Georg Gottfried Gervinus, einer der sieben Göttinger Professoren, die 1837 wegen politischer Aktivitäten von der

Universität vertrieben wurden, hatte bereits zehn Jahre nach Goethes Tod kritisch analysiert, daß Goethes «Faust» in der deutschen Rezeption als Erklärungsbuch des Universums den Rang einer «Weltbibel» eingenommen habe. Und der «Jungdeutsche» Ferdinand Gustav Kühne beklagte sich 1835 in der *Zeitung für die elegante Welt* bitter über die von Goethe verewigte deutsch-faustische Symbiose: «Der Faust sitzt dem Deutschen wie Blei auf den Schultern, hat sich ihm ins Herz genistet, in sein Blut eingesogen; wir sitzen und dichten und dämmern über das Schicksal, das wir in uns tragen, wir käuen und käuen daran und können uns selbst nicht verdauen.»

Die Glorifizierung des Goetheschen Faust zum deutschen Nationalkunstwerk schlechthin begann bereits zu Lebzeiten des Dichters. Mit Schellings und Hegels idealistischer Philosophie wurde der Rahmen abgesteckt, in dem historische Legende und Dramenfigur über mehr als anderthalb Jahrhunderte als deutscher Mythos interpretiert und diskutiert wurden. Friedrich Wilhelm Joseph Schelling sah in Goethes «Faust» einen Ansatz zur Schaffung des großen mythologischen Gedichts, das «der Weltgeist» im Sinne habe: «Soweit man ‹Goethes Faust› aus dem Fragment, das davon vorhanden ist, beurtheilen kann, so ist dieses Gedicht nichts anderes als die innerste, reinste Essenz unseres Zeitalters: Stoff und Form geschaffen aus dem, was die ganze Zeit in sich schloß, und selbst dem, womit sie schwanger war und noch ist. Daher ist es ein wahrhaft mythologisches Gedicht zu nennen.» Im System Schellings bedeutete die Entwicklung der Goetheschen Dichtung zum nationalen Mythos Einschränkung der Wahrheit des Absoluten und zugleich Teilhabe an ihr. Die Betonung des Nationalcharakters der Figur Faust war ein Schritt über die Endlichkeit der geschichtlichen Realität hinaus. Schelling bezeichnete «den Doktor Faust» als «unsere mythologische Hauptperson», die «wir Deutschen ganz für uns allein» hätten. Faust sei «recht aus der Mitte des deutschen Charakters und seiner Grundphysiognomie wie geschnitten». Durch den Vergleich von Goethes Faust mit «dichten Lichtstrahlen», die in «das Heiligtum der Natur eindringen» und die «Kraft» besäßen, «das Innerste der Welt» zu bewegen, steigerte er sich bis zur Pathetik einer religiösen Offenbarung. Und für den damals noch nicht geschriebenen zweiten Teil des Dramas gab Schelling Goethe die Zielbestimmung vor, «daß der Widerstreit sich in einer höheren Instanz lösen werde und Faust in höhere Sphären erhoben vollendet werde».

Ein zentrales Thema der idealistischen Philosophie ist der Gegensatz von Gattung und Individualität. Ähnlich wie Schelling setzt auch Hegel mit seinem «Faust»-Verständnis bei diesem Problem an. Ernst Bloch behauptet, daß Goethes «Faust» und Hegels «Phänomenologie des Geistes» sowohl «im gesellschaftlichen Grund wie im Bauplan des Werks wie in dem, den Bauplan bestimmenden Inhalt sachlich miteinander» übereinkommen. Faust sei «das Urphänomen der Phänomenologie» und die Phänomenologie «das Absolutum des Faust». Einen direkten Bezug zu Goethes Drama stellt Hegel im Kapitel über «die Lust und die Notwendigkeit» her. Hier beschwört auch er den Erdgeist, erinnert an den Vers «grau, teurer Freund, ist alle Theorie» und zitiert in leicht abgewandelter Form aus Mephistos Monolog («Verachte nur Vernunft und Wissenschaft»). Goethes «Faust» ist in der Sicht Hegels die dichterische Dokumentation der Bewegung des Weltgeistes in verschiedenen Gestaltungen. Die einzelnen Phasen der Gestaltung sind die Entfaltung des sich selbst bewegenden Geistes von der sinnlichen Gewißheit bis zum «sich als Geist wissenden Geist» im absoluten Wissen. In der Wissenschaft ist der Geist identisch mit sich selbst. Es geht um die Verwirklichung der Individualität zwischen Kunst (Genuß) und Notwendigkeit (Schicksal) auf der Ebene einer göttlichen Vernunft. In diesem idealistischen Erklärungsmuster wird Goethe zum gottähnlichen Genie stilisiert, der über sein Hauptwerk einen Zugang zur ewigen Wahrheit des Universums gefunden zu haben scheint. In seinen «Vorlesungen über Ästhetik» nennt Hegel Goethes «Faust» die «absolute philosophische Tragödie». «Faust» wird zur biblischen Offenbarung, die den geheimen göttlichen Sinn der Welt entschlüsselt.

Mit Schelling und Hegel öffnet sich das Tor für die absolute Weltanschauungsinterpretation. Auf dieser idealistischen Grundlage konnte sich das «Faustische» von einem mythischen Kennwort zu einer nationalen Ideologie entwickeln. Sprachrohr dieser Ideologie waren eine Zeitlang auch die von den Hegelianern herausgegebenen Berliner *Jahrbücher für wissenschaftliche Kritik*.

Die philologisch perfekteste Verabsolutierung des Goethe-«Faust» ist Heinrich Düntzers Kommentar von 1850. Auf über 800 eng bedruckten Seiten erhebt er «Faust» zur «deutschesten Schöpfung des deutschesten aller unserer Dichter». In der Tradition von Düntzers deutsch-nationalistischem Weltanschauungskommentar standen auch die berühmten Goethe-Vorlesungen Herman Grimms, die 1874/75 gehalten wurden und als Publikation bis 1903 in sieben Auflagen erschienen. Die Faust-Figur ist bei ihm noch weiter enthistorisiert und ins Metaphysische entrückt. «Fausts Person erscheint uns heute», heißt es bei Grimm, «als ein natürliches, unentbehrliches Produkt des Deutschen Lebens. Ich würde sagen: der Deutschen Geschichte, wäre ‹Geschichte› hier nicht ein unzureichender Begriff. Geschichte bezieht sich zu sehr auf die rohen Ereignisse; das Element, dem Faust entsprang, ist feiner und umfassender.» Faust ist eine mythische Gestalt aus deutschen «Träumen», er erscheint «wie aus Nebel zusammengeblasen», strahlt dennoch «Lebenswärme» aus und steht «unverwüstlich fest».

Auffällig ist, daß immer wieder völkische Ideologen und Antisemiten sich berufen fühlten, Grundsätzliches über Goethe und das Faustische zu Papier zu bringen. Und ebenso auffällig ist, daß es ihnen gelungen ist, das deutsche Goethe-Bild – oder zumindest das Goethe-Bild der Literaturwissenschaft – nachhaltig zu beeinflussen. Das gilt auch für die Goethe-Biographie von Houston Steward Chamberlain, dem Schwiegersohn Richard Wagners, die im Jahre 1912 erschien. Selbst Wolfgang Leppmann, der über mehrere Jahrzehnte in verdienstvoller Weise mit analytischer Schärfe die Veränderungen des Goethe-Bildes in Deutschland erforscht hat, lobt dieses Buch als ein Werk, «das viel Richtiges und auch Neues enthält». Chamberlain sei tief in Goethes «Persönlichkeit» eingedrungen und habe das «wahre Wesen des inneren Gleichgewichts» entdeckt. Gemeint ist Goethes «übernatürliche» Harmonie, die «Fähigkeit, eine Vielzahl von Spannungen (zwischen Handlung und Reflexion, geistiger Universalität und bewußter Selbstbeschränkung, Urteilskraft und auf sinnlicher Wahrnehmung beruhendem Schöpferdrang) auszugleichen, von denen jede einzelne einen geringeren Menschen zerrissen hätte». Ist das nicht die Beschreibung des faustischen Titanen? Chamberlain hatte im Jahre 1909 auch die Erkenntnis gewonnen, «daß unsere gesamte heutige Civilisation und Kultur das Werk einer bestimmten Menschenart ist: des Germanen». Da die Juden als besonders minderwertige Rasse Christus nicht hervorgebracht haben konnten, erscheint er bei ihm als eine aus dem arischen Galiläa stammende, blauäugige, blonde Lichtgestalt.

Mit Wilhelm Diltheys beschreibender Psychologie, vor allem in seinen Aufsätzen «Goethe und die dichterische Phantasie» (1877) beziehungsweise «Das Erlebnis und die Dichtung» (1905), begann – neben der geistesgeschichtlichen Tradition von Schelling/Hegel – die Vereinnahmung Fausts für die Lebensphilosophie, den Darwinismus und die Anthroposophie. So entwickelten Oswald Spengler und Rudolf Steiner im Anschluß an Dilthey zwei sich ergänzende Ideen des «Faustischen». Während Spengler sich als Pessimist zeigte und die Heroik des Untergangs beschwor, ging es Steiner um eine Faust-Vision, die optimistische Lebensperspektiven für die Menschheit eröffnete. Im Stil einer religiösen Andacht fordert Steiner die Faust-Leser auf, sich in eine «Stimmung» zu versenken, die in Goethes Dichtung «das ganze Geheimnis des Übergangs der Menschheit vor dem Mysterium von Golgatha» entdecken lasse. Steiners Ideen, in Goethes «Faust» eine tiefversiegelte esoterische Geheimschrift» zu sehen, wirken bis heute nach und haben in dem von ihm und seinen Anhängern gegründeten Dornacher Goetheanum eine bleibende Institution gefunden.

Spengler erweiterte den Begriff des «Faustischen» über den deutsch-germanischen Mythenkreis hinaus als metaphysische Umschreibung für den gesamten abendländischen Kulturkreis. In seinem Buch «Der Untergang des

Abendlandes» (1917 / 1923) wird dargelegt, daß der «Leib» der «faustischen», das heißt der «maßlosen, willensstarken, in alle Fernen schweifenden Seele» das Abendland sei. Den ersten Teil von Goethes Drama interpretierte Spengler als Apologie des Titanen, während er im zweiten Teil den drohenden Abstieg der hochstehenden «Kultur» in die minderwertige «Zivilisation» zu erkennen glaubte. Der Untergang des Abendlandes bedeute zugleich den Untergang des Faustischen. Wie schon in seiner Schrift «Preußentum und Sozialismus» (1919) empfiehlt Spengler den Deutschen zur Rettung des Abendlandes eine Wendung ins Harte und Herrenmenschliche. Nur so könne das deutsch-faustische Wesen wieder erstarken, um den Ansturm der minderwertigen Rassen abzuwehren. Obwohl Spengler eine Synthese von «altpreußischem Geist» und «sozialistischer Gesinnung» propagierte, hoffte er auf den «Sieg der Rasse» über die «Masse». In seinem 1931 erschienenen Traktat «Der Mensch und die Technik» präzisierte er die Idee, daß faustischer Tatendrang und abendländische Mission sich nur durch eine wissenschaftlich-kulturelle Elite realisieren ließen. Das hätten die zeitgenössischen deutschen Nationalisten nicht begriffen. Statt einen längst obsolet gewordenen atavistischen Bauernkult zu betreiben, käme es darauf an, den «steigenden Wert der Führerarbeit weniger schöpferischer Köpfe», vor allem der «Unternehmer, Organisatoren, Erfinder und Ingenieure», zu erkennen.

Dem hier ausgedrückten faustisch-elitären Lebensgefühl kam auch Ernst Jünger in seinen Schriften «Der Kampf als inneres Erlebnis» (1929), «Die totale Mobilmachung» (1930) oder «Der Arbeiter» (1932) sehr nahe. Jünger war fest davon überzeugt, daß die Elementarform des menschlichen Lebens der Krieg sei. Seine Zukunftsvision war nicht der Traum vom «Ewigen Frieden», sondern die Hoffnung auf ein kommendes Zeitalter der großen Kriege. Ähnlich wie bei Spengler war auch bei Jünger das Programm des nationalen Sozialismus identisch mit der Ideologie eines technologisch-imperialistischen Staatskapitalismus. Sein «Arbeiter» war kein Prolet, sondern ein Arbeitssoldat, der heroisch gestählte industrielle Übermensch. Der Goethe-Bezug bei Jünger, der sich anfangs im wesentlichen auf stilistischer und «morphologischer» Ebene äußert, wird in den Tagebüchern des Zweiten Weltkrieges, in den «Strahlungen», zu einer intensiven und bekenntnishaften Annäherung.

Die Ähnlichkeiten der Gedankengänge und Motive, die zwischen den militanten Schriften Jüngers, Spenglers «Untergang des Abendlandes» und dem Sendungsbewußtsein Moeller van den Brucks («Unsere Bestimmung ist, den Völkern des Wohllebens ein Ärgernis des Geistes zu sein») bestehen, sind unverkennbar. Alle drei waren Metahistoriker, die nach Nietzsches vermeintlichem Vorbild versuchten, den Stil geschichtlicher Epochen zu bestimmen. Sie entwickelten eine Philosophie, nach der die Zivilisation eines dekadenten Westens der noch lebensfähigen Kultur Preußen-Deutschlands antithetisch gegenüberstand. Mit unterschiedlichen Nuancen leiteten Spengler, Moeller van den Bruck und Jünger ihre politischen Urteile aus diesem Kulturpessimismus ab und besaßen verschwommene Vorstellungen darüber, daß nur eine Diktatur der Elite den kulturellen Niedergang und die Katastrophe aufhalten könne.

«Von Goethe habe ich die Methode, von Nietzsche die Fragestellungen», heißt es in der Einleitung von Spenglers «Untergang des Abendlandes». Doch Nietzsches Fragestellungen waren andere, unzeitgemäßere. Er paßt nicht so recht in die «faustische» Tradition. Der nationalistische Erfolgstaumel nach dem Deutsch-Französischen Krieg und der ökonomische Fieberrausch der beginnenden Gründerjahre waren für ihn nicht nur lächerlich, sie zeigten sich ihm vor allem als Symptome einer zum Fetisch erniedrigten Kultur und Bildung. Auf den Trümmern der deutschen Kultur erhob sich das verachtete neue Reich, das Reich der Neureichen. Das Problem der Deutschen, so heißt es in seinen «Unzeitgemäßen Betrachtungen», sei ihre Stillosigkeit: «In diesem chaotischen Durcheinander aller Stile lebt aber der Deutsche unserer Tage: und es bleibt ein ernstes Problem, wie es ihm doch möglich sein kann, dies bei aller seiner Belehrtheit nicht zu merken und sich noch dazu seiner gegenwärtigen ‹Bildung› recht von Herzen zu freuen.» Das deutsch-preußische Bildungsprinzip verurteilte Nietzsche als «verführerische Formel» für das Streben nach «möglichst viel Gewinn und Glück», die «jetzigen Literaten, Volksmänner, Beamte, Politiker» seien «nicht Menschen, nicht Götter, nicht Tiere, sondern historische Bildungsgebilde, ganz und gar Bildung, Bild, Form ohne nachweisbaren Inhalt, leider nur schlechte Form, und überdies Uniform».

Nietzsche beschrieb das Zeitgefühl der Deutschen als ein Gefühl permanenter Bedrohung durch kulturfeindliche Elemente. Doch seine Apotheose von Größe und Macht, die Beschwörung des «Übermenschlichen» und die Vision einer «reinen Kultur» waren nicht identisch mit der zeitgenössischen völkischen Ideologie des «Faustischen». Nietzsches dionysische Ausbrüche, von Thomas Mann «Ausschweifung einer ästhetischen Trunksucht» genannt, nahmen schließlich die Nationalsozialisten in besonders eklektischer Weise für bare Münze. Die Frage nach Übereinstimmung und Gegensätzen zwischen Nietzsches Philosophie und den Ideen des

Nationalsozialismus ist Gegenstand zahlloser Debatten geworden. Auch Thomas Mann hat sich zu dieser Problematik geäußert. So schrieb er 1947 in einem Essay, daß es darauf ankäme, «hier Ursache und Wirkung umzukehren und nicht zu glauben, daß Nietzsche den Faschismus gemacht hat, sondern der Faschismus ihn – will sagen: politikfern im Grunde und unschuldig-geistig, hat er als sensibelstes Ausdrucks- und Registrierungsinstrument mit seinem Machtphilosophen den heraufsteigenden Imperialismus vorempfunden und die faschistische Epoche des Abendlandes (...) als zitternde Nadel angekündigt».

Nietzsche hat Goethe bewundert und kritisiert. Als Historiker fühlte er sich ihm verbunden in der Ablehnung einer rein positivistischen Geschichtsschreibung («Vom Nutzen und Nachteil der Historie für das Leben»), er distanzierte sich jedoch von seiner selektiven Wahrnehmung der griechischen Kunst und Philosophie. Als Kulturkritiker empfand er sich ganz als Nachfolger Goethes, war aber unzufrieden mit dessen «konziliantem» Begriff des Tragischen, was er in seiner sarkastischen «Faust»-Kritik zum Ausdruck brachte: «Eine kleine Nähterin wird verführt und unglücklich gemacht; ein großer Gelehrter aller vier Facultäten ist der Übelthäter. Das kann doch nicht mit rechten Dingen zugegangen sein? Nein, gewiß nicht! Ohne die Beihülfe des leibhaftigen Teufels hätte es der große Gelehrte nicht zustande gebracht. – Sollte dies wirklich der größte deutsche ‹tragische Gedanke› sein, wie man unter Deutschen sagen hört? – Für Goethe war aber auch dieser Gedanke noch zu fürchterlich; sein mildes Herz konnte nicht umhin, die kleine Nähterin, ‹die gute Seele, die nur einmal sich vergessen›, nach ihrem unfreiwilligen Ende in die Nähe der Heiligen zu versetzen; ja selbst den großen Gelehrten brachte er, durch einen Possen, der dem Teufel im entscheidenden Augenblick gespielt wird, noch zur rechten Zeit in den Himmel, ihn, ‹den guten Menschen› mit dem ‹dunklen Drange›.»

Vor allem weil Nietzsche eine metaphysische Existenz ablehnte, erschien ihm Fausts Errettung als unzulässig. Man kann daher vermuten, daß ihm die Verknüpfung der menschlichen Tragik mit dem deutschen Schicksal in Thomas Manns «Doktor Faustus» besser gefallen hätte.

Intellektueller oder Mandarin?

«Der Intellektuelle Doktor Faust befindet sich in der Sinnkrise.» So faßt der populäre Bertelsmann-Schauspielführer die gängige Meinung über die geistige Situation der Hauptfigur Goethes zusammen. Eine Meinung, die sich zum Beispiel auch in Günter Krämers Programmheft für seine Kölner Faust-Inszenierung des Jahres 1996 niederschlug. Goethes Text, heißt es da, schildere «die irrende Pilgerfahrt des modernen Intellektuellen durch eine Welt ohne sichernde Sinnentwürfe».

Faust ein moderner Intellektueller? Diese Frage knüpft an jene Diskussion an, die 1927 mit Julien Bendas Vorwurf des «Verrats» begann und sich über die deutschen «Elends»-Kontroversen (Gehlen, Sontheimer, Habermas) bis hin zu György Konráds osteuropäischer Desillusionierung fortsetzte. Dietz Bering, der vor zwanzig Jahren die deutsche Geschichte des Begriffs detailliert als «Geschichte eines Schimpfwortes» untersucht hat, stellt seiner Arbeit das Zitat eines in den zwanziger und dreißiger Jahren geläufigen Verses voran: «Hinweg mit diesem Wort, dem bösen, / Mit seinem jüdisch grellen Schein! / Wie kann ein Mann von deutschem Wesen / Ein Intellektueller sein!»

Die Geschichte des «bösen Wortes» führt nur über einen Umweg zurück nach Goethes Weimar und in das gotische Studierzimmer von Faust. Sie beginnt eigentlich erst in der Dritten Republik Frankreichs mit Émile Zola und der Dreyfus-Affäre. Im Januar 1898 sammelte Zola Unterschriften für seinen berühmten offenen Brief an den Präsidenten der Republik mit der leidenschaftlichen Anklage, daß Militär und Justiz den jüdischen Hauptmann Dreyfus zu Unrecht der Spionage bezichtigt und verurteilt hätten. Zolas Appell, unterzeichnet von mehr als hundert prominenten Schriftstellern und Wissenschaftlern, wurde bekannt als «Manifeste des Intellectuelles». Mit der Revision des Urteils und dem Freispruch für Dreyfus erzielte Zolas Kampagne einen direkten Erfolg, aber noch wichtiger war der indirekte: die Bewahrung der Dritten Republik vor einem neuen Bonapartismus. Zwar hatte die Dreyfus-Affäre Frankreich in feindliche Lager gespalten – doch der Nationalismus und Antisemitismus der Action Française war in die Schranken gewiesen worden. Frankreichs Republik wurde gerettet durch die Institutionalisierung der Rolle des «allgemeinen Intellektuellen» (Michel Foucault), einer Rolle, die so eindrucksvoll zuerst mit Zola und vermutlich zuletzt mit Jean-Paul Sartre besetzt war.

Als moralisches Gewissen einer Nation rechnen die Intellektuellen mit der Anerkennung universalistischer Werte, setzen sich mit ihrer Argumentationskunst für Gerechtigkeit, unterdrückte Wahrheiten, Neuerungen und Fortschritt ein. Nach seinem «normativen Selbstverständnis» (Jürgen Habermas) gehört dieser Intellektuellentypus in ein Milieu, in dem Politik nicht auf Staatstätigkeit zusammenschrumpft. Anatole France sah im «Intellektuellen» einen Gebildeten, der frei nach seinem Gewissen «ohne politischen Auftrag» handelt.

Julien Benda hatte mit seiner berühmten Streitschrift «Der Verrat der Intellektuellen» (1927) nicht nur die «patriotische Metaphysik» der deutschen Philosophie im Visier, sondern ebenso das eitle Geltungsbedürfnis und die opportunistische Karrieresucht, die in Frankreich die traditionelle intellektuelle Unabhängigkeit ersetzt hatte. Das wahre Übel, das es in unserer Zeit zu beklagen gelte, so Benda, sei vielleicht nicht einmal «der Verrat», sondern «das Verschwinden» der Intellektuellen. Simone de Beauvoir hat diese soziologische These mit ihrer literarischen Chronik «Die Mandarins von Paris» anschaulich illustriert.

Das Schlagwort vom «Verrat» ist auch hierzulande zum allgemeinen Zitatenschatz der Intellektuellendiskussion geworden, wobei meist übersehen wird, daß die historische Entwicklung in Frankreich völlig anders verlief als in Deutschland. Während sich im Frankreich des 19. Jahrhunderts eine salonfähige und einflußreiche intellektuelle Elite etablieren konnte, war in Deutschland das Rollenstereotyp des Intellektuellen immer negativ besetzt. In Frankreich «degenerierte» der Intellektuelle erst im 20. Jahrhundert zum Mandarin, während Deutschland von Anfang an das «Land der Mandarine» (Hauke Brunkhorst) war und es blieb. Der deutsche Mandarin trat nicht als «Verräter» auf den Plan, sondern war originäres Produkt einer elitären Hierarchisierung, die sich als geistige Gegenströmung zur Französischen Revolution verstand.

Ein selten berücksichtigter Aspekt der «deutschen Misere» ist die Dichotomie von Geist und Intellekt. Die Ausgrenzung der Intellektuellen wurde im 19. Jahrhundert zur Grundlage der geisteswissenschaftlichen Ideologie der deutschen Mandarine. Universitätsprofessoren und verbeamtete Hofschriftsteller begründeten jene elitäre Dynastie des Geistes, in der kein Platz für freischwebende Intellektuelle war. Die deutsche Mandarin-Tradition reicht von Goethe über Treitschke und Dilthey bis Carl Schmitt und Johannes R. Becher. Walter Mehring hat den «kleinen Unterschied» zwischen Frankreich und Deutschland auf den

Begriff gebracht. Er konstatierte sarkastisch, daß die Deutschen viele Eigenschaften der Franzosen übernommen hätten, «die Diktaturreklame des Boulangismus», den «Haß gegen Juden und Freidenker» und auch «das Renommieren mit la nation» – es fehle «leider bloß eine Kleinigkeit: ein Zola». So konnte Gottfried Benn 1933 befriedigt feststellen: «Der neue Staat ist gegen die Intellektuellen entstanden.»

Vor und nach dem Ersten Weltkrieg hatten – mit Ausnahme von Heinrich Mann – nicht einmal radikaldemokratische Schriftsteller es gewagt, das Wort «Intellektueller» in einem eindeutig positiven Sinn zu verwenden. Man arbeitete im deutschen Sprachbereich lieber mit der «Geist»-Kodifizierung des Grimmschen Wörterbuchs. Es war die Rede von «geistigen Menschen» oder im assoziativen Sinn von «Geistesadel», bestenfalls komplementiert durch die linke Vokabel des «geistigen Arbeiters». Auch noch 1931 blieben Siegfried Kracauers «Minimalforderungen an die Intellektuellen» eine einsame Gegenposition. Selbst Theodor W. Adorno, der uns über die «elitären Herrschaftswünsche» der deutschen Akademiker aufgeklärt hat, formulierte, von schlechtem Gewissen geplagt: «Das Wort ‹geistiger Mensch› mag abscheulich sein, aber daß es so etwas gibt, merkt man erst an dem Abscheulicheren, daß einer kein geistiger Mensch ist.»

Der Fetischisierung des Geistes entsprach eine antiintellektuelle Funktionalisierung der Macht. Der Intellektuelle wurde zum äußeren Feind erklärt. Ein Otto Flake diffamierte die Zivilisation des Westens als «Barrikadenheroismus einer anderen Rasse». Auch Thomas Mann unterschied 1918 mit seinen später selbstkritisch zurückgenommenen «Betrachtungen eines Unpolitischen» in eindeutiger Analogie zur Dreyfus-Polemik zwischen Kultur und Zivilisation, Blut und Verstand: «Ein Intellektueller ist, wer geistig auf seiten der Zivilisations-Entente gegen den ‹Säbel›, gegen Deutschland ficht.» Gemeint war in erster Linie sein Bruder, der Zola-Verehrer Heinrich Mann, den er abfällig als «Zivilisationsliteraten» bezeichnete. Kultur in Verbindung mit dem unübersetzbaren Zauberwort «Bildung» schmolz zum Kern der deutschen Geistigkeit zusammen. Das war das Kontrastprogramm zur französisch-fremdstämmigen Zivilisation. «Blut gegen Verstand», die Wurzeln führen zurück zu Luthers Begriff der «Innigkeit» und bilden die Basis konservativer Erziehungsprogramme in Preußen, hervorragend dokumentiert in den nachgelassenen Schriften des Generals Friedrich August Ludwig von der Marwitz: «Nachdem der Aberglaube ausgerottet war, glaubte der Verstand, vorzüglich der französischen Philosophen, keine Grenze mehr anerkennen und Alles überfliegen zu dürfen: zuerst Montesquieu, dann Rousseau, und andere griffen den Staat, Voltaire, Diderot und andere die Kirche an: es fehlte ihnen nicht an Schülern und Nachbetern, und die neue Lehre verbreitete sich über ganz Europa. Bis in die tiefste Wurzel verfolgt, war diese neue Lehre eigentlich ein Auflehnen des menschlichen Verstandes gegen die göttliche Macht und Weltregierung, also ganz eigentlich ein Werk des Satans.»

In Deutschland artikulierte sich eine antisemitische Intellektuellenkritik, noch bevor der Intellektuelle hier real existierte. Die zeitgenössische Polemik gegen publizistisch einflußreiche Juden wie Moses Mendelssohn, Heine und Börne sowie den «Judenfreund» Lessing galt der deutschen Vorform des «allgemeinen Intellektuellen» und skizzierte das spätere Feindbild bereits deutlich: Der abstrakt denkende Intellektuelle ist entwurzelt, zeichnet sich durch einen Mangel an patriotischer Gesinnung und Loyalität aus, verkörpert «jüdische Dekadenz» und «Charakterlosigkeit». Dieses Vorurteilsmuster gewann in Deutschland eine besonders aggressive Schärfe. Der mächtigste deutsche Literaturkritiker des frühen 19. Jahrhunderts, Wolfgang Menzel, wütete gegen die «jüdische Lasterrepublik des etablierten Hauses Heine und Kompagnie», und die *Münchner Politische Zeitung* verkündete am 22. Januar 1833 offen ihren Vernichtungswillen: «Wahrlich, wo irgend auf deutschem Boden ein Galgen steht, wird man kein würdigeres Subjekt daran aufzuhängen finden als diesen Herrn Baruch modo Börne.» Das war das Klima, in dem Goethes Faust zur gegenintellektuellen, deutsch-nationalistischen Identifikationsfigur aufzusteigen begann.

Auch Wilhelm Marr, der Erfinder des Begriffs «Antisemitismus», bediente sich in seiner von 1847 bis 1852 in Hamburg erscheinenden satirischen Zeitschrift *Mephistopheles* – wie schon der Titel signalisiert – ausgiebig der Faust-Thematik. «Ich griff herzhaft», so Marr in seinen Lebenserinnerungen, «nach Allem, was mir Liebenswürdiges aus Göthes Faust einfiel.» Zu seinen Einfällen gehörte unter anderem auch ein Zyklus von Faust-Mephisto-Karikaturen zur Situation des Jahres 1848. Während Faust mit dem Schwert im Freiheitskampf streitet, läßt Mephisto, der in der Karikatur jüdische Züge trägt, die marionettenhaft zappelnden Kontrahenten der 48er-Revolution ihre Widersprüche unter einer überdimensionalen, mit der französischen Kokarde geschmückten Mütze des deutschen Michel austragen. Später hat Marr die demokratische Entwicklung abfällig als «jüdischen Weg» bezeichnet. Der «Semitismus» habe aus Deutschland durch «die List und die Verschlagenheit des realistischen Schachergeistes» ein «Neu-Palästina» gemacht. Nicht von der fremden Religion, sondern von der fremden Rasse gehe die Gefahr aus.

Begierig wurde in Deutschland Marrs These vom «überlegenen Untermenschen» aufgegriffen, eine These, die offenkundig bis heute eine Erklärung für antisemitische Alpträume anzubieten hat. Von Marrs Bild des den deutschen Michel verhöhnenden Mephisto war der Weg nicht weit zur nationalsozialistischen Empörung über die Verunglimpfung des Faustischen durch den mephistophelischen Spott der «Trümmergehirne». So heißt es in einem Faust-Kommentar des Jahres 1940: «Wie oft haben wir sie in den vergangenen Jahrzehnten erlebt, diese schmachvolle Geschichte. Der faustische Mensch, vor allem auch der faustische Führer, von mephistophelischen Kreaturen, Kaffeehausliteraten und Journalisten satirischer Wochenzeitschriften verhöhnt und verspottet ...»

Aufstieg und Fall des Doktor T'ang Jo-wang

Goethes Faust repräsentiert das Milieu seines Autors. In Fausts Studierzimmer, einem symbolischen Ort der deutschen «Gelehrtenrepublik», war kein Platz für Intellektuelle – sowenig wie am Hof von Weimar und an der nahegelegenen Universität Jena, wo zu Goethes Zeit die Gründerdynastie des deutschen Mandarinentums versammelt war. Das Ausmaß dieser elitären Hierarchisierung von Geist und Macht erinnert in der Tat an fernöstliche Dynastieformen, wie vor allem Max Weber und Fritz K. Ringer aufgezeigt haben.

In China war es der Besitz von Schriftprivileg, Geheimwissen und Charisma, der den gelehrten Mandarin unersetzlich für die kaiserlichen Staatsgeschäfte machte. Goethe und sein Faust kamen dem fernöstlichen Ideal sehr nahe – beide verfügten über Schriftprivileg, Geheimwissen und Charisma. Daß Goethe sich als Weimarer Staatsbeamter und Kriegskommissar mit chinesischer Kultur und Geschichte befaßt hat, ist durch Tagebuchnotizen und Briefe belegt. Besonders intensiv waren seine Chinastudien im Kriegsjahr 1813. So schrieb er am 10. November 1813 dem Freund Carl Ludwig von Knebel, er habe «China und was dazu gehört, fleißig studiert». Er habe sich dieses «wichtige Land» gewissermaßen «aufgehoben und abgesondert», um sich im Falle der Not «dahin zu flüchten», wie es jetzt geschehen sei.

Aus früherer Korrespondenz geht Goethes Interesse an Fragen des Konfuzianismus und der taoistischen Lehre hervor. So machte er zum Beispiel Schiller in einem Brief vom 3. Januar 1798 auf die Aktualität einer metaphysischen Disputation zwischen dem Jesuitenmissionar Matteo Ricci (1552–1610) und einem chinesischen Gelehrten der Lo-t'ien-Sekte aufmerksam. Es gibt sogar ein historisches Beispiel für den Aufstieg und Sturz eines deutschen Mandarins am Hofe der chinesischen Kaiser, das – so scheint es – mehr mit Goethes Faust-Stoff zu tun hat als die «Historia» von Johann Spies: die Geschichte des Doktor T'ang Jo-wang.

Der in Köln geborene Jesuit Adam Schall von Bell begann nach einer naturwissenschaftlichen Eliteausbildung in Rom und Goa 1622 in Peking eine atemberaubende Karriere als Missionar und Militärberater. Rasch erkannte der talentierte, damals dreißigjährige Ordensmann, daß er sich im krisenerschütterten chinesischen Reich nicht nur mit der Kunst des Kanonengießens nützlich machen konnte. Die damals noch herrschende Ming-Dynastie hatte ganz offensichtlich das Tao, das heißt «den Weg», verloren, der vorgibt, wie man sich im Einklang mit den ewigen Gesetzen des Himmels bewegen solle. Der jahrtausendealte chinesische Kalender stimmte nicht mehr, die dringend notwendige Harmonie zwischen Himmel und Erde schien bedroht. Die Astronomen am Hof erwiesen sich als unfähig, die neuen Himmelserscheinungen zu deuten. In dieser turbulenten Situation weckte Schall von Bell mit seinen europäischen Büchern und modernen astronomischen Geräten die Neugier der obersten kaiserlichen Administration. Als ihm dann die exakte Vorausberechnung der Mondfinsternis vom Oktober 1623 gelang, erhielt er nicht nur den chinesischen Ehrentitel Dr. T'ang Jo-wang, sondern auch den offiziellen Auftrag zur Reform des alten Sonne-Mond-Kalenders. Die komplizierte Arbeit, die häufig durch Missionierungsdrang, Kriege, Intrigen und wissenschaftliche Nebentätigkeiten unterbrochen wurde, zog sich hin. Als Schalls Kalender schließlich im Jahre 1645 abgeschlossen war, war in Peking bereits der junge Mandschukaiser Sun-chih inthronisiert. Der deutsche Mandarin hatte mit seiner astronomischen Meisterarbeit ein glänzendes Entree im neuen Hofestablishment. Es war ihm gelungen, alle Intrigen zu überstehen und sich auch für die neue Zentralregierung unentbehrlich zu machen. Der Kaiser überhäufte den europäischen Missionar mit Ehrungen, ernannte ihn zum Direktor des Astronomischen Amts, zum Beamten des Innenministeriums und schließlich zum Mandarin erster Klasse. Zwischen dem Kaiser und seinem Mandarin entwickelte sich eine regelrechte Freundschaft. Der Jesuit führte nicht nur lange Religionsgespräche mit seinem Dienstherrn, er half ihm auch als Militärstratege, die Rebellionen in den Provinzen niederzuschlagen. Seine Hoffnung jedoch, daß sich der Kaiser «dem zähneknirschenden Teufel zum Trotz» taufen lassen werde, sollte sich nicht erfüllen. Sun-chih starb 1661 überraschend im Alter von nur 23 Jahren.

Was jetzt auf Schall zukam, glich einem Höllensturz. Die chinesischen Astronomen, alte Konkurrenten im «Kalenderstreit», denunzierten die Missionstätigkeit Schalls und warfen ihm außerdem noch vor, Sun-chih vergiftet zu haben. Der durch einen Schlaganfall Halbgelähmte wurde in den Kerker geworfen. Das Urteil vom 16. April 1665 lautete: Zerstückelung bei lebendigem Leib. Doch dann gab der Himmel ein Zeichen: Am Tag der Urteilsbestätigung zerstörte ein Erdbeben große Teile Pekings. Das Urteil wurde «gemildert». Auf Zerstückelung wollte man verzichten. «Tod durch Erdrosseln» hieß der neue Richterspruch. Und wieder meldete sich der Himmel. Am 29. April brannte der kaiserliche Palast nieder. Jetzt wurde Schall freigelassen, doch Titel und Ämter erhielt er nicht zurück. Ein Jahr später starb er im Alter von 75 Jahren.

Ob die Geschichte des Doktor T'ang Jo-wang auch dem chinesischen Partei- und Regierungschef Li Peng bekannt war, weiß man nicht. Auf jeden Fall bewies der durch seinen Besuch des Goethe-Hauses im Sommer 1994 ein gewisses Interesse für die Kultstätte des Weimarer Mandarinentums. Die offizielle Rede der Weimarer Gastgeber mochte er nicht hören, zu deutlich war deren mahnende Anspielung: «Dieses Haus ist steingewordenes Zeugnis der deutschen Klassik, eines Denkens und einer Haltung, die der Würde der Freiheit und der Unverletzlichkeit der Person aufs tiefste und höchste verbunden ist.» Daß ein chinesischer Regierungschef nicht an Menschenrechtsverletzungen erinnert werden will, ist kaum verwunderlich. Aber auch aus anderer Perspektive wirkt die Empfehlung befremdend, an

Goethes Wesen möge die Welt genesen. Der amerikanische Literaturwissenschaftler W. Daniel Wilson zum Beispiel beklagt zu Recht, daß die Goethe-Forschung es bis heute versäumt habe, «eine grundlegende Auseinandersetzung mit dem *politischen* Erbe der deutschen Klassik, ja mit der problematischen Geschichte des Verhältnisses zwischen Intelligenz und Macht in Deutschland anzuregen».

Zuweilen ist die Klassiklegende gar zur Heiligenlegende geworden. Der Goethe-Biograph Conrady vergleicht den ehrfürchtigen Ernst der deutschen Klassikexegese mit der «Auslegung ‹heiliger› Schriften». Eine besondere, neumodische Form der Erhöhung dieser Texte zu verbindlichen Wahrsagen ist Ekkehart Krippendorffs «Versuch über Goethes Politik» (1988). Er konstruiert aus Goethes Ablehnung der Französischen Revolution eine zeitlose politische Methodenlehre der Gewaltfreiheit, ein vorbildliches Modell auch für unsere Zeit.

Autoritärer Staat und geistige Elite

Das «glückliche Ereignis» der Jenaer Begegnung zwischen Goethe und Schiller wird immer wieder zum deutschen Versuch stilisiert, einen aufklärerischen Naturbegriff zu retten. Ohne hier eine Debatte über Heil und Unheil oder «Dialektik» der Aufklärung anzetteln zu wollen, muß daran erinnert werden, daß sich «Sturm und Drang» und deutsche Klassik als *Gegenströmung* zur europäischen Aufklärung verstanden haben. Im Gegensatz zur Menschheitsforderung der französischen und englischen Aufklärung betonte der deutsche «Sturm und Drang» die Bedeutung des «Originalgenies». Die «natürliche» Individualität sollte genialisch sein. Auch das Denken Goethes und des jungen Herder äußerte sich im Streben nach möglichster Intensität, Unmittelbarkeit und Naturgewalt der Empfindung sowie in einer Empörung gegen die herkömmliche Reflexionskultur. Im «Sturm und Drang» kamen spiritualistischer Protestantismus mit der Sehnsucht nach pantheistischer Welterfassung zusammen. «Natur» war vor allem Natur des Menschen, bestehend aus einer Mischung von dualistisch-christlichen und monistisch-pantheistisch-heidnischen Motiven. Für Goethes Dichtung hieß das: In der Gestalt des Mephisto wurde die alte Ratio in ihrer mechanischen Form denunziert, um ihr mit Faust den natürlichen Geist des Genies gegenüberzustellen. Und für die Weimarer Politik des aufgeklärten Absolutismus bedeutete es: Die Formen der «Tyrannei» wurden abgeschafft, die Fakten der alten Herrschaft aber blieben bestehen – sie sollten lediglich dem neuen Adel des Genies untergeordnet werden.

Als Goethe im November 1775 nach Weimar kam, hatte er soeben den «Urfaust» abgeschlossen und war auch innerlich auf die neue Lebensphase vorbereitet. Erstaunlich ist daher, daß in «Dichtung und Wahrheit» ein Bericht über die entscheidenden ersten Jahre am «Musenhof» fehlt. Diese Zeit ließe sich allein «im Gewande der Fabel oder eines Märchens darstellen», hat er später einmal bemerkt. Die in diesem Zusammenhang mangelhafte Auskunftsbereitschaft des sonst so beredten Autobiographen erklärt sich vermutlich aus seinen widersprüchlichen Freundschaftsbeziehungen zum jungen Herzog Carl August von Sachsen-Weimar-Eisenach und der Hofdame Charlotte von Stein sowie einer nur auf den ersten Blick unproblematischen Mandarinkarriere. Auffällig ist, daß Goethes Ämterhäufung in den ersten zehn Jahren ausschließlich im praktischen Bereich der Staatsverwaltung erfolgte: Ernennung zum Geheimen Legationsrat, Einzug ins «Geheime Conseil» (wo er auch über Todesurteile mitzuentscheiden hatte), Leitung von Kriegskommission, Finanzkammer und Wasserbauabteilung, Wiederbelebung des Ilmenauer Bergbaus und juristisch-diplomatische Beratung im Erbfolgestreit.

Seine Tagebücher enthüllen, daß ihm die praxisbezogene Beamtentätigkeit nicht auferlegt wurde, sondern daß er sie energisch angestrebt hat. So notierte er im Januar 1779 nach Übernahme der Kriegskommission höchst befriedigt: «Mich drin gebadet, und gute Hoffnung in Gewißheit des Ausharrens. Der Druck der Geschäfte ist sehr schön der Seele.» Erst 1788, nach seiner Italienreise, ließ der inzwischen geadelte Dichterpolitiker sich von den verwaltungstechnischen Regierungsgeschäften weitgehend entlasten und konzentrierte sich vorrangig auf die Oberleitung der wissenschaftlichen und künstlerischen Anstalten des Herzogtums. Im Jahre 1815 erhielt er den Titel «Staatsminister» und war nun endlich zum «Mandarin erster Klasse» avanciert.

Goethes geistesaristokratische Karriere im aufgeklärten Weimarer Absolutismus wurde zum genialen Vorbild des preußischen Prinzips der verbeamteten Bildung und einer entsprechenden Philologenideologie. Nur durch die Heranziehung der leistungsfähigsten Kräfte des Bürgertums zu einer neuen Geistes- und Bildungselite konnte die preußisch-deutsche Staatsverwaltung ihre berühmt-berüchtigte Effizienz erreichen. Nicht alle gebildeten Zeitgenossen sahen darin ihr Ideal. Theodor Fontane zum Beispiel, dem diese Beamtenkarriere verschlossen blieb, bezweifelte, daß «der durch sieben Examina gegangene Patentpreuße die Blüte der Menschheit repräsentiere».

Nun war Goethe sicher kein «Patentpreuße», aber die

von ihm und anderen deutschen Geistesaristokraten wie Herder, Wilhelm von Humboldt oder Hegel repräsentierte neuhumanistische Ideenwelt wurde zur preußischen Bildungsdoktrin erklärt. In dieser Bildungstradition offenbart sich die berühmte «deutsche Misere», das heißt das Problem, in zwei Welten zu leben, in der des Ideals und der des Realismus. Für den französischen Philosophen André Glucksmann bestand die Aufgabe der deutschen «Meisterdenker» des 18. und 19. Jahrhunderts darin, den Dualismus von feudalistisch-preußischem Militarismus und humanistisch-universeller Bildung durch einen philosophischen Gewaltakt zu überwinden. «Doppelgesichtig» sei Deutschland, «unwirklich und real», «gebildet und dämonisch». Schon der «Doktor Faustus» repräsentiere einen «dämonischen Helden», der «die Ganzheit des deutschen Schicksals aushorchen» wollte. Glucksmanns Provokation gipfelte in der These: «Unter dem Vorwand des Wissens haben die Meisterdenker den geistigen Apparat zusammengesetzt, der für die Propagierungen der großen Endlösungen des 20. Jahrhunderts unabdingbar ist.»

Glucksmann verfolgt die Kontinuitätslinien totalitärer Ideologien und die Mechanismen von staatlicher Gewalt und revolutionärer Gegengewalt zurück bis zum Absolutismus des 18. Jahrhunderts. Die Ideen der «Meisterdenker» hätten den totalitären Willen zur Macht erhoben, «der im Kleinen, im Geheimen, die Chefs und Unterchefs der Disziplinargesellschaften beseelt». Daß die «Moralisierung der Politik» schon im achtzehnten Jahrhundert faktisch eine «totale Politisierung der geistigen Welt» bedeutete, hat auch der Geschichtstheoretiker Reinhart Koselleck in seiner Arbeit «Kritik und Krise» (1959) thematisiert. Für ihn zeigte sich die Effizienz des «Apparats des Absolutismus» und seiner moralischen Herrschaftsideologie am deutlichsten in der Unterdrückung des Illuminaten-Ordens und anderer Geheimbünde. Als zeittypische Vorformen moderner politischer Parteien stellten diese Organisationen eine besondere Gefahr für die alte, «gottgewollte» Ordnung dar. Für die Verfolgung der «freimaurerischen Gottesschänder», wie namentlich die Illuminaten diffamiert wurden, gelang es den absoluten Herrschern, in den meisten deutschen Staaten eine große Interessenkoalition zu schließen. «Protestanten und Katholiken, absolutistische Beamte und Verfechter des Ständewesens schlossen sich zusammen: sie erblickten in den geheimen Orden einen gemeinsamen, die gemeinsame Struktur der bestehenden Ordnung bedrohenden Feind.»

Goethe und sein «Souverän» Carl August dachten hier nicht anders. Sie entwickelten sogar – wie es scheint – eine Weimarer Spezialstrategie der Unterwanderung. Für die These von W. Daniel Wilson, daß der Weimarer Herzog und sein Mandarin zeitweilig selbst dem Illuminaten-Orden beitraten, um ihn auszuspionieren, sprechen viele Indizien. Nicht zuletzt Schillers engagierte Mitgliedschaft konnte so besser beobachtet und beurteilt werden, wie seiner Weimarer Staatsschutzakte zu entnehmen ist. Daß die aufklärerische Substanz des Ordens in zunehmendem Maß «von innen her» bedroht wurde, ist auch eine Erkenntnis der Studie von Hans-Jürgen Schings, die 1996 erschien («Die Brüder des Marquis Posa. Schiller und der Geheimbund der Illuminaten»). Nur wenige Wochen nach seiner Aufnahme in den Orden brachte Goethe seine autoritäre Mißbilligung der «geheimen» Organisationsstrukturen zum Ausdruck: «Und aufrichtig, wenn man vernünftig und wohltätig seyn will und weiter nichts, so kann das jeder für sich und am hellen Tage und in seinem Hauskleide.» Nach 1789 wurden die Illuminaten in Weimar unter strenge staatliche Aufsicht gestellt und jede neue Logengründung unterbunden. «Kein Staat soll eine geheime Verbindung dulden ...» (Goethe, 1792)

Der Weimarer Hof war nicht – wie die Legendenbildung es will – eine liberale Insel in einer von Kleindespoten beherrschten politischen Landschaft. Im Gegenteil, zeitweilig gerieten seine Vertreter im Reichstag als treibende Kraft der Reaktion in Widerspruch zu gemäßigten Regierungen. Die vielgerühmte akademische Freiheit in Jena schloß nicht die Freiheit der Kritik an der Regierung ein. Vor allem nach Ausbruch der Französischen Revolution gaben die Weimarer Regierenden den Professoren zu verstehen, daß man in Jena «mit demokratischen Äußerungen kein Glück macht» – so in einer schriftlichen Mahnung an den Theologen Carl Christian Schmid. Und im Juni 1793 setzte Sachsen-Weimar im Reichstag ein Studien- und Berufsverbot gegen Studenten durch, die in Geheimorden tätig gewesen waren. Das betreffende Reichsgutachten war im Kern die Vorwegnahme der berüchtigten Karlsbader Beschlüsse von 1819. Goethe betätigte sich persönlich als Propagandist für diese harte Linie. So saß er zum Beispiel am 19. Juli 1792 im «Gartenhaus des Kriegssekretair Meyern» und bespitzelte studentische Demonstranten, die von Jena nach Weimar zogen. Seine Beobachtungen faßte er nicht nur für einen amtlichen Reichstagsbericht zusammen, sondern auch für die Medienpropaganda.

Nicht nur die Geschichte Preußens unter Friedrich dem Großen, sondern auch schon die Weimarer Beziehung zwischen Goethe und seinem Herzog zeigen: Im aufgeklärten Absolutismus fand sich die aufgeklärte Geisteselite dazu bereit, den autoritären Staat zu legitimieren in der trügerischen Hoffnung, sozialen Fortschritt durch sittlichen Einfluß auf die Herrschenden zu garantieren. Doch in der Natur des absolutistischen Staates lag, daß er sich nur dann um «sozialen Fortschritt» bemühte, wenn der sich mit den jeweiligen feudalen Interessen vereinbaren ließ. Historiker haben in diesem Zusammenhang auf strukturelle Parallelen zwischen dem «aufgeklärten» Absolutismus und dem modernen Totalitarismus hingewiesen. «Aber die offenkundige Entrüstung mancher deutscher Germanisten darüber», so W. Daniel Wilson, «daß der ‹größte Dichter der Deutschen› in die Tradition autoritärer Herrschaft gestellt wird, zeugt von der Fetischisierung, ja Vergötterung, welche ihn und die ganze deutsche Klassik so unerreichbar und unzugänglich macht.»

Der autoritäre Staat und die geistige Elite, die ihm diente, das ist eine Tradition, die in Deutschland mit und nach Goethe Epoche machen sollte. W. Daniel Wilson stellte dazu konkrete und unbequeme Fragen: Wenn beispielsweise Martin Heidegger seinen Beitritt zur NSDAP damit zu entschuldigen suchte, er wolle den Führer «sittlich» führen – «ist das in der Konzeption (natürlich nicht in der konkreten Ausführung oder der Auswirkung) wirklich so völlig anders als Goethes Versuch, die bestehende Ordnung durch Lenkung des absolutistischen Herrschers zu ändern?» Und wenn prominente Geistesschaffende in der DDR sich darauf einließen, Gespräche über Kultur mit Vertretern des Staates zu führen, in der Hoffnung, deren Politik zu ändern, im Gegenzug jedoch bereit waren, nicht nur sich selbst zensieren zu lassen, sondern auch Oppositionelle zu bespitzeln – «ist das dann so ganz anders als Goethes politisch-ästhetische Beziehungen zum Herzog, denen er seine Freundschaft mit anderen ‹Gelehrten› opferte?» Goethes Faust opferte sogar Menschenleben: mörderische Zivilisationskritik aus dem Geist einer antiintellektuellen Lebensphilosophie.

Der Kult des Bildungsbürgertums

Schon zu seinen Lebzeiten war Goethe eine kultische Erscheinung, vor der selbst Schiller erstarrte: «Wenn er nicht als Mensch für mich den größten Wert von Allen hätte, die ich persönlich je habe kennen lernen, so würde ich sein Genie nur in der Ferne bewundern.» Und Christoph Martin Wieland, dessen Dichtung von dem sechzehn Jahre jüngeren Goethe hochnäsig als versüßlichte Mythologie verspottet worden war, begrüßte ihn nach seiner Ankunft in Weimar mit den unterwürfigen Worten: «Seit dem heutigen Morgen ist meine Seele voll von Goethe wie ein Tautropfen.» Auch andere Berichte über persönliche Begegnungen beschreiben wahre Erregungszustände. «Viele Schriftsteller», so informiert der «jungdeutsche» Autor Karl Gutzkow, «sind geständig, daß sie gezittert hätten, als sie Goethe besuchten.» Für Ludwig Uhland zitterte sogar das Straßburger Münster, und Rahel Varnhagen «stieß unartikulierte Laute aus, als er nur nahte». Der Schriftsteller, Publizist und Buchhändler Willibald Alexis war nicht der einzige, der, als er von Goethe bereits erwartet wurde, «vor Angst wieder umkehrte».

Diese einschüchternde Gottähnlichkeit war nicht nur das Ergebnis der idealistischen Verklärung durch Schiller oder Schelling, sondern zum großen Teil perfekte Eigenstilisierung. Im Gegensatz zu anderen der «klassischen» Weltliteratur zugerechneten Dichtern wie Dante, Shakespeare oder Corneille konnte Goethe bereits zu Lebzeiten an seinem Denkmal arbeiten. Er hat sein Werk so ausführlich kommentiert wie kein anderer. Eine Dokumentation «Goethe über seine Dichtungen» umfaßt neun Bände! Die Gesamtleistung seines langen Lebens prägte nicht nur den «klassischen Dichter», sondern auch das Bild des «klassischen Menschen». In der Sorge oder besser in der Vorsorge um dieses «Bild» hatte Goethe zum Beispiel auch keine Scheu, einige seiner Briefe noch nach Jahrzehnten von den Adressaten zurückzufordern. So wie er Freunde und Kollegen im Hinblick auf seinen Nachruhm zu beeinflussen versuchte, residierte er auch als Autokrat an «seinem» Weimarer Hoftheater. Er war Theaterleiter und -kritiker in einer Person. Der damals vielgespielte Dramatiker August von Kotzebue beschreibt das Verhältnis des Prinzipals zu seinem Publikum an einem bezeichnenden Beispiel. Im Parkett des Weimarer Theaters habe Goethe sich einen thronähnlichen Sessel errichten lassen, von dem aus er den Applaus der Zuschauer durch Handzeichen zu kommandieren pflegte. Und man ließ sich kommandieren.

Das Goethe-Bild der Deutschen spiegelt in vielen Aspekten das Goethe-Bild Goethes. Getragen vom sicheren Bewußtsein der eigenen historischen Größe, konzipierte Goethe seine autobiographischen Werke als Anleitung für die zu erwartende Flut von Biographien. Die ersten biographischen Publikationen, wie die Eckermannschen Gespräche, Zelters Briefwechsel oder Riemers «Mittheilungen», hatte er noch selbst beeinflußt und für den Druck vorbereitet. Karl Robert Mandelkow hat in seiner zweibändigen «Rezeptionsgeschichte eines Klassikers» darauf hingewiesen, daß Goethes Tod «nur sehr bedingt als ein Einschnitt in der Geschichte seiner Rezeption bezeichnet» werden könne. In seinem Testament hatte Goethe den engeren Kreis der «Weimarischen Kunstfreunde», den Vertrauten Johann Peter Eckermann, Kanzler Friedrich von Müller sowie den Philologen Friedrich Wilhelm Riemer zu Verwaltern seines handschriftlichen Nachlasses bestimmt, um die «Ausgabe letzter Hand» von 1830 ergänzen zu lassen. Als erster Nachlaßband erschien die Veröffentlichung von «Faust II».

Der von den «Weimarischen Kunstfreunden» unmittelbar nach Goethes Tod gegründete «Goethe-Verein» war die Keimzelle des organisierten Erinnerungskultes. Riemer notierte im Juni 1833 in seinem Tagebuch: «Wir Deutschen feiern in Goethe eigentlich unsere Verklärung und Glorifikation. Das ist die Blüte und Frucht des deutschen Wesens bis jetzt.» Dann kam die hohe Zeit der Germanistikprofessoren, die die Erschließung und Verbreitung des Goetheschen Werkes zu ihrer Lebensaufgabe machten. Allein in der Zeit von 1868 bis 1874 erschienen siebenundzwanzig Ausgaben von Goethes Gesammelten Werken. Am 21. Juni 1885 schließlich konstituierte sich die «Goethe-Gesellschaft in Weimar», die den Kultbetrieb zu einem beispiellosen Netzwerk ausbaute und nach wenigen Monaten bereits über 1600 einflußreiche Mitglieder zählte. Die Großherzogin Sophie von Sachsen-Weimar übergab der Gesellschaft treuhänderisch den Goethe-Nachlaß, und der Literaturprofessor Erich Schmidt verließ seinen Wiener Lehrstuhl, um sich als Archivdirektor und Publikationsmanager zur Verfügung zu stellen. Erster Präsident wurde der Jurist und frühere Vorsitzende der Frankfurter Nationalversammlung, Eduard von Simson, und den Ehrenvorsitz übernahm der Großherzog Carl Alexander von Sachsen-Weimar. Die im Jahresbericht von 1890 veröffentlichte Mitgliederliste wurde von über dreißig Repräsentanten und Repräsentantinnen des europäischen Hochadels angeführt. An der Spitze der Rangordnung standen: Seine K. u. K. Majestät Wilhelm II., Deutscher Kaiser und König von Preußen, Ihre K. u. K. Majestät Auguste Victoria, Deutsche Kaiserin und Königin von Preußen, Seine K. u. K. Majestät der Kaiser von Österreich, König von Ungarn sowie Seine Majestät der König von Württemberg.

Ganz offensichtlich befriedigte die Gründung der Goethe-Gesellschaft in erster Linie ein dringendes Bedürfnis der gebildeten Schichten des Bürgertums. Wolfgang Leppmann hat den typischen Goethe-Leser jener Zeit als einen «Mann in reifen Jahren mit vielen bürgerlichen und beruflichen Pflichten» identifiziert und ihn dem «lokal und national tonangebenden» Milieu zugerechnet. Neben der adeligen Repräsentanz gehörten zu den Mitgliedern der Goethe-Gesellschaft vor allem Bildungsbeamte wie Lehrer und Professoren, aber auch Juristen, Politiker (darunter die Oberbürgermeister wichtiger Großstädte), Chefredakteure und Industrielle. Die Jahrbücher der Gesellschaft führten Erhebungen über die soziale Zusammensetzung ihrer Mitglieder durch und veröffentlichten entsprechende Statistiken. Im Jahre 1886 gaben 34 Prozent der Mitglieder als Berufsbezeichnung «Lehrer» an, 17,2 Prozent definierten sich als «Geschäftsleute», 13,2 Prozent als «Juristen», 9,8 Prozent waren «Regierungsbeamte», und mit 2,8 Prozent rangierte das «Militär» noch vor den «Journalisten» und den «Geistlichen» (jeweils 1,8 Prozent). Interessanterweise sank die Zahl der Lehrer bis 1926 auf 22,9 Prozent, die der «Geschäftsleute» stieg auf 28,4 Prozent an. Während sich 1926 hinter der Rubrik «Geschäftsleute» vor allem einflußreiche Repräsentanten von Industrie und Handel verbargen (auch die Namen Krupp, Stinnes, Borsig, Siemens gehörten dazu), zählte die Statistik unter den 5192 Mitgliedern nur drei Arbeiter beziehungsweise Handwerker und zwei Gewerkschaftsfunktionäre.

Insgesamt gesehen, liefert die Mitgliederstatistik der Goethe-Gesellschaft aufschlußreiche Indizien für Struktur und Kontinuität der deutschen Bildungselite. Ein merkwürdiges Element der Kontinuität besteht auch darin, daß der Verleger Anton Kippenberg ohne Zäsur von 1938 bis 1950 das Präsidentenamt der Gesellschaft ausübte.

Wie der «faustische» Mythos war auch der Goethe-Kult eng mit nationalen und säkularen Hochstimmungen verbunden, was gewissermaßen auf eine zyklische Gesetzmäßigkeit schließen läßt. Stimmungsbarometer dieser unterschiedlichen Entwicklungsstufen ist das Goethe-Jahrbuch, dessen Herausgabe zu einem der Hauptanliegen der Gesellschaft wurde. Der Gründungsaufruf des Jahres 1885 «An alle Verehrer Goethes» signalisierte Hochstimmung. Da heißt es, daß «der Zeitpunkt für eine solche Vereinigung nicht bloß günstig, sondern auffordernd» sei. Und: «Mit dem neuen deutschen Reich ist die Zeit einer großen nationalen und politischen Denkart gekommen, für welche jene Vorurtheile und Befangenheiten nicht mehr sind, die in den vergangenen Jahrzehnten die richtige Erkenntniß und Würdigung Goethes bei vielen gehemmt haben. Ein großes nationales Reich weiß den größten seiner Dichter in vollem Werthe zu schätzen. Die Begründung und Erhaltung der politischen Größe unseres Volkes geht Hand in Hand mit der Pflege und Förderung seiner idealen Güter.»

In dieser Aufbruchstimmung stellte sich die Gesellschaft folgende programmatische Aufgaben: Sie veröffentlichte Werke von und über Goethe, erweiterte das Weimarer Archiv, betrieb Denkmalspflege (Gebäude, Straßen, Gedenktafeln, Sammlungen, Münzen etc.) und sorgte – ähnlich wie die Einrichtungen der Goethe-Institute heute – für deutsche Kulturpropaganda im Ausland. Die publizistische Hauptaufgabe bis 1919 bestand in der Vorbereitung einer großen textkritischen Goethe-Edition, der auf 133 Bände ausgelegten «Weimarer Ausgabe». Parallel dazu erhielt Erich Schmidt den Auftrag, im Insel-Verlag den sechsbändigen «Volks-Goethe», das heißt eine kartonierte Ausgabe für nur sechs Mark, herauszugeben. Der «Volks-Goethe», in den die Gesellschaft ein Viertel ihres Gesamtkapitals investiert hatte, erwies sich als ein großer wirtschaftlicher und bildungspolitischer Erfolg. Er wurde zum beliebtesten Abiturientengeschenk an deutschen Gymnasien und erlebte in überarbeiteter Form auch nach dem Zweiten Weltkrieg zahlreiche Neuauflagen. Nach Abschluß der wissenschaftlich-publizistischen Hauptaufgaben konzentrierte sich die Arbeit der Goethe-Gesellschaft auf ihren Bildungsauftrag im Sinne der kulturpolitischen Breitenwirkung. So entstand ein organisatorisches Netz von lokalen und regionalen «Filialen» zur Förderung der «Idee Goethe» (Georg Simmel). Noch 1980 wurden achtzehn ostdeutsche und fünfzehn westdeutsche Ortsvereinigungen gezählt.

Ohne die Etablierung einer «Goethe-Philologie» (so der Titel eines Essays von Wilhelm Scherer aus dem Jahre 1877 in der Zeitschrift *Im neuen Reich*) an den Universitäten wäre die Konjunktur der «Goethe-Gesellschaft» nicht denkbar gewesen. Charakteristisch für diesen philologischen Trend der Gründerjahre waren vor allem die Vorlesungen Herman Grimms. Er verkündete im Wintersemester 1874/75 seinen Berliner Studenten, daß es «von nun an» eine «Wissenschaft» geben werde, «welche Goethe heißt». Sein Name bezeichne «längst nicht mehr seine Person allein, sondern den Umfang seiner ganzen Herrschaft». Die Goethe-Philologie wurde nicht nur ein neuer Berufszweig, sondern eine akademische Lebensform. Auf Goethe ließen sich Existenzen sowohl gründen als auch verschleißen, wie die jahrzehntelange Redaktionsarbeit an der Weimarer Ausgabe von Goethes Werken, Briefen und Tagebüchern veranschaulicht. Die ursprünglich von Wilhelm Scherer, Erich Schmidt und Gustav von Loeper als Nationalunternehmen begonnene Editionsarbeit wurde auf die nächste Philologengeneration übertragen und verbrauchte dabei ganze Heerscharen von Assistenten und Mitarbeitern. «An ‹Goethes Werken› wirkte ein großer Teil der deutschen Germanistenwelt mit», heißt es in einem Bericht Rudolf Steiners über seine Archivzeit in Weimar. «Es war ein fortwährendes Kommen und Gehen von Professoren und Privatdozenten der Philologie.»

Der österreichische Dramatiker und Essayist Hermann Bahr hat den deutschen Goethe-Philologen aus dem Blickwinkel des Jahres 1921 als ein «fast erhabenes, rührendes, leicht ans Lächerliche streifendes Geschöpf mit faustischen Zügen» beschrieben: «Diese jungen Germanisten saßen im Archiv zu Weimar über Goethes Schriften, Frühling kam und ging, es wurde wieder Herbst, Nietzsche sank in Geistesnacht, der alte Kaiser starb, ihm folgte der Sohn, folgte der Enkel auf den Thron, Bismarck ging, Bismarck starb, Deutschland schwoll, stark und reich und neu, dem Deutschen ward enge, Volk zog aus, übers Meer, in die Welt, Deutschland wurde kühn und laut, ein neues Geschlecht wuchs auf, Krieg brach aus, aber jene saßen noch immer tagaus, tagein dort im Archiv zu Weimar über Goethes Schriften. Sie lasen Goethe, darin bestand ihr Leben: es hat etwas Heroisches, und es hat etwas Mönchisches, und es hat auch etwas Monomanisches zugleich.»

Innerhalb der allgemeinen Goethe-Philologie hatte sich noch einmal als Sonderbereich die «Faust-Philologie» etabliert, deren «Aufgaben und Wege» Erich Schmidt darin sah, «nach tieferer Erkenntnis» zu streben, als es im Rahmen «der landläufigen sogenannten Erläuterung» üblich war. Mit der Institutionalisierung einer offiziellen Faust-Philologie durch angesehene Universitätsprofessoren ging eine dünkelhafte Abwertung der frühen Faust-Kommentare einher. So richtete sich der Hochmut der neuen Zunft auch gegen das «amateurhaft»-engagierte Lebenswerk des gesellschaftlich isolierten Privatgelehrten Heinrich Düntzer. Das «Faustisch-Monomanische», das Hermann Bahr an der Goethe-Philologie des Kaiserreichs beobachtet hat, trug bereits deutliche Züge jener Kombination von Sendungsbewußtsein und Karrierestreben, wie sie sich in brutaler Steigerungsform bei der akademischen Elite des Nationalsozialismus wiederfindet.

Die Hymnik Spenglers auf das Faustische war keinesfalls ein «Abgesang», wie Schwerte / Schneider in bewußter Verharmlosung der Wirkungsgeschichte weismachen will. Die nationalsozialistische «Faustik» und ihre Vorläufer bedienten sich des Idealismus Schellings und der Ideologie Spenglers ebenso wie des «heroischen Nihilismus» Jüngers oder der «Wirklichkeitsreligion» Moeller van den Brucks, der aus «Faust» die Elemente der Antike und des Christentums strich, um allein einen germanisch-gotischen Aufbruchswillen herauszudestillieren, ein Hohelied auf den nordischen Tatmenschen. Die nationalsozialistischen Ideologen stützten sich nicht nur auf das «faustische» Erbe des 19. Jahrhunderts, sie fügten ihm auch – im Gegensatz zu der Behauptung Schwerte / Schneiders – «neue Nuancen» hinzu, so vor allem in der Auslegung des Mephisto-Wortes

«Blut ist ein ganz besonderer Saft». Hans Severus Ziegler, der Generalintendant des Deutschen Nationaltheaters in Weimar und Hitler-Intimus, verklärte diesen Blutvers 1935 zur «elementaren Wahrheit», auf der sich «heute neue Erkenntnisse auftürmen». Und der Germanist Johannes Bertram erläuterte 1939 den aktuellen «Zusammenhang des menschlichen Willenswesens, der innersten willensfähigen Entelechie mit der Blutsubstanz».

Zum zentralen Ort für Forschung und Lehre der NS-Faustik wurde der Leipziger Lehrstuhl von Hermann August Korff. In seiner Schrift «Faustischer Glaube» (1938) betrachtete Korff Goethes «Faust» als «modernen Gegenentwurf» zur christlichen «Bibel und ihrem Glauben». Vor allem sein Standardwerk «Geist der Goethezeit» wirkte über die NS-Zeit hinaus und beeinflußte die Literaturwissenschaft und Faust-Interpretation nach 1945 in West- und Ostdeutschland erheblich. Als wichtige Vermittlungsinstanz fungierte dabei Benno von Wieses Tragödienbuch (1948). Auffällig ist auch, daß von den drei großen Faust-Interpretationen (Erich Trunz, Wilhelm Emrich und Dorothea Lohmeyer / Höltscher), die bis heute als grundlegende Standardwerke gelten und immer wieder neue Auflagen erleben, zwei schon im Dritten Reich erschienen: Dorothea Lohmeyer / Höltschers «Faust und die Welt» (1940) und Wilhelm Emrichs Habilitationsschrift «Die Symbolik von Faust II» (1943).

Die Geschichte des Goethe-Kults ist – bis 1933 – auch ein Teil der widersprüchlichen Geschichte des deutsch-jüdischen Bildungsbürgertums. Die ersten Formen dieses Kultes zeigten sich noch zu Lebzeiten Goethes in den Verehrungsritualen Berliner Salondamen wie Rahel Varnhagen, Henriette Herz oder Dorothea Veit, der Tochter von

Moses Mendelssohn. Vor allem Rahel Varnhagen hat in ihren Briefen anschaulich beschrieben, wie das Medium Goethe – über ein allgemeines Bildungserlebnis hinaus – für sie als Frau und Jüdin Möglichkeiten der Emanzipation versprach. Bis 1848 hatte kaum ein Staat des Deutschen Bundes die volle gesetzlich verankerte Emanzipation der Juden verwirklicht. Hardenbergs Formel «Gleiche Pflichten – gleiche Rechte» wurde selbst im Revolutionsjahr in den meisten deutschen Staaten nicht auf die Juden angewandt.

Goethes Zeitalter hatte mit der widersprüchlichen Haskala-Bewegung Mendelssohns begonnen und mit der bereits wieder zurückgenommenen Napoleonischen Reform geendet. Mit der Reichsgründung und der Pro-forma-Gleichstellung der deutschen Juden als Staatsbürger mehrten sich die Freiräume für individuelle Aktivitäten, zugleich wuchs aber auch der organisierte Antisemitismus. Die Mehrzahl der deutschen Juden versuchte, unauffällig im Strom der deutschen Kultur zu schwimmen, konventionell, konservativ und patriotisch. Die Kultur war einer der wenigen Bereiche, wo sie, ohne einer studentischen Verbindung angehört zu haben und ohne Reserveoffizier zu sein, Karriere machen konnten. So erklärt sich auch die herausragende Stellung einzelner Juden innerhalb der neuen literarischen Nationalpädagogik. Bereits 1866 veröffentlichte Michael Bernays, Sohn des Hamburger Oberrabbiners Issac Bernays, seine Schrift «Über Kritik und Geschichte des Goetheschen Textes», die als Wegbereiterin der «modernen» Goethe-Philologie gilt. Nach der Reichsgründung wurde Bernays auf den ersten Münchner Lehrstuhl für deutsche Literatur (1872) berufen. Und Ludwig Geiger, der Sohn des berühmten Repräsentanten des Reformjudentums Abraham Geiger, hat das Goethe-Jahrbuch begründet und über dreißig Jahre als Herausgeber betreut. Auch der erste Präsident der Goethe-Gesellschaft, Eduard von Simson, stammte aus einer jüdischen Familie. Zu erwähnen wären hier auch die jüdischen Goethe-Biographen, neben Ludwig Geiger vor allem Richard Moritz Meyer (1895), Albert Bielschowsky (1895), Georg Witkowsky (1899), Eduard Engel (1909), Georg Simmel (1913), Friedrich Gundolf (1916) und Emil Ludwig (1920). Fast alle haben es auf hohe Auflagen gebracht, Bielschowsky bis 1922 auf zweiundvierzig und Emil Ludwig von 1920 bis 1930 auf vierunddreißig. Bielschowskys zweibändige Ausgabe «Goethe. Sein Leben und Werk» war besonders populär gestaltet, eignete sich gut als Familiengeschenk zu Konfirmation oder Bar-Mizwa-Feier und bildete über Jahrzehnte hinweg – mit repräsentativem Goldschnitt versehen – das Zierstück in den Hausbibliotheken des Bildungsbürgertums.

Die Frage nach den besonderen Gründen der deutsch-jüdischen Goethe-Verehrung, die zum Teil ja über das Jahr 1933 hinausging, ist oft diskutiert worden. Erich von Kahler sah darin eine angestrengte Bedürfniserfüllung, das «Vorwegnehmenwollen der Gleichberechtigung», belastet «mit den ungleichen Gewichten von Jahrhunderten». Auf jeden Fall bedeutete die «Goethe-Pflege» für deutsche Juden mehr als erzwungenes Ausweichen und demonstrative nationale Pflichterfüllung. Selbst der marxistische Philosoph und Kulturkritiker Walter Benjamin war davon überzeugt, «daß Goethe – jedenfalls im Alter – ein ganz reiner Mensch gewesen ist, dem keine Lüge über die Lippen und in die Feder gekommen ist».

Bei dem Biographen Friedrich Gundolf wird deutlich, daß innerhalb der jüdischen Klassikerverehrung Goethe gegenüber Schiller bewußt als Autor einer Elite bevorzugt wird. Diese Haltung entsprach dem Glauben an die Wesensverwandtschaft von Juden und Deutschen als zwei «auserwählten» Völkern. Goethe hat gewissermaßen ein «faustisches Verhältnis» zwischen Juden und Deutschen konstituiert. «Goethe und das Alte Testament», «Faust und Hiob» oder «Faust und Moses» waren beliebte Themen jüdischer Autoren bis weit in unser Jahrhundert. Bereits 1865 hatte Max Letteris in Wien eine hebräische Fassung des «Faust» erarbeitet – und 1882, an Goethes 50. Todestag, referierte auch der hessische Landesrabbiner Julius Landsberger über «Faust und Hiob». 50 Jahre später, im März 1932, erklärte der Rabbiner Dr. Adolf Kober in der Kölner liberalen Synagogengemeinde: «Das Judentum huldigt dem Manne, dessen höchster Ruhmestitel war: ‹Denn ich bin ein Mensch gewesen›, dem Dichter, der in seinem ‹Faust› jenen sittlichen Idealismus uns erschließt, der da lehrt, festen Fuß zu fassen auf realem Boden der Welt, das optimistische Glaubensbekenntnis von dem endlichen Siege des ‹Reiches Gottes auf Erden›.»

Hier dokumentiert sich beispielhaft eine jüdische Hinwendung zu Goethe und «Faust» als illusionäre Nähe zur Überlieferung der Väter. Nimmt man Goethes selbstironische Bemerkungen zur Kenntnis, so erscheint es unangebracht, im Zusammenhang mit der Hiob-Anspielung im Himmelsprolog des «Faust» von einer «Lösung» des Theodizeeproblems auszugehen. In Goethes persönlicher Haltung zu den Juden mischen sich in einer nicht leicht differenzierbaren Weise religiöse, politische und ästhetische Elemente. Er hat sich im Laufe seines Lebens in verschiedenen Situationen und Stimmungen so widersprüchlich zum Judentum geäußert, «daß es selbst bei vorsichtigster Kritik der einzelnen Zeugnisse unzulässig ist, durch Zusammenstellung aller dieser Aussprüche seinen Standpunkt zu konstruieren oder gar ihn auf Grund einer Statistik der positiven und negativen Wertungen für eine Partei in Anspruch zu nehmen» («Jüdisches Lexikon» 1927 / 29). Die Abscheu des jungen Goethe gegenüber den «sehr befremdlichen und unverständlichen Erscheinungen» des Frankfurter Ghettos wandelte sich später zu einer «Scheu vor dem Rätselhaften, vor dem Unschönen». Er selbst hat seine Haltung und seine Äußerungen zum Judentum als Ausdruck der christlichen Gesellschaft interpretiert, in der er lebte. Erst allmählich geknüpfte Bekanntschaften mit «vielen geistbegabten, feinfühligen Männern dieses Stammes» hätten ihm Hochachtung vor den Nachkommen des bibelschöpfenden Volkes abgenötigt. Eine gewisse Faszination lag für Goethe in der, wie er es nannte, «Zäheit», mit der Juden an der Tradition ihrer Väter festhielten – und in der «Poesie» der hebräischen Texte. In diesem von ihm selbst skizzierten Rahmen lassen sich seine widersprüchlichen Äußerungen, die Favorisierung Lavaters in der Kontroverse mit Moses Mendelssohn, seine Bewunderung für Spinoza oder das Interesse am Kreis um Rahel Varnhagen einordnen.

Unabhängig von den ästhetischen Neigungen des Dichters hat sich der Politiker Goethe gegenüber den Forderungen der Juden nach Gleichberechtigung in den deutschen Einzelstaaten ablehnend verhalten. Auch die in «Wilhelm Meisters Wanderjahren» enthaltene Konzeption eines Idealstaates berücksichtigt nicht die jüdischen Emanzipationsbestrebungen.

Goethes «Faust» als optimistisches Glaubensbekenntnis zum Judentum zu interpretieren, als Anleitung zum exemplarischen Menschsein und als Hoffnung auf den endlichen Sieg des Reiches Gottes auf Erden – das gehört zum Kern jener «idealistischen Selbsttäuschung» über eine deutsch-jüdische «Symbiose», vor der Gershom Scholem gewarnt hat. Nach 1945 haben jüdische Dichter in Fausts Utopien auch die Vision der Barbarei gesehen. Paul Celan spielt in seiner «Todesfuge», dem Gedicht über die Vernichtungslager, auf die Szene im fünften Akt von «Faust II» an, in der Faust vor den Kaiserpalast tritt und die Lemuren zwingt, einen Graben auszuheben, der in Wirklichkeit ein Grab ist.

Ob als Desillusion oder ungebrochener Kult – «Faust» verkörperte auch nach 1945 die «Ganzheit» des deutschen Schicksals. Die Beschäftigung mit Goethe und seinem Hauptwerk wurde vor allem für Dichter und Denker zu einer Reise in die eigene Psyche. So erklärte Hans Christoph Buch als Herausgeber des Sammelbandes «Von Goethe lernen?» (1974), «daß ich nicht über Goethe schreiben konnte, ohne gleichzeitig über mich selbst zu schreiben». Auch die Parodie, eine der beliebtesten Formen der Auseinandersetzung mit Goethe, scheint seit Friedrich Theodor Vischers «Faust»-Glosse (1862) eine Art Selbstfindung deutscher Autoren zu sein. Deutlich erkennbar ist dieser Prozeß der (Selbst-)Annäherung zum Beispiel in Peter Hacks «Gespräch im Hause Stein über den abwesenden Herrn von Goethe» (1976), in Karl Otto Conradys «Goethe was here» (1994) oder in Hans Magnus Enzensbergers Stück «Nieder mit Goethe!» (1995). Goethe ist zum generationsübergreifenden deutschen Bildungserlebnis geworden, das schon Bismarck mit Marx und Engels, Nietzsche mit Freud oder Wagner mit Thomas Mann teilte.

«Trotz Teilung und Atombombe», so prognostizierte Wolfgang Leppmann 1962, werde dieses Goethe-Erlebnis «in jenem geheimnisvollen und dynamischen Spiel der Wirkung, Rückwirkung und Weiterwirkung» fortdauern.

Er hat recht behalten. In Zukunft fallen die Feiern zu geraden Jahrestagen der wiedergewonnenen Einheit Deutschlands immer mit Goethes Geburtsjubiläen zusammen – ein wahrhaft geheimnisvolles und symbolisches Gemeinschaftserlebnis.

Das Drama in der Schule

W*er mag wohl überhaupt jetzt eine Schrift / Von mäßig klugem Inhalt lesen! / Und was das liebe junge Volk betrifft / Das ist noch nie so naseweis gewesen.»*

Diese Verse aus der Tragödie erster Teil scheinen Goethes Befürchtung widerzuspiegeln, daß sein Werk nur ungenügend im Schulunterricht behandelt werde. Über den genauen Anteil der Goethe-Lektüre im Literaturkanon der deutschen Schulen im Zeitalter von Aufklärung, Klassik und Romantik lassen sich nur ungenaue Angaben machen. Generell gehörte die Literaturbetrachtung noch bis weit ins 19. Jahrhundert nicht zur Hauptaufgabe des Deutschunterrichts. Im Mittelpunkt der damaligen pädagogischen Anstrengungen stand die Vermittlung von Fähigkeiten in Rechtschreibung, Briefstil, Deklamation, Aufsatz und Handschrift. Die Literaturbetrachtung reduzierte sich auf antike Autoren und die gelegentliche Lesung Klopstockscher Oden. In Bayern allerdings, so informiert das «Allgemeine Normativ der Einrichtung der öffentlichen Unterrichtsanstalten», gehörte bereits 1808 eine Lyrikauswahl von Goethe, Schiller und Herder zur Pflichtlektüre. Aufschlußreich ist Wolfgang Leppmanns detaillierte Untersuchung der Lehrpläne des 1602 begründeten Berliner Gymnasiums Zum Grauen Kloster. An dieser ehrwürdigen Schule, an der der Turnvater Jahn Unterricht gab und zu deren Schülern so prominente Persönlichkeiten wie Bismarck, Wilhelm Dilthey und Eduard Spranger gehörten, wurde 1734 der Deutschunterricht erstmals in Preußen eingeführt. Goethe sicherte sich zwischen 1840 und 1860 einen festen Platz in den Lehrplänen. Auffallend ist, daß er im Gegensatz zu Schiller von Anfang an nur in den oberen Klassen («Faust» ausschließlich in der Oberprima) gelesen wurde.

Ein nationalpädagogisches Bild von Goethe und der «klassischen» deutschen Literatur entwickelte sich erst im Wilhelminischen Kaiserreich. Imperiales Sendungsbewußtsein verlangte nach ideeller Verbrämung. Kaiser Wilhelm II. hat 1890 die erwünschte politische Funktion des Deutschunterrichts in einer Ansprache vor Gymnasiallehrern höchstpersönlich formuliert. Es käme darauf an, so der Kaiser, nach der Reichseinheit in den Schulen an der Festigung der «nationalen Basis» zu arbeiten. «Wir müssen als Grundlage für das Gymnasium das Deutsche nehmen; wir sollen nationale junge Deutsche erziehen und nicht junge Griechen und Römer. Wir müssen von der Basis abgehen, die jahrhundertelang bestanden hat, von der alten klösterlichen Erziehung des Mittelalters, wo das Lateinische maßgebend war und ein bißchen Griechisch dazu. Das ist nicht mehr maßgebend, wir müssen das Deutsche zur Basis machen. Der deutsche Aufsatz muß der Mittelpunkt sein, um den sich alles dreht.» Pädagogische Handreichungen gaben den Lehrern Anweisungen, wie grobe Zitatbrocken aus dem Steinbruch der Klassik zu handlichen ideologischen Bausteinen umzuformen waren. Nach Auffassung des Erziehungswissenschaftlers Hans-Jochen Gamm sind «im deutschen Gymnasium des 19. und 20. Jahrhunderts die goetheschen Lebensinhalte zu Bildungsinhalten umgedacht» worden und haben «jenes Bildungsbürgertum hervorzubringen erlaubt», das Goethe in ein «transportables Heiligenbild» verwandelt hat.

Nach der Jahrhundertwende nahm die «deutschkundliche Bewegung» einen großen Aufschwung. Ihr Ziel war es, Geschichte, Sprach- und Literaturgeschichte, Soziologie, Philosophie und auch Naturwissenschaften (wie die Entwicklung zur «Rassenkunde» belegt) für den Schulgebrauch so zu akzentuieren, daß die spezifisch deutschen Beiträge herausgestellt wurden. Der 1913 gegründete «Deutsche Germanisten-Verband» (seit 1920 «Gesellschaft für deutsche Bildung») engagierte sich erfolgreich für das Programm einer «Deutschen Oberschule». Das Klima war günstig, um Goethe unter Berufung auf Kulturkritiker wie Nietzsche, Lagarde oder Langbehn zu einem nationaldeutschen Schulklassiker zu erheben. Diese Tendenz hatte, wie Leppmann schreibt, «nicht nur eine Werkverlagerung, sondern auch eine ‹Altersverlagerung› des Schulgoethe zur Folge». Der greise «Olympier» wurde zum Favoriten des Oberstufenunterrichts, und innerhalb des Goethe-Gesamtkanons rückte «Faust» auf der «Rangliste» weit nach oben.

Doch der graue Alltag der Schulpraxis war nicht so flexibel wie die neuen didaktischen Theorien. Heinrich Mann, der bis 1889 das Lübecker Gymnasium besucht hatte, schildert im «Professor Unrat» seine schrecklichen Erfahrungen mit einer klassischen deutschen Tragödie, die «seit dreiviertel Jahren» eine Schülerqual war: «Den Sitzengebliebenen war sie sogar schon aus dem Vorjahr geläufig. Man hatte sie vor- und rückwärts gelesen, Szenen auswendig gelernt, geschichtliche Erläuterungen geliefert, Poetik an ihr getrieben und Grammatik, ihre Verse in Prosa übertragen und die Prosa zurück in Verse. Für alle, die beim ersten Lesen Schmelz und Schimmer auf diesen Versen gespürt hatten, waren sie längst erblindet. Man unterschied in der verstimmten Leier, die täglich wieder einsetzte, keine Melodie mehr.»

Die faustische Melodie der deutschkundlichen Bewegung jedoch wurde immer schriller. Das Bildungsideal der «Deutschen Oberschule» hatte weniger die Formung des Schüler-Intellekts im Sinn als die Förderung einer «völkischen» Gesamtpersönlichkeit. Mit dem großen Strom des Allgemeinen und Volkhaften gerieten auch Goethe und sein «gotischer» Faust unvermittelt in das braune Fahrwasser. Oberstudienräte wie Karl Gabler produzierten Interpretationshilfen, die sich auf dem Niveau der plattesten Goethe-Faust-Hitler-Analogie bewegten.

«Faust II» gewann nach 1933 gegenüber «Faust I» im Unterrichtsplan an Bedeutung,weil darin der Gedanke der nationalsozialistischen «Volksgemeinschaft» besser ausgedrückt schien. Ein anschauliches Beispiel für diese Tendenz ist ein Abituraufsatz zur «faustischen Lebenserfüllung», der 1941 am Staatlichen Hohenzollerngymnasium Düsseldorf mit «sehr gut» benotet wurde. Darin heißt es: «In ihrer Entwicklung soll uns die Entscheidung Fausts (für die Gemeinschaftsunterstützung des Kaisers gegen seine Gegner) Vorbild sein, denn sie ist die deutsche Entscheidung, wie auch Fausts Leben ein deutsches Leben ist: in stetem Streben und Kämpfen den rechten Weg zu suchen und ihn dann zu beschreiten, den Weg, der das Schicksal des einzelnen Menschen unter das Schicksal des Volkes stellt. Faust und Goethes Antwort auf diese Frage nach unserem Lebenszweck ist die Antwort, die alle großen Dichter auf diese Frage gegeben haben. Die Erkenntnis, daß der Sinn unseres Lebens die Arbeit für die Gemeinschaft ist, besitzen wir heute wieder und sind in unseren Tagen dabei, ihr durch unseren Kampf zum Siege zu verhelfen.»

Das Fach «Deutsch» rettete seinen traditionellen Literaturkanon und seinen Deutungsanspruch auch in die Nachkriegszeit hinüber. Die Gründung zweier deutscher Staaten und die Dezentralisierung des Schulsystems im Westen brachten nach 1945 zwar formale Veränderungen, aber kaum inhaltliche Erneuerungen. In den fünfziger Jahren war der Deutschunterricht als Gesinnungsfach wieder fest etabliert. Die klassischen Dichtungen wurden wie eh und je als Offenbarungen überzeitlicher Werte, als Anweisungen zum Leben beziehungsweise als «Lebenshilfe» (Robert Ulshöfer) vermittelt. So bestimmten beispielsweise die «Lehrplanrichtlinien für die Gymnasien Schleswig Holsteins» von 1955, daß «Faust I» in der Oberprima «vollständig zu lesen» sei, «von ‹Faust II› mindestens ein Durchblick» gegeben werden müsse. Die Behandlung Goethes sollte zeigen, «wie sein Dichtwerk dem Kunstwerk des Lebens entspricht. Daß dieser Mensch den Abgrund von Welt und Zeit kannte, daß er gegen ihn die einfachen Kräfte der Arbeit und Redlichkeit, der Freude und Liebe beschwor, die zur ruhigen Frömmigkeit wurde, das sollen die jungen Menschen, deren geistige Führung uns anvertraut ist, wenigstens in Ahnung und Ehrfurcht erfaßt haben, wenn sie uns verlassen.» Goethes Werke sollten «die Dinge und Verhältnisse der realen Welt in den Ursprung und in die Ordnung» zurückbringen und «die Realität der Welt zugunsten einer höheren Wirklichkeit» überwinden. «Hinter den Worten des Gedichts klingt das Urwort auf, das den Ursinn in sich birgt» (Paul Nentwig). Und 1959 hieß es in Erika Essens «Methodik des Deutschunterrichts», den Schülern sei zu vermitteln, «daß wahre Dichtung unhistorisch» sei. Man wollte mit Emil Staiger «ergreifen, was uns ergreift».

Bis in die sechziger Jahre hinein wurden in praktischen

Handreichungen die (Schul-)«Wege zu Faust» in nationalpädagogischer Tradition als weihevolle Kulthandlung dargestellt: «Findet sich der ‹Faust›-Interpret in der Lage, daß er glauben darf, das Werk zu eigen zu haben, dann erst tritt er als Lehrer vor seine eigentliche Aufgabe: es jungen Menschen zu vermitteln (...) Der Lehrer muß mehr geben, als was seines Amtes ist oder wie er bezahlt wird (...) Nie dürfen die rechten Bezüge, in die Goethe seine Dichtung ordnete, verwischt werden (...) Die Behandlung des ‹Faust› bedarf weitplanender Bereitung. Lektüre und Interpretation müssen durch Jahre so aufgebaut werden, daß das Bemühen um den ‹Faust› als Ernte langen Wachstums sichtbar wird. Für das weniger Belangvolle ist neben dem ‹Faust› keine Zeit mehr; denn jetzt muß das Gespräch der Großen über Völker und Zeiten hinweg deutlich werden (...) Das Verstehen des ‹Faust› ist ein Ziel der Interpretation und des literarischen Unterrichts der höheren Schule. Seine Deutung muß ein Höhepunkt der geistigen und methodischen Leistung des Lehrers sein.»

Erst in den späten sechziger und siebziger Jahren wurde die Goethe-Betrachtung von der inhaltlich-erzieherischen Einseitigkeit weitgehend befreit. Mit geringfügiger Verzögerung fanden die modisch-neuen Tendenzen der Universitätsgermanistik, wie Literatursoziologie und Rezeptionsästhetik, schließlich auch Eingang in den Deutschunterricht. Im Übereifer einer ideologiekritischen Demontage der «Klassik-Legende» jedoch wurde der alte Kult oft durch ein neues Dogma (Stichwort «materialistische Literaturwissenschaft») abgelöst. Immerhin kam in die «verstimmte Leier» (Heinrich Mann) der Klassikerbetrachtung vorübergehend eine neue Melodie. Man konnte mit Goethe-Parodien sogar noch in den siebziger Jahren provozieren. Karl Hoches Satire auf Goethes Lebenslauf, die zugleich als Kritik am naiv-marxistischen Literaturverständnis gedacht war, führte zu einer erregten Debatte im nordrhein-westfälischen Landtag. Ein christlich-konservativer Vater und Abgeordneter hatte Anstoß daran genommen, daß man die Sozialisation des Schöpfers von «Faust» parodistisch in die Szene der Hausbesetzer und Drogenabhängigen verlegt hatte.

Auch die Einführung der sogenannten «reformierten Oberstufe» führte zu heftigen Kontroversen über die Bedeutung klassischer Dichtwerke im Deutschunterricht. Ein Leitartikel der FAZ vom 16. Januar 1979 machte für die schleichende Bedeutungsabwertung Goethes und der Klassiker in den Schulen «vor allem die Germanistikprofessoren» verantwortlich. Die berechtigte Forderung «der Eltern» sei demgegenüber, «daß die Schule zu einem Kanon und damit auch zu Wertmaßstäben und Wertaussagen zurückkehre». Wenig später zitierte die gleiche Zeitung den damaligen Bundespräsidenten Carstens mit der energischen Zustimmung «für eine breitere Berücksichtigung der deutschen Literatur und Kultur von Klassik und neunzehntem Jahrhundert» (FAZ vom 27. August 1979). Sahen die einen in der curricular vorgeschriebenen Behandlung von Gebrauchs- und Trivialtexten eine «Verflachung» der klassischen Tradition, nutzten andere die Möglichkeit, Goethe als Theaterautor für die Schule neu zu entdecken. Offensichtlich haben Deutschlehrer mit neueren «Faust»-Inszenierungen und Videoaufzeichnungen verschiedener Filmversionen bessere Erfahrungen gemacht als mit der (Re)zitierung des Reclam-Textes oder seiner Parodie. Als «transportable Heiligenbilder» wurden Goethe und «Faust» nicht mehr betrachtet. «Daß ein Abiturient den ‹Faust› kennt, ist heute die große Ausnahme», konstatierte Manfred Lauffs in seinem Essay «Lernziel Goethe» im Jahre 1982.

Immer dann jedoch, wenn in Deutschland die kulturelle Identität bedroht erscheint und damit das eingespielte Verhältnis zur Überlieferung problematisiert wird, erinnert man sich an die bewährten Seelentröster der Klassik. Auch das Jahr 1989 bedeutete eine solche Zäsur. Von der Erweiterung der deutschen Nation scheint auch das Goethe-Bewußtsein in den Schulen zu profitieren. Nach mehrjähriger Pause tauchte «Faust» zum Beispiel in Bayern 1991 wieder als zentral gestelltes Abiturprüfungsthema auf. Und in den bei Deutschlehrern sehr geschätzten Oldenbourg-Interpretationen erscheinen seit 1993 «Unterrichtshilfen», die an die fast verschüttete Glaubenstradition erinnern, daß Goethes Faust «zu Recht das Nationalheiligtum der deutschen Literatur» sei. Der Autor Ralf Sudau versäumt auch nicht, die Gretchenfrage zu stellen: «Was geht heutige Schüler der ‹Faust› an?» In seiner Antwort («didaktische Hinweise») reaktiviert er nicht nur das traditionelle Interpretationsmuster von «ganzheitlicher Erfassung des Menschenlebens und der Weltläufte», sondern betont vor allem die «ungebrochen» aktuellen Momente der Dichtung: «Urbild jugendlichen Aufbegehrens», «Unbehagen an den Grenzen technokratischen Fortschritts» und «der Magie vergleichbare – gefährdete Kompensationen des Ungenügens an traditionellen oder mangelnden Sinnstiftungsmöglichkeiten».

In den DDR-Schulen ist die Rezeptionsverordnung kontinuierlicher verlaufen als im Westen. Goethes «Faust» scheint dort von der Anfangszeit bis zur «Wende» des Jahres 1989 privilegiertes Objekt der «Aneignung des klassischen Erbes» geblieben zu sein. Daß dieser einseitige Aneignungsversuch nicht widerspruchslos verlief, verdeutlichen zwei Zitate. Während Walter Ulbricht, unter anderem anläßlich seiner Rede zur Verleihung der Ehrenbürgerschaft von Leipzig (Juli 1958), behauptete, «daß das Kommunistische Manifest von Karl Marx und der Faust von Goethe die Lieblingswerke der Sozialisten» seien, drückte ein Lehrling aus dem VEB Weimar Kombinat 1971 sein Mißfallen über die politische Instrumentalisierung der Literatur aus: «Wir mußten in jedem klassischen Werk einen revolutionären Kern suchen, so zum Beispiel in dem Goethe-Gedicht ... Gefühlswerte gingen meist verloren.»

Da die DDR-Kulturwissenschaften in besonderem Maße als Medien der totalitären Ideologieproduktion und des Affirmationszwanges fungierten, hat es wenig Sinn, die Entwicklung des «Faust»-Bildes in der Schule isoliert zu betrachten. Nicht Lessings Fragment, Heines «Mephistophela» oder Thomas Manns «Doktor Faustus» standen zur Debatte, sondern ausschließlich das Faust-Motiv von Goethe. Trotz ideologischer Debatten, Schwankungen und gelegentlicher Differenzierungsversuche blieb ein affirmativer Goethe- und Faust-«Zentrismus» in allen Kultur- und Bildungsbereichen der DDR bis zu ihrem unrühmlichen Ende unerschüttert.

Das westöstliche Schuldrama Goethe war janusköpfig. Auch hinter scheinbar aufgelockerten Unterrichts-Kontrastpaarungen wie «Faust und Max Frischs ‹homo faber›» (West) oder «Faust und Brechts ‹Leben des Galilei›» (Ost) verschwand nicht die Verabsolutierung von Goethes Weltbild und Dichtungsbegriff. Das in Deutschland überkommene Verhältnis von Goethe, Faust und Klassik «ist», so Hans-Jochen Gamm, «ein Resultat aus Interpretationen, man darf sogar sagen, ein pädagogisches Produkt, noch genauer: die Folge gymnasialer Lehrpläne».

Das «Faustische» als «pädagogisches Produkt» deutscher Gesellschaft und Geschichte war allerdings mehr als eine Folge von gymnasialen Lehrplänen. Heinrich Mann hat in seinem Roman «Der Untertan» eine anschauliche Triebmodellierung des deutschen Mannes skizziert, die typisch für den Verlauf autoritärer Sozialisationsprozesse ist. Kindheit und Jugend des Romanhelden entwickeln sich unter repressiven gesellschaftlichen Bedingungen und gehen bruchlos über in die Männerbünde Korporation und Militär. Die Angst vor einer bedrohlichen Sexualität erzieht den «Untertan» zu einer aggressiven Frauenverachtung. Mit seiner literarischen Darstellung der ödipalen Konfliktsituation brach Heinrich Mann mit Sexualtabu und Ordnungsdenken des patriarchalischen Zeitalters. In dieser Radikalität hatte das vor ihm nur Heine gewagt, als er seine dämonisch-sensualistische Mephistophela dem deutsch-«maskulinen» Prinzip gegenüberstellte.

Das Faust-Mephisto-Verhältnis bei Goethe folgte demgegenüber der Tradition der «Selbsterzeugung des Mannes», einer männerbündischen Abwehrstrategie gegen das Weibliche. Faust erkennt sich auch in Mephistos Neigungen wieder. Die bereits referierte Auffassung von Kurt R. Eissler ist, daß Goethe das «Ewig-Weibliche» im Manne als sublimierte Triebstruktur und treibende Kraft für große Leistungen aufgefaßt wissen wollte. Ein solches Rollenbild paßte in das pädagogische Konzept des Wilhelminismus und in die totalitäre Ideologie. Die braune Germanistik fand auch für Fausts Erlösung eine rassisch-maskuline Erklärung: «Gott bestätigt das Wesen des arischen Mannes, sein dauerndes Streben mit seinen Erfolgen und seinen inneren Gefahren» (Kurt Hildebrandt, 1941). Mit Heines Frauenpakt hingegen gab es kein Erbarmen. Zwar sang noch im Jahre 1901 ein deutscher «Männerchor», das heißt eine steife Versammlung strenger Herren im Frack und mit Zylinderhüten, an seinem Grab in Paris das «Lorelei»-Lied, doch die schöne Teufelin des Tanzpoems war für deutsche Männer zu bedrohlich.

Der NS-Hochschulpolitiker Alfred Baeumler verknüpfte in seiner Schrift «Männerbund und Wissenschaft» (1934) die «magische, niederwerfende Kraft» des weiblichen Systems mit Heines «romanischer Urbanität». Wer sich «eine Vorstellung» von diesem «urbanen Lebenszustand» machen wolle, so Baeumler, «der lese Heinrich Heines Briefe aus Paris». Die «entgegengesetzte Lebensform» zu Heines weiblichem «Gefühlsuntergrund der materiellen Kultur» sei «die des Mannes». Nicht «die Wirtschaft und der Genuß» stünden hier im Mittelpunkt, «sondern der Staat und die Arbeit». Der Männerbund wird als ein «Freundschaftsverhältnis» definiert, das im Widerspruch zur «erotischen Beziehung» steht – «denn das Freundschaftsverhältnis hat eine Beziehung zum Staate, das erotische nicht». Wenn Baeumler von «Staat» spricht, meint er das totalitäre System. Demokratie ist ihm zu erotisch und wird mit «Weiberherrschaft» gleichgesetzt.

Mit dieser Ideologie knüpft Baeumler unmittelbar an den Bremer Völkerkundler Heinrich Schurtz an, der bereits 1902 die Idee der «Männerbünde» begründet und verbreitet hatte. In seinem Buch «Altersklassen und Männerbünde» widersprach er der geläufigen Vorstellung von der

Weibergemeinschaft als frühester Gesellschaftsform und setzte dem Promiskuitätsgedanken seine Idee der konsequenten Geschlechtertrennung entgegen. Das Weib, so Schurtz, werde von der «Geschlechtsliebe» und dem «Familiengefühl» bestimmt, während der Mann sich «mit seinesgleichen» durch den «reinen Geselligkeitstrieb» verbinde. Dieser Geselligkeitstrieb weise die Männerbünde als die eigentlichen Träger der «höheren» gesellschaftlichen Entwicklung aus.

Ein Jahrzehnt später führte Hans Blüher den Begriff des «Männerbundes» in die Ideologie der bürgerlichen Jugendbewegung ein. Im Gegensatz zu Schurtz klammerte er aber den Bereich von Sexualität und Erotik nicht aus. Blüher vertrat die These von einer besonderen Bedeutung der zur Homoerotik «sublimierten» Sexualität für den bündischen Charakter der Wandervogelbewegung. Die Anhänger einer solchen «Jünglingsbund»-Ideologie mußten zwangsläufig in einer deutschen Kulturöffentlichkeit, die eine «mannmännliche» Beziehung als abartig und politisch schädlich verurteilte, in die Isolation geraten. Der Ausbruch des Ersten Weltkriegs veränderte jedoch die Situation. Mit seiner Schrift «Führer und Volk in der Jugendbewegung» (1917) rückte nun auch Blüher soldatische Tugenden wie Herrschaft, Autorität und «deutsche Gefolgschaft» in den Mittelpunkt und war damit ideologisch auf der Höhe der Zeit.

Das Verhältnis von «Führer» und «Gefolgschaft» erhielt eine religiöse Verbrämung. Jesus und seine Jünger wurden zum Vorbild der neuen männerbündischen Opferethik erklärt. Die Willensbildung des Individuums mußte der Ekstase der Gemeinschaft weichen. Besonders feinsinnige Ästheten stilisierten den Krieg zum männlichen Tanz über Gräben und Gräbern. Selbst Ernst Toller, der sich später zu einem militanten Gegner des Militarismus entwickelte (die bayerische Polizei fahndete 1919 wegen «Hochverrats» nach ihm und hatte 10 000 Mark Kopfgeld ausgesetzt), wurde im August 1914 von der Orgie der Kriegsbegeisterung mitgerissen: «Das Land kennt keine Rassen mehr, alle sprechen eine Sprache, alle verteidigen eine Mutter Deutschland.» Und im April 1915 schrieb ein deutscher Student von der Front: «Luther, Bismarck, Dürer, Goethe – ein ganzer Sternenhimmel leuchtet in uns.» Als Folge des Kriegstaumels bekam die männerbündische Pflichtauffassung einen neuen Inhalt. Sie bedeutete mehr als nur die Verteidigung des Vaterlandes, mehr als die traditionelle Auffassung vom Dienen – sie wurde als persönliche Inspiration und Initiative empfunden. Geschichte, Poesie, Traum und der individuelle Augenblick, alles das verdichtete sich zu einer rauschhaften Gemeinschaftsempfindung.

Eine extreme Form von soldatischer Ekstase äußerte sich in Ernst Jüngers «Stahlgewittern». Jünger fordert darin «die totale Mobilmachung» und sieht in den Materialschlachten, die ihn an den «präzisen» Rhythmus «einer mit Blut gespeisten Turbine» erinnern, die Geburtsstunde eines kultischen Männerbundes von Arbeiter und Krieger. Die Idee vom Stellungskrieg als erotische Ballettchoreographie beflügelte Männer- und Künstlerphantasien. Die Soldaten des deutschen Kaiserreichs kämpften nicht nur für eine völkische Zukunft, sondern ebenso für eine mythische Kultur der Moderne.

Musterbeispiel dafür, wie Legenden über die Geschichte siegten, war die Verherrlichung der Schlacht von Langemarck. Der gescheiterte Versuch junger deutscher Soldaten – die zwar Goethes «Faust» im Tornister trugen, ansonsten aber schlecht ausgebildet und ausgerüstet waren –, im Herbst

1914 einige Stellungen in der Nähe des westflandrischen Ypern zu erobern, wurde nachträglich in eine Heldensaga umgedeutet. Die nach dem Krieg von nationalistischen Studentenorganisationen jährlich veranstalteten Feiern zum «Langemarcktag» sollten gegenüber den «dekadent-weibischen» Tendenzen der Weimarer Republik ein leuchtendes Fanal deutscher Männerehre und völkischer Größe setzen. Bertolt Brechts Gedicht «Legende vom toten Soldaten» ist eine zynisch-groteske Gegendarstellung. Ein Soldat, der bereits den «Heldentod» starb, wird wieder ausgegraben und erneut in die Schlacht geschickt: «Voran die Musik mit Tschindrara / Spielt einen flotten Marsch. / Und der Soldat, so wie er's gelernt / Schmeißt seine Beine vom Arsch.» Die Fiktion von der Schützengrabenkameradschaft über den Tod hinaus, als einer ekstatischen Vereinigung der Lebenden mit den Toten, wird später auch zur SA-Ideologie im Horst-Wessel-Lied: «Kameraden, die Rotfront und Reaktion erschossen, marschiern im Geist in unsern Reihen mit.»

In der Wilhelminischen Epoche existierten zwei konträre männergesellschaftliche Strukturen konkurrierend nebeneinander: auf der einen Seite das offizielle patriarchalische Modell, das offene und latente Homosexualität diskreditierte; auf der anderen Seite der Männerbund mit eindeutig homoerotischen Tendenzen. Nicolaus Sombart hat in seinem Buch über Carl Schmitt («Die deutschen Männer und ihre Feinde») darauf aufmerksam gemacht, daß der besondere Repressionscharakter dieser preußisch-deutschen Parallelstruktur im Gegensatz zu allen anderen europäischen Gesellschaften stand. «Das Absurde dieses Kampfes» sieht er darin, «daß die ‹weibischen› Männer mit ihren Verfolgern die profunde Angst vor dem ‹Weiblichen›, soweit es die weibliche Sexualität betraf, durchaus teilten».

Die umfangreichste Materialsammlung zu diesem Thema findet sich in Klaus Theweleits «Männerphantasien» (1977 / 78). Er hat vor allem die Memoiren- und Romanliteratur von Freikorpsmännern durchforstet und ist dabei auf das männerbündische Syndrom der «Nicht-zu-Ende Geborenen» gestoßen. Gemeint sind jene Männer, die sich die Frauen vom Leibe halten, indem sie sie entweder zu Prostituierten beziehungsweise zu «roten» Flintenweibern erniedrigen oder zu «weißen», das heißt aufopfernd-geschlechtslosen Krankenschwestern und Ehefrauen erhöhen. Bewußt orientiert sich Theweleits Metaphorik an der wilhelminischen Diktion. Die Frau, oder besser «das Weib», erscheint als das Irrational-Naturhafte, Entgrenzende und Fließende, gegen das sich die kriegerischen Männer «eindämmen» und «panzern», weil sie sich zugleich auch von ihrer eigenen, verdrängten Anlage bedroht fühlen. Auch die Repression von Homosexualität war und ist immer eine Repression des «Weiblichen», eine martialische Form von Exorzismus. Schutz finden die deutschen Männer schließlich, so die Theorie Theweleits, in den Marschkolonnen des Faschismus.

NS-Philosophen wie Alfred Baeumler beriefen sich gern auf die aristotelische Logik und Anthropologie, um den «Geist» zum männlichen Prinzip zu erklären, mit dem die Geschichte der «Selbstzeugung des Mannes» begründet wurde. Aber auch Stefan George lieferte zeitgemäße Stichworte zur Theorie des Patriarchats: «Die Weltzeit, die wir kennen, schuf der Geist, der immer Mann ist.» Während George Deutschland 1933 verließ und noch im gleichen Jahr starb, stellte Baeumler seinen männlichen Gestaltungswillen der NS-Hochschulpolitik unmittelbar zur Verfügung. Als arische Version des faustischen Studierzimmers propagierte er das «akademische Männerhaus». Bereits 1920 hatte ihm die Idee einer «deutschen Akademie» vorgeschwebt, in welcher «der wahre Geist – der unintellektualistische (sic!)» – wehen sollte. In Abwandlung des Begriffs der «Gelehrtenrepublik» sprach Baeumler lieber von «deutscher Geistesrepublik». Der Name sei «gleichgültig; wenn nur der Geist Macht gewinnt über unser Sein». Seine Männerakademie definierte er im Sinne des Mandarinentums als «beratende Körperschaft einer Regierungsbehörde» mit der Aufgabe, die Nation zur geistigen Einheit zu erziehen.

In seinem «Gespräch über die Macht und den Zugang zum Machthaber» (1954) hat Carl Schmitt ausführlich dokumentiert, wie groß die realpolitische Bedeutung von beratender «Männerfreundschaft» für Hitlers Regierungspraxis war. Die anschaulichste Definition für das geschlossene männerbündische System des Nationalsozialismus lieferte Hitler selbst, 1935 auf dem Nürnberger Parteitag: «Der Knabe, er wird eintreten in das Jungvolk, und der Pimpf, er wird kommen zur Hitlerjugend, und der Junge der HJ, er wird dann einrücken in die SA, in die SS und die anderen Verbände, und die SA-Männer werden eines Tages einrükken zum Arbeitsdienst und von dort zur Armee; und der Soldat des Volkes wird zurückkehren wieder in die Organisationen der Bewegung, in SA und SS, und niemals mehr wird unser Volk dann so verkommen, wie es leider einst verkommen war.»

Die totalitären Männerbünde hielten ihre Reihen auch über Systembrüche hinaus fest geschlossen. Ihre «Seilschaften» sicherten das Überleben von «Entnazifizierungs»- und «Entstasifizierungsprogrammen». Nach 1945 garantierten sie die Kontinuität jenes deutschen Arbeitsexistentialismus, der sich aus den Tagen des totalen Krieges bruchlos in die Arbeitsmühle des Wiederaufbaus verlängerte und die «Verleugnungsarbeit» an die Stelle von «Trauerarbeit» setzte. Die Umbrüche von 1945 und 1989 sind nicht einfach vergleichbar, NS-Faschismus und SED-Regime waren nicht dasselbe. Allerdings gibt es Parallelen. Die Milieuverwandtschaft einer «Zweiten» und «Dritten Schuld» bestätigt sich vor allem im Bierdunst gehobener Stammtische, an denen über neudeutsche Karrieren und alte Überlebensstrategien debattiert wird.

Im Mai 1932 «zitierte» Kurt Tucholsky in der *Weltbühne* aus dem fiktiven Schulaufsatz eines jungen Hitler-Anhängers den Satz: «Wenn wir zur Macht gelangen, schaffen wir Goethe ab.» Man hat dieses Zitat oft bemüht, um zu belegen, daß die Kulturtradition der deutschen Klassik und der «Ungeist» des Nationalsozialismus unvereinbar gewesen seien. Und noch Schneider / Schwerte berief sich auf Wilhelm Böhms «Faust, der Nichtfaustische» von 1933, um seine Hauptthese zu bekräftigen, daß Goethes Originaltext nichts mit der faustischen Ideologie zu tun habe. Böhm hatte in seiner Arbeit die Unterschiede zwischen dem Dichter und seiner Dramenfigur betont. Faust sei kein Held, zu dem man bewundernd aufblicken könne, sondern – wie Werther – das warnende Beispiel eines Lebensunfähigen. In der Konstruktion des «faustischen Menschen» sah Böhm eine «Vergewaltigung des Goetheschen Menschen Faust ins Meisterische». Doch sein Buch über den «Nichtfaustischen», das eigentlich für das Goethe-Jubiläumsjahr 1932 konzipiert worden war – aber erst 1933 herauskam –, war nicht repräsentativ für die Faust-Interpretation des nationalsozialistischen Aufbruchs. Als germanistische Hymne auf Hitlers Machtergreifung erschien im gleichen Jahr auch eine Schrift mit dem Titel «Faust im Braunhemd» (Kurt Engelbrecht), in der die «Beglückung»(!) des «deutschen Faust» im «Ringen um neuen Heimatboden» besungen wurde. Natürlich konnte der Goethe-Kult aus der Zeit des Kaiserreichs und der Weimarer Republik nicht umstandslos übernommen werden. So erklärte der völkische Literaturwissenschaftler Adolf Bartels bereits 1932 in seinem Pamphlet «Goethe und der Nationalsozialismus» unmißverständlich, daß sich die deutschen Goethe-Verehrer fortan von «jüdischen und judengenössischen Kreisen» zu trennen hätten.

Goethe-Philologen wurden zu «Arisierungs»-Spezialisten. 1937 erschien die Schrift «Goethe und die Juden» von Franz Koch, und Wilhelm Emrich veröffentlichte parallel zu seiner «Faust»-Habilitation den Aufsatz «Der Einbruch des Judentums in das wissenschaftliche und fachliche Denken». Es kam zu einer antijüdischen «Säuberungswelle» an den Universitäten, die sich nicht nur auf den Bereich der Germanistik beschränkte, sondern auch eine Veränderung der Struktur und des Programms der Goethe-Gesellschaft bewirkte. So begrüßte der Berliner Germanist Julius Petersen (zu dessen Studenten auch Schwerte / Schneider gehörte) im Juni 1933 als Präsident der Gesellschaft, zusammen mit seinem Stellvertreter Anton Kippenberg vom Insel-Verlag, «mit den heißesten Wünschen» die NS-Bewegung, «deren großes Ziel die staatliche, sittliche und soziale Erneuerung unseres Volkes» sei.

Dennoch bedurfte es einer gewissen Mühe und Zeit, Goethe und sein widersprüchliches Werk für direkte Propagandazwecke nutzbar zu machen. Hitlers innere Distanz gegenüber der Weimarer Klassik ist in Goebbels' Tagebuchaufzeichnungen dokumentiert. In einer Notiz vom 1. Februar 1938 wird Hitler mit den Worten zitiert: «Schiller und Goethe lebten in einer kleinen Residenz und reagierten ihre großen Ideen in Pathos ab. Es wurde keine Geschichte gemacht.» Allerdings war Hitler bereit – so die Gesprächserinnerungen von Hermann Rauschning –, wegen des Faust-Worts «Im Anfang war die Tat», Goethe «vieles nachzusehen». Alfred Rosenberg hatte schon 1930 in seinem «Mythus des XX. Jahrhunderts» erkannt, daß eine nationalsozialistische Ideologie ohne die Weihen Goethes nicht auskommen könne. Denn «im Faust» habe er «das *Wesen* von uns» dargestellt, «das *Ewige*, welches nach jedem Umguß unserer Seele in der neuen Form wohnt».

1939, im Jahr des Kriegbeginns, verkündete der «Zeitschriften-Dienst» des Goebbels-Ministeriums für Propaganda dann als offizielle Lesart, daß Goethe nicht ein «harmonisch lebender und schaffender Künstler» gewesen sei, sondern «im Gegenteil immer Kämpfer». Goethes Dichtung versprach den Deutschen in Zeiten der existentiellen Bedrängnis offenbar mehr Trost als die Werke Schillers, Hölderlins oder Kleists. Besondere Bedeutung gewann die faustische Schicksalsgeste nach der «Entscheidungsschlacht» von Stalingrad. Theodor Plivier hat diese Katastrophenstimmung anschaulich in seinem Roman «Stalingrad» festgehalten. Die Verzweifelten suchen Zuflucht im «Gesangbuch» und «durchblättern Goethes ‹Faust›».

Schon vor Verkündung der Goebbels-Richtlinien zum Thema «Goethe in der Gegenwart» hatte sich die Faust-Philologie in vorauseilender Einsicht auf ein «Blut-und-Boden»-Niveau begeben. Professoren, Deutschlehrer und Volkshochschuldozenten versuchten sich in ihrer vulgären «Faust»-Vereinnahmung gegenseitig zu übertreffen. In einer Abhandlung zum Thema «Staatskunde und Staatswille» aus dem Jahre 1934 beispielsweise wird Hitler als «Erfüller des politischen Testaments des großen Universalgeistes Goethe» dargestellt, und der Kolonisator Faust des zweiten Teils erscheint als «Prophet» der nationalsozialistischen Siedlungspolitik. Der Oberstudienrat Karl Gabler vergleicht in seinem Buch «Faust-Mephisto der deutsche

Mensch» (1938) die Rede Hitlers zur Einweihung eines Koogs an der Nordsee mit der «Symbolik des Deichschutzes» in «Faust II» – und an Korffs Leipziger «Faustik»-Lehrstuhl erscheinen Pamphlete wie «Auf freiem Grund mit freiem Volke stehen. Goethes Faust – und Deutschlands Lebensanspruch». Braun-religiöse Erweckungsschriften der vierziger Jahre stilisieren den «Führer» zur Inkarnation von Moses, Luther und Faust in Personalunion oder erkunden «völkischen Urgrund» und deutsches Mysterium in der Tiefe des «Mütterreichs».

Der Kampf um Goethes «deutschen Faust» wurde aber nicht nur in Wissenschaft, Pädagogik und Publizistik geführt, sondern auch auf den Bühnen. Nachdem Ende 1933 nur an fünf Theatern Goethe gespielt wurde – und dazu gehörte nicht einmal das Nationaltheater in Weimar –, brachte der Aufschwung der NS-Faustik die Wende. Ein Photo vom Frühjahr 1940 zeigt eine endlose Schlange von Vorverkaufsinteressenten für die «Faust-II»-Aufführung im Hamburger Schauspielhaus. Das Programmheft machte für den Expansionskrieg mobil und forderte «das deutsche Volk» auf, «wie Faust kämpferischen Sinnes aus Nacht und Nöten zu einem neuen Morgen aufzubrechen». In der Spielzeit 1941/42 gab es insgesamt 1042 Goethe-Vorstellungen, davon 368 «Faust-I»-Aufführungen, und auch 1942/43 stand «Faust» mit 310 Inszenierungen an der Spitze der Goethe-Darbietungen. Und wie schon während des Ersten Weltkriegs trugen Soldaten den «Tornister-Faust» als deutsche Bibel in die Schützengräben und über Grenzen.

Zu den «erzieherischen Aufgaben» der SS in den besetzten Ländern (vgl. Schneider/Schwertes Tätigkeit im «Ahnenerbe») gehörte auch die Organisierung und Überwachung von Goethe-/«Faust»-Aufführungen. So meldeten die geheimen «Lageberichte des Sicherheitsdienstes der SS» am 5. Juni 1941 aus Brüssel: «Als besonderes Theaterereignis wurde die Aufführung des ‹Urfaust› in flämischer Sprache gewertet.» Solche Gastspiele seien «geeignet, das germanische Zusammengehörigkeitsgefühl der Flamen zu stärken». In der letzten Kriegsphase mußte Goethes Werk vor allem für Durchhalteparolen herhalten. Selbst Kriegsschiffe wurden als Fronttheater benutzt. Noch 1945 trug Will Quadflieg auf einem U-Boot im Ostseehafen Neustadt Marinesoldaten Szenen aus Goethes «Faust» vor. In seinen Erinnerungen («Wir spielen immer») schreibt er: «Vor ihnen Goethe zu lesen war (mehr als vor anderen) eine Probe aufs Absolute. Konnte Goethes Sprache sie erreichen?»

Vertraut mit Goethes Sprache war auf jeden Fall die geistige Elite des «Dritten Reichs», nicht nur die Geisteswissenschaftler Schwerte / Schneider oder Jauss, sondern auch Naziführer und SS-Offiziere wie Himmler, Heydrich, Speer, Best, Barbie, Ohlendorf oder Mengele. Sie alle waren zu Beginn der NS-Herrschaft und ihrer Karriere kaum dreißig, kamen aus bürgerlichen, oft musischen Elternhäusern, hatten Humanwissenschaften, Jura, Ökonomie, Architektur oder Medizin studiert und waren nicht selten – wie der Dr. phil. Goebbels – promoviert. Die SS-Elite war keine Dschingis-Khan-Horde, die von außen in die deutsche Kultur eingebrochen war. Die Biographien offenbaren als charakteristische Gemeinsamkeit dieser Gruppe, daß Kindheit, Schule und Studium fast ausnahmslos vom Milieu des klassischen deutschen Bildungsbürgertums geprägt wurden.

Die faustischen Karrieren «im Braunhemd» verloren sich nicht im Nebel des Blut-und-Boden-Mythos, sie waren eine ganz konkrete und irdische Verbindung von deutschem Forscherdrang und Machtstreben. Massenmord und verbrecherische Wissenschaftsexperimente wurden weltanschaulich begründet und leidenschaftslos betrieben. Die Frage nach Schuld und Sühne stellte sich ebensowenig wie in Goethes Dichtung. Das gilt auch für den Todesengel Josef Mengele, um den sich bis heute Gerüchte und Legenden ranken. Er war «Doktor Auschwitz», ein Dämon, der die mörderische Menschenverachtung der nationalsozialistischen Vernichtungslager verkörperte, und zugleich ein Phantom, das seinen Jägern immer wieder entkommen konnte. Über das, was er in Auschwitz verbrochen hatte, flossen Dichtung und Wahrheit zusammen – erst die spektakuläre Jagd auf ihn schuf den schaurigen Nimbus. Manches an diesem Nimbus – vor allem das schmähliche Ende – erinnert an die Historia vom «Doktor Faust». Am 21. Juni 1985 wurden Mengeles Knochen, sein Schädel, alles, was von ihm geblieben war, im zwanzigsten Stock der Polizeizentrale von São Paulo einem internationalen Auditorium zur Schau gestellt. Alles schien zusammenzupassen: der gebrochene linke Finger, die Größe (174 Zentimeter), eine Lücke zwischen den oberen Schneidezähnen, eine Degeneration im unteren Teil der Wirbelsäule. Dennoch wollte ein Vertreter von *ABC News* wissen, ob die Fundstücke tatsächlich ausreichten, um eine zweifelsfreie Identifizierung vorzunehmen. «Es besteht nicht der geringste Zweifel», antwortete der aus New York hinzugezogene Gerichtsmediziner Dr. Levine. Allen Anwesenden war klar, daß diese Antwort vor allem dem Seelenfrieden der zivilisierten Welt dienen sollte.

Die Lebensdaten des Dr. Dr. med. Josef Mengele sind ebenso «gewöhnlich» wie die der anderen gebildeten SS-Führer: Er wurde 1911 im bayerischen Günzburg geboren, wo noch heute die Maschinenfabrik Mengele & Söhne als Familienbetrieb existiert. 1935 promovierte er an der Universität München zum Doktor der Philosophie, 1938 erwarb er in Frankfurt / Main seinen medizinischen Doktorgrad. 1931 bis 1934 war er Mitglied des Stahlhelm-Bundes. 1937 trat er der NSDAP bei und 1938 der SS. Im Anschluß an seine Assistentenzeit bei Ottmar von Verschuer in Frankfurt gehörte Mengele ab August 1940 als Rassenexperte dem Ärztestab der Waffen-SS an. Nach kurzer Tätigkeit im Rasse- und Siedlungshauptamt wurde er im Mai 1943 Chefarzt im Frauenlager von Auschwitz-Birkenau. Hier führte er seine berüchtigten medizinischen Experimente an jüdischen Häftlingen durch und beaufsichtigte die «Selektionen». Im Juni 1945 geriet Mengele in amerikanische Kriegsgefangenschaft. Nach der Entlassung im September des Jahres versteckte er sich mit falschem Namen im Raum Günzburg. Als seine Verbrechen 1948 / 49 beim zweiten «Nürnberger Ärzteprozeß» aufgerollt wurden, flüchtete er nach Paraguay und von dort nach Brasilien, wo er vermutlich 1978 bei einem Badeunfall starb. Mengeles Tagebücher und Briefe dokumentieren fehlendes Schuldgefühl, maßlose Eitelkeit, Selbstmitleid, hochgebildetes Spießbürgertum und bis zuletzt verstockten Rassismus.

Eine andere Karriere belegt die NS-Faustik noch eindrücklicher. Kein anderer Paladin hat die Mandarin-Rolle am nationalsozialistischen Hof so gut gespielt wie der Staatsarchitekt und spätere Rüstungsminister Albert Speer. In seinen «Erinnerungen» stellt er selbst den Bezug zum klassischen Drama her: «Nach Jahren vergeblichen Bemühens war ich voller Tatendrang und achtundzwanzig Jahre alt. Für einen großen Bau hätte ich wie Faust meine Seele verkauft. Nun hatte ich meinen Mephisto gefunden. Er schien nicht weniger einnehmend als der von Goethe.»

Speers «faustische» Karriere an der Seite Hitlers eröffnete ihm den Zutritt in den innersten Machtzirkel, erschloß ihm neue Betätigungsfelder und gestattete ihm ein außergewöhnliches Maß an Selbständigkeit. Er zelebrierte die Feiertage der Nationalsozialisten, errichtete ihre gigantomanen Bauten, wurde Chefideologe einer imperialen Raumplanung und organisierte die Rüstungsproduktion für den «Endsieg». Vor dem Internationalen Militärgerichtshof in Nürnberg wurde Speer als Kriegsverbrecher angeklagt und zu 20 Jahren Haft verurteilt, die er bis zum Jahre 1966 in der Spandauer Zitadelle verbüßte.

Nach Herkunft, Ausbildung und Auftreten paßte der großbürgerliche Speer am wenigsten in das Bild des gemeinen Naziverbrechers. Auch für den britischen Historiker H. R. Trevor-Roper, der ihn nach Kriegsende über seine Rolle im Dritten Reich verhört hatte, war es «schwer zu glauben, daß ein so junger Mann Deutschlands Wirtschaftsdiktator gewesen sein konnte oder daß diese intellektuelle Persönlichkeit sich unter den schändlichen Narren von Hitlers Gefolge wohl fühlen konnte». Im Vergleich zu anderen Nazigrößen sei Speer «ein Phönix» gewesen. Und als Phönix hatte sich Speer später selbst in seinen nach der Haftentlassung erschienenen Büchern stilisiert, in den «Erinnerungen» (1969), den «Spandauer Tagebüchern» (1975) und auch in «Der Sklavenstaat» (1981). In diesen Publikationen reflektierte er in gefälligem Stil sein Faust-Mephisto-Verhältnis, dachte über das Wesen der Menschen nach und warnte vor den Gefahren der Technologie. Alle seine Bücher erreichten hohe Auflagen. Allein von der deutschen Ausgabe der «Erinnerungen» wurden in wenigen Monaten mehr als 180 000 Exemplare verkauft. Es sei «die Geschichte eines Teufelspaktes», schrieb damals der Rezensent Golo Mann, das Stichwort der Selbststilisierung des Autors aufgreifend.

Solche Geschichten kommen – wie man weiß – bei deutschen Lesern an. Speer schildert sich als apolitischen Techniker und lieber noch als «Künstler», der in eine dämonische Verstrickung geriet. Aber er übernimmt die Verantwortung für die Taten des Hitler-Regimes und bekundet Bedauern wegen seiner Rolle. Und hier schließt sein Schuldbekenntnis Handlungen mit ein, von denen er angeblich nichts wußte. Auch und gerade im Hinblick auf die Vernichtung der Juden in Auschwitz spricht er von einer «Billigung durch Nichtwissen». In einem Interview mit dem *Playboy* formulierte er besonders ergreifend: «Ich war genau wie Himmler ihr Henker, weil man sie hinter meinem Rücken umbrachte und ich nichts sah!» Auf die Frage des *Playboy*-Redakteurs, was er getan hätte, wenn er gewußt hätte, daß sechs Millionen Juden vernichtet wurden, antwortete Speer: «Das ist eine schwierige Frage, die ich mir schon oft selbst gestellt habe. Die Antwort läßt mich nachts auch nicht besser schlafen. Ich wäre wohl von der Regierung zurückgetreten; dazu war ich wenigstens selbst damals fähig.»

Mit dieser noblen und «nichtwissenden» Bekennerhaltung hatte Speer schon die Ankläger des Nürnberger Prozesses zu beeindrucken versucht. Und zumindest Robert M. W. Kempner erteilte ihm nach Lektüre der «Erinnerungen» die Absolution. Es sei «ein Buch der Reue und auch der Erleuchtung», schrieb er am 22. August 1969 in der *Welt*. Das klang wie Goethes erlösender Engelschor: «Gerettet ist das edle Glied der Geisterwelt vom Bösen.»

Kritische Historiker haben später erhebliche Zweifel an Speers Darstellungen geäußert und vermutet, daß der Rüstungsminister viel tiefer in die Verbrechen des Regimes verwickelt war, als er zugegeben hat. Die erste gründliche Auseinandersetzung mit Speers Behauptung vom «Nichtwissen» führte 1971 Erich Goldhagen in der New Yorker Zeitschrift *Midstream*. Anhand von Protokollen und anderen Dokumenten aus SS-Archiven belegte er, daß Speer spätestens im Oktober 1943 durch Himmler detailliert über die Pläne zur «Endlösung der Judenfrage» informiert worden war. Erich Goldhagen zählt Speer ausdrücklich zum Kreis der «Vollstrecker» Hitlers. Erstaunlicherweise berücksichtigt Daniel Jonah Goldhagen in seinem vieldiskutierten Buch, das sich in vielen Aspekten auf die Vorarbeiten seines Vaters stützt, diese Beweisführung nicht. Er erwähnt Albert Speer nur einmal kurz und bewertet die von ihm angeordnete Sklavenarbeit von 100 000 ungarischen Juden in den unterirdischen Bunkern der deutschen Kriegsindustrie positiv als «Entscheidung», die «vielen Juden das Leben rettete».

In Wirklichkeit diente das System Auschwitz zwei konkurrierenden, aber auch einander befördernden Zielen: Massenmord *und* Sklavenarbeit. Der Massenmord war in erster Linie ein Unternehmen des SS-Reichssicherheitshauptamtes, aber auch – wie inzwischen vielfach dokumentiert ist – der Wehrmacht und ganz «normaler» Polizeibataillone. Die Organisierung von Sklavenarbeit war Sache der NS-Wirtschaftsadministration, zu deren Spitzenfunktionären bekanntlich Albert Speer gehörte. Nach dem Flugzeugabsturz von Fritz Todt im Februar 1942 wurde Speer zu seinem Nachfolger als Reichsminister für Bewaffnung und Munition ernannt; im September 1943 erhielt er den Titel

Reichsminister für Rüstung und Kriegsproduktion. Als Goebbels am 18. Februar 1943 im Berliner Sportpalast mit überschnappender Stimme rief: «Wollt ihr den totalen Krieg?» und die bedingungslose Gefolgschaft der Deutschen forderte, hatte Speer bereits Maßnahmen ergriffen, «um mindestens eine Million Deutsche in die Rüstungsbetriebe zu überführen». Auf seinen Befehl zum «totalen Kriegseinsatz» wurden Hunderttausende von Zwangsarbeitern und KZ-Häftlingen in Arbeitslager verschleppt, die die meisten von ihnen nicht überlebten. Am 6. Oktober 1943 hatte Himmler den versammelten Gau- und Reichsleitern seinen «Geheimplan» erläutert, das jüdische Volk «von der Erde verschwinden zu lassen». Und unter Berufung auf Himmler erklärte Speer in der gleichen Versammlung, daß auch er gewillt sei, «die Autorität des Reiches durchzusetzen, koste es, was es wolle». In seinen «Erinnerungen» aber kommen diese Pläne für Massenmord und Sklavenarbeit nicht vor, da werden nur die Künstlerphantasien eines «faustischen» Baumeisters illustriert.

Gemeinsam haben Hitler und Speer davon geträumt, Berlin, als direktes Gegenstück zur gewachsenen Moderne der abendländischen Zentren Rom und Paris, in eine künstliche Metropole «Germania» umzuwandeln. Hitler beklagte, daß Berlin zwar Millionenstadt und Industriezentrum sei, aber keine Einheit stiftende Hauptstadt. Während Rom durch die Papsttradition geprägt war und Paris die Napoleonischen Siege auch in der Architektur zelebriert hatte, besaß Berlin keine abendländischen Repräsentationssymbole. Entsprechend zielten daher die Hauptstadtpläne der NS-Führer darauf ab, den dezentralen Charakter Berlins auszulöschen und ein neues Kultzentrum zu erschaffen. Dieses «neue Mekka» (Speer) sollte alle anderen Metropolen an Gigantomanie übertreffen. Das erste Experiment waren die Bauten aus Anlaß der Olympiade.

1937 wurde Speer von Hitler offiziell zum «Generalbauinspektor» für Berlin ernannt. Anläßlich der Eröffnung der Architekturausstellung im Januar des Jahres 1938 schwärmte Goebbels, diesmal in der Famulus-Rolle: «Es ist jetzt zwei Uhr nachts, und die Millionenstadt ist schon zur Ruhe gegangen. Irgendwo am Reichskanzlerplatz in einer Privatwohnung brennt noch Licht. Dort sitzt eine kleine Gesellschaft um einen Tisch versammelt, auf dem eine Karte der Reichshauptstadt liegt. Mitten unter ihnen ein Mann, der mit breiten Bleistiftzügen diese Riesenstadt neu gestaltet ... man fühlt, daß die Herzen aller Anwesenden plötzlich anfangen, schneller zu schlagen, die Augen glühen, und die Hände zittern. In der Phantasie erscheint plötzlich ganz klar und deutlich sichtbar die Vision einer neuen Weltstadt.»

Voraussetzung «einer neuen Weltstadt» war die Zerstörung der alten. Charakteristisch für Speers Pläne ist deshalb das Nebeneinander von Aufbau und Zerstörung. Nach dem Vorbild der großen Pariser Boulevards von Haussmann – aber in viel gigantischeren Ausmaßen – sollten Schneisen in die alte Stadtlandschaft geschlagen werden. Ein riesiges Achsenkreuz sollte mit einem System von fünf Ringstraßen verbunden werden. Im Zentrum war ein überdimensionaler Petersplatz («Adolf-Hitler-Platz») mit einem 290 Meter hohen Kuppelbau geplant. Die alten Berliner Flanier- und Kommunikationszentren, Potsdamer und Alexanderplatz, wollte man in kahle Repräsentationsflächen verwandeln. Auf einer neu konstruierten «Nord-Süd-Achse», der «breitesten Straße der Welt» (Hitler), hätten sich Ministerien an Regierungsbunker und Militärzentralen an Polizeihauptquartiere gereiht. Auch die großen Parks wollte man aus der

Innenstadt entfernen und Kiefernbestand durch Eichen ersetzen.

Obwohl Hitler noch in den letzten Kriegsjahren auf Ausführung drängte, blieben mit Ausnahme einer rudimentären «Ost-West-Achse» die Weltstadtpläne Speers Modell. Ursprünglich sollte «Germania» im Jahre 1950 eingeweiht werden. Die alliierten Bombenangriffe kommentierte Hitler mit dem zynischen Hinweis, daß man ihm damit die Abrißarbeiten erspare. Noch vor den Bombenzerstörungen waren die Berliner Juden Opfer der «Stadtsanierung» geworden. An der Zwangsräumung ihrer Wohnungen, die der Deportation im Herbst 1941 voranging, war die «Abteilung Umsetzung» der Dienststelle Speer maßgeblich beteiligt.

Der Bombenkrieg traf aber nicht nur Berlin, sondern viele deutsche Städte. Er zerschlug auch die Vision eines Reiches, dessen Zentren durch sakrale Repräsentationsbauten mythisch überhöht und durch ein dichtes Netz moderner Verkehrssysteme verbunden werden sollten – ein riesiges Imperium vom westlichen «Atlantikwall» bis zu den «Totenburgen» an der östlichen Grenze zu Asien. Speers Architektur und «Künstlertum» war keineswegs ideologiefrei, wie er immer wieder behauptete. Während die Städte «mit ihren trutzigen Foren und fortifikatorischen Bauten» (Werner Durth) Wehrhaftigkeit demonstrieren sollten, symbolisierten die scheinbar ins Endlose führenden Autobahnen das expansive Element des Nationalsozialismus. Für Speer war der Autobahnbau nicht einfach eine Arbeitsbeschaffungsmaßnahme, sondern geschichtlicher Auftrag und ästhetischer Ausdruck «deutscher Charakterkultur». Damit knüpfte er an die Trivialideologie seines Amtsvorgängers Fritz Todt an, der die Symbiose von Autobahn und Volkswagen zum grundlegenden Verkehrsbedürfnis des «nordischen Menschen» stilisiert hatte («Der nordische Mensch und der Verkehr», 1937). Die Autobahn sollte neue Räume eröffnen und rückständige Gebiete erschließen. Der Architekt Speer beteiligte sich aktiv am Vorspiel für die Ausweitung des «deutschen Lebensraumes», das heißt die rassisch-kriegerische Ostkolonisation.

«Wenn Ihr es einst krachen hört»: Schon Heinrich Heine hatte vor dem «deutschen Donner» gewarnt und die Aufführung eines schaurigen «Stücks» prognostiziert. Aus Dichtung sollte Wahrheit werden. Der «Künstler» Speer versuchte die Rolle des Faust bis in die letzten Tage des Krieges zu spielen. Wie Faust im zweiten Teil von Goethes Drama erreichte auch Speer als Natur- und Technikbeherrscher, Kriegsarchitekt, Geldbeschaffer und Kolonisator den Höhepunkt seiner Selbstverwirklichung. «Man hat Gewalt, so hat man recht», räsoniert Mephisto in dumpfem Versrhythmus und muntert Faust ideologisch auf: «Krieg, Handel und Piraterie, dreieinig sind sie nicht zu trennen.»

Was faszinierte die deutschen Leser an Speers «Erinnerungen»? Der Widerstandskämpfer und spätere CDU-Politiker Eugen Gerstenmaier hat vermutet, daß es «nicht die Geschichte des Büßers Speer» war, die interessierte, sondern die persönliche Beziehungsgeschichte zu «seinem Mephisto». Man wollte hören, «wie war er eigentlich, der Unmensch, der Zauberer, der Hexer, der Zerstörer der überlieferten Welt». Auch hier folgte die Wahrheit der Dichtung. Hitler schien nicht weniger anziehend als Goethes Mephisto auf den jungen Speer zu wirken. Zwei Männer fanden sich zu einem Bund und erwarteten in ihrem theatralischen Sendungsbewußtsein, daß der eine des anderen Unvermögen deckte. Alexander Mitscherlich hat auf die homoerotische

Komponente der Beziehung aufmerksam gemacht, die in Anekdoten als Hitlers «unglückliche Liebe» bezeichnet wurde. Vor dem Nürnberger Tribunal bekannte Speer: «Wenn Hitler Freunde gehabt hätte, wäre ich bestimmt einer seiner engen Freunde gewesen» und schwärmte später davon, daß Hitler ihm die Welt zu Füßen gelegt habe.

Bei Goethe mutierte der Teufelspakt zur irdischen Männerkumpanei, in Speers «Erinnerungen» verlief der Prozeß umgekehrt. Hitlers Architekt beruft sich auf die besondere Verführbarkeit der Techniker und der Technik. Diese technokratische Argumentation gibt die Pose des Künstlerindividualismus auf und reduziert sich auf den fachverengten «Idealismus» der traditionellen Elite, den der Nationalsozialismus mit seinen pathetischen Einheits- und Effizienzverheißungen erfolgreich zu mobilisieren wußte. Die Ambivalenz des Phänomens Albert Speer spiegelt nichts anderes als die Ambivalenz des Nationalsozialismus.

Im deutschen Nachkriegsbewußtsein hat man die zwölf Jahre nationalsozialistischer Herrschaft als eine Art Betriebsunfall aus dem Entwicklungsprozeß der Geschichte ausgeklammert. Die relativ kurze Zeit des «Dritten Reichs» wurde – wie es der erste Bundespräsident, Theodor Heuss, einmal formulierte – als ein böses, unpassendes Zwischenstück in der langen Ehrenkette deutscher Tradition betrachtet. Wie tief dieses Bewußtsein auch heute noch verankert ist, machte die Debatte um Daniel Jonah Goldhagens Buch «Hitlers willige Vollstrecker» deutlich. Goldhagen stellt den Vernichtungsantisemitismus als ein «nationales Projekt» der Deutschen dar, dessen Wurzeln schon im 19. Jahrhundert verankert waren und in die Mitte der Gesellschaft reichen. Die Naziideologie ist für ihn weitgehend identisch mit dem deutschen Zeitgeist jener Jahre.

Fast alle deutschen Kritiker empfanden Goldhagens Thesen als einen ungerechtfertigten Angriff auf die etablierte Holocaust-Forschung. Das ist nicht verwunderlich, denn der amerikanische Wissenschaftler erinnerte auch jene, die große Verdienste in der Erforschung des Nationalsozialismus haben, an ihre Versäumnisse. Bei ihren hochgelehrten Disputen um «Intentionalismus» und «Funktionalismus» hätten sie die einfache Frage nach Mentalität und Motivation der «ganz gewöhnlichen Deutschen» vergessen, die «vor Ort» Hitlers Mordhandwerk betrieben. Ein Mangel der Studie Goldhagens jedoch ist es, die Rolle der deutschen Eliten in seinen «Mentalitäts»-Thesen zu vernachlässigen. Ohne die ideologische und strategische Planung der Eliten hätte es keinen massenmörderischen Handlungsrahmen für die «ganz gewöhnlichen Deutschen» gegeben.

Auch der Antisemitismus des 19. Jahrhunderts war keine spontane Bewegung benachteiligter Volksschichten, sondern ein Instrument der Führungs- und Bildungsschichten zur Erhaltung und Stärkung der bestehenden politischen Ordnung. Als Fritz Fischer mit seinem Buch «Griff nach der Weltmacht» diesen Zusammenhang 1961 thematisierte, löste er den «ersten» Historikerstreit aus. Er legte dar, daß der Nationalsozialismus nicht als Anormalität im deutschen Geschichtsprozeß zu beschreiben sei, sondern vollstreckt hatte, was bereits lange angelegt war. Eine seiner wichtigsten Thesen lautete: Nicht die traditionslosen, sondern gerade die traditionsbewußten Schichten des Volkes hätten durch die Ableitung des deutschen Weltmachtanspruchs aus bevölkerungspolitischen «Notwendigkeiten» den Weg in den Nationalsozialismus geebnet. Gerade die gebildeten Schichten und nicht die Arbeiter hätten sich vor und nach dem Ersten Weltkrieg auf ihre vermeintliche rassische und geistige Überlegenheit berufen. Diese angestrengte Ausübung der kulturellen Hegemonie schuf ein besonderes Reizklima. Das Eigentümliche dieser Ära, so Volker Ullrich («Die nervöse Großmacht 1871–1918»), lag in der widerspruchsvollen Verbindung von Immobilität und Moderne.

Die «Effizienz» des Nationalsozialismus erklärt sich im wesentlichen aus dem Zusammenwirken von «alten» und «neuen» Eliten. Das Beispiel von Heidegger zeigt, daß der deutsche Mandarin keinen «Klassenverrat» begehen mußte, um Nazi zu werden. «Es gab genug Brücken, auf denen man ans braune Ufer kommen konnte, ohne zugleich ein erträgliches Maß an Opportunismus überschreiten zu müssen» (Hauke Brunkhorst). Bedeutungsvoller als die materielle Funktion, die die konservativen und deutschnationalen Eliten für die «Machtergreifung» und Kriegsvorbereitung ausübten, war ihre geistige Meinungsführerrolle. Diese Rolle bestand vor allem darin, antidemokratische und rassistische Geschichts- und Weltbilder salonfähig zu machen. In brutale Politik umgesetzt wurden sie von einer «neuen» Elite. Der Systemwechsel war zum Teil auch Generationswechsel. Das phänotypische Produkt dieses Generationswechsels war «Faust im Braunhemd». Diese Einsicht wurde durch das aus dem Zusammenhang gelöste Schlagwort Hannah Arendts von der «Banalität des Bösen» lange Zeit verdrängt. Man hat sich die Massenmörder gern als subalterne Befehlsempfänger und willfährige Handlanger Hitlers vorgestellt.

Eine erste Veränderung des Blickwinkels und des öffentlichen Bewußtseins brachte der Barbie-Prozeß in Frankreich, der am 4. Juli 1987 mit der Verurteilung zu lebenslänglicher Haft zu Ende ging. Vor der Verhandlung hatte man den ehemaligen SS-Obersturmführer, «den Schlächter von Lyon», für ein aus der Freikorpszeit übriggebliebenes Landsknechtsmonster gehalten. Doch dann stellte der Nebenkläger Charles Libmann in seinem Täterporträt die Prozeßbeteiligten und die Öffentlichkeit vor folgendes Rätsel: «Barbie ist 1913 geboren. Seine Eltern waren Musiker. Er wird in dem intellektuell und künstlerisch höchstentwickelten Milieu erzogen und wird sehr gebildet – er liest Homer im Original. Wie hat er nur solche Greueltaten verüben können? Er war Spezialist für Humaniora.» Völlig aus der Fassung gerieten Prozeßbeobachter über die Nachricht, daß Barbie im Lyoner Zellentrakt auch dann noch Hexameter entzifferte, als Opfer im Zeugenstand über seine Greueltaten berichteten.

Der in den Medien demonstrierte Schock über das Ausmaß von Barbies «Bildungsverrat» drängte generelle Zweifel an der humanistischen Tauglichkeit des abendländischen Bildungsgutes zurück. Bereits zwanzig Jahre vor dem Barbie-Prozeß hatte George Steiner gefragt: «Wenn die humanistischen Wissenschaften nichts zur Humanisierung beitragen, wenn derselbe Mensch Bach spielen und das Wilnaer Ghetto in Brand stecken kann, wo bleibt da die Zivilisation? Warum erziehen, warum lesen? Ist es möglich, daß im klassischen Humanismus selbst, in seiner Neigung zur Abstraktion und zum ästhetischen Werturteil, ein radikales Versagen angelegt ist?»

Vor allem in Deutschland hat man nach 1945 an eine Nichtbeschädigung der klassischen Wertetradition geglaubt. «Vergangenheitsbewältigung» durch Reaktivierung des Goethe-Kults dokumentierte einen unbelehrbaren Bildungshochmut. Das galt gleichermaßen für West und Ost.

IV. Die Walpurgisnächte des «anderen Deutschland»

Auch im Exil hatte sich der Glaube an den unkorrumpierbaren Kern der deutschen Kulturnation bewahrt. Die Lichtgestalten der Weimarer Klassik – Goethe, Schiller und Hölderlin – wurden der dunklen Geschichtspraxis und dem bösen Symbolfeld Potsdams gegenübergestellt. Einer solchen Denkweise haftete etwas Starres, Wahnhaftes an. Ein besonders grobes Muster findet sich bei Ernst Niekisch, der das Dritte Reich als «eine schauerliche Synthese von Rom und Potsdam, von Kirche und Feldlager, von Beichtstuhl und Kaserne, von Seelsorger und Feldwebel, von Pfaffe und Gamaschenkopf, von Katechismus und Prügelstock, von Dogmatik und Kadavergehorsam» beschrieben hat («Das Reich der niederen Dämonen»).

Im Kulturbetrieb setzte ein Konkurrenzkampf um die Verwaltung des Erbes der deutschen Klassik ein, in dem Nationalsozialisten und ihre emigrierten Gegner vermeinten, jeweils die «eigentlichen» Bezüge zwischen sich und dem «deutschen Wesen» herstellen zu können. Mit welch geschickter Regie die NS-Führer das deutsche Klassikmuseum für sich reaktivierten, für ihre Ziele instrumentalisierten und auf verschiedene Bedürfnisse flexibel abstimmten, hat man im Exil meist nicht wahrhaben wollen. Oft folgten die Exilanten (einschließlich der «inneren» Emigration) unbewußt diesen Regieanweisungen. So bewegten sich auch die Selbstdefinitionen eines «anderen Deutschland» zumindest in den Anfängen im Dunstkreis nationaler Stereotype. Ob in Deutschland oder im Exil: Goethe, Schiller und

Hölderlin waren für viele eine Rückzugsposition für die individuelle Lebensgestaltung in der Isolation, für Trauer und Kritik, ein Ideal des «wahren Humanismus», das es gegen «Fälscher» zu verteidigen galt.

Die Faust-Parodie von Dosio Koffler («Die deutsche Walpurgisnacht») – ein «Spiel in fünf Szenen», 1941 in London verfaßt – dokumentiert beispielhaft die Hilflosigkeit einer rein moralischen Empörung über den Klassikermißbrauch. Goethe, Schiller und Nietzsche fahren aus dem Grab auf, um unter der Führung von Mephisto das Dritte Reich zu besichtigen. Die drei sind entsetzt über das Schindluder, das mit ihren Werken getrieben wird, mehr noch als über Diktatur und Terror. Goethe stottert, Schiller schluchzt, und Nietzsche «verbirgt vergebens seine Erschütterung». Selbst Mephisto bekommt ein schlechtes Gewissen: «Es ist zu toll, sogar für meinesgleichen.» Eine ähnliche Wendung nimmt auch das fast zur gleichen Zeit in Palästina entstandene Schauspiel «Ich und Ich» von Else Lasker-Schüler, in dem Faust tatenlos den Verbrechen der Nazis zusieht und das Weltende beklagt, während Mephisto als Höllenfürst abdankt. Und Karl Kraus leitete seine «Dritte Walpurgisnacht» mit der resignierenden Feststellung ein, daß ihm zu Hitler nichts einfalle.

Thomas Manns Passivität in den ersten Emigrationsjahren, die er mit dem Wunsch begründete, den Kontakt zu seinem «innerdeutschen Publikum» zu wahren, stieß – wie man weiß – auf wenig Verständnis. Sie provozierte Kritik und Mahnungen aus den unterschiedlichsten weltanschaulichen Lagern. Besonders eindringlich war die Beschwerde Kurt Tucholskys, der die Haltung Thomas Manns «skandalös» fand: «Wir dürfen schweigen – er durfte nicht.» Später, im amerikanischen Exil, erhob er dann seine Stimme, hielt politische Vorträge und produzierte monatlich Radiobeiträge für die «deutschen Hörer», die vom Oktober 1940 bis zum Mai 1945 von der BBC regelmäßig auf Langwelle gesendet wurden. Doch auch diese Reden waren nicht nur ein Ärgernis für Hitler-Deutschland, sie stießen zunehmend auch auf Kritik in Emigrantenkreisen. Vor allem Bertolt Brecht nahm ihm übel, daß er nicht bereit war, den Unterschied zwischen Deutschtum und Nationalsozialismus zu betonen. Es ist kein Zufall, daß Thomas Mann auf dem Höhepunkt dieser Kontroverse mit seiner Arbeit am «Doktor Faustus» begann. 1943 war in vielerlei Hinsicht ein Jahr des Umbruchs, militärisch, politisch, ideologisch und künstlerisch.

Der Exilroman «Doktor Faustus – Das Leben des deutschen Tonsetzers Adrian Leverkühn, erzählt von einem Freunde» beschreibt das tragische Schicksal eines «erfundenen» modernen Komponisten, eingebettet in die «wahrhaftige» Problemgeschichte der deutschen Mentalität bis hin zum Nationalsozialismus und zur Katastrophe des Zweiten Weltkrieges. Dem Roman ist ein Zitat aus Dantes «Divina commedia» als Motto vorangestellt. Aber anders als bei Dante führt die Grenzwanderung Thomas Manns nicht in ein visionäres Jenseits von Hölle, Fegefeuer und Himmel, sondern in das irdische Reich des Teufels, das Dritte Reich Hitlers und der Deutschen. Um nachzuweisen, daß die Diktatur des Dritten Reichs dem deutschen Wesen entsprach, bediente sich der Autor eines Kunstgriffs. Er montiert und verschränkt drei historische Ebenen miteinander. Da ist zunächst der historische Ort des legendären Doktor Faustus aus der Zeit des Übergangs vom Mittelalter zur Neuzeit, im Roman lokalisiert als die altertümliche Stadt Kaisersaschern mit ihren Wällen und Türmen, in der Leverkühn und sein Biograph Zeitblom geboren sind und für immer geprägt wurden. Diese «Stadt der Hexen und Sonderlinge, des Instrumentenlagers und des Kaisersgrabes im Dom» hat etwas von Luthers Wittenberg und Nietzsches Naumburg. Nietzsche ist dann auch die zentrale Figur der zweiten Ebene. Die dritte Ebene schließlich ist die Zeit des Nationalsozialismus, in der Thomas Mann und sein fiktiver Chronist Zeitblom die Geschichte niederschrieben. Alle politischen Irrtümer und ideologischen Irrungen Thomas Manns von 1914 bis zu seiner demokratischen Wende finden sich in der Romanperson Zeitblom versammelt. Leverkühn hingegen scheint von den Wirren der Zeiten nur als syphilitischer Künstler (wie Nietzsche) berührt zu werden. Äußert er sich als Person, dann meist als kritischer Mahner. Die eigentliche Prophetie ereignet sich in seinen Werken.

Der «Faustus»-Roman ist eine Dichtung über «Deutschland und die Deutschen», ein Thema, das auch Gegenstand der amerikanischen lecture-tour Thomas Manns im Sommer 1945 war. Die wie ein Kommentar zum Roman wirkende Rede wurde im Oktober des Jahres als deutschsprachiger Essay in der *Neuen Rundschau* abgedruckt. In Roman und Essay rechnet Thomas Mann radikaler als in allen bis dahin veröffentlichten Äußerungen mit dem Begriff des Deutschtums (und seiner eigenen Position in den «Betrachtungen eines Unpolitischen») ab. Er stellt dar, wie der deutsche Freiheitsdrang stets nur nach außen gerichtet war und mit der Unfreiheit im Inneren einherging. Der völkisch-antieuropäische Charakter der deutschen Freiheitsidee habe dem Barbarischen immer sehr nahe gestanden. Die Deutschen erscheinen als ein unreifes, introvertiertes Volk, künstlerisch von dämonischen Kräften angezogen (wozu auch die Musikentwicklung von Wagner bis Schönberg gehört) und politisch prädestiniert für den nationalsozialistischen Wahnsinn. Wie bereits in der berühmten Rede «Bruder Hitler» (1939) angedeutet, gibt es für Thomas Mann nicht «gute» und «böse» Deutsche, sondern das Deutschtum verkörpert insgesamt eine gefährliche Mischung aus genialkünstlerischer Empfindsamkeit und latenter Grausamkeit, aus sublimer Fähigkeit zu Spekulation, Philosophie, Theologie und einem nur mühsam unterdrückten Hang zur Barbarei.

«Man hat zu tun mit dem deutschen Schicksal und deutscher Schuld, wenn man als Deutscher geboren ist», erklärte Thomas Mann 1945. Auch Adrian Leverkühn muß die schicksalhafte Last der «Kollektivschuld» auf sich nehmen. Doch er versucht, durch radikale Kritik und Selbstkritik das Volk der romantischen Gegenrevolution mit dem philosophischen Intellektualismus der Aufklärung auszusöhnen. Diese Faust-Konzeption ist eine neue Antwort auf Goethe: «Unser größtes Gedicht, Goethes ‹Faust›, hat zum Helden den Menschen an der Grenzscheide von Mittelalter und Humanismus, den Gottesmenschen, der sich aus vermessenem Erkenntnistrieb der Magie, dem Teufel ergibt. Wo der Hochmut des Intellekts sich mit seelischer Altertümlichkeit und Gebundenheit gattet, da ist der Teufel. Und der Teufel, Luthers Teufel, Faustens Teufel, will mir als eine sehr deutsche Figur erscheinen, das Bündnis mit ihm, die Teufelsverschreibung, um unter Drangabe des Seelenheils für eine Frist alle Schätze und Macht der Welt zu gewinnen, als etwas dem deutschen Wesen eigentümlich Naheliegendes. Ein einsamer Denker und Forscher, ein Theolog und Philosoph in seiner Klause, der aus Verlangen nach Weltgenuß und Weltherrschaft seine Seele dem Teufel verschreibt – ist es nicht ganz der rechte Augenblick, Deutschland in diesem

Bilde zu sehen, heute, wo Deutschland buchstäblich der Teufel holt? Es ist ein großer Fehler der Sage und des Gedichts, daß sie Faust nicht mit der Musik in Verbindung bringen ... Soll Faust der Repräsentant der Deutschen Seele sein, so müßte er musikalisch sein, denn abstrakt und mystisch, d. h. musikalisch, ist das Verhältnis der Deutschen zur Welt – das Verhältnis eines dämonisch angehauchten Professors, ungeschickt und dabei von dem hochmütigen Bewußtsein bestimmt, der Welt an ‹Tiefe› überlegen zu sein.»

In einem Interview anläßlich des Erscheinens der französischen Fassung des «Doktor Faustus» (Frühjahr 1950) betonte Thomas Mann die Bedeutung des Rückgriffs auf die Sage des alten Volksbuchs und machte den Unterschied zu Goethe deutlich: «Dieser Roman hat überhaupt nichts mit dem ‹Faust›, Goethes großartiger Dichtung, zu tun. Er hat mit ihr einzig die Quelle gemein, das heißt die deutsche Legende vom Doktor Faust, die auch Goethe angeregt hat, aber von der er sich völlig entfernt hat. Viel enger sind die Beziehungen des Romans zu der tragischen Gestalt Friedrich Nietzsches; sie sind so intim, daß man von einem Nietzsche-Roman hat sprechen können.» Man habe nicht unrecht gehabt, in seinem Roman «ein Buch der Endzeit» zu erblicken, denn er sei «aus dem Erlebnis der deutschen Katastrophe und aus einer apokalyptischen Konstellation hervorgegangen». Die abschwächende Schlußbemerkung des Autors, daß seine Absicht aber «nicht nihilistisch» sei – nicht umsonst ende das letzte Werk Adrian Leverkühns, «Doktor Fausti Weheklag», mit einem Ton «schwacher Hoffnung auf Gnade» –, wurde meist überhört. In den Ohren Schneider / Schwertes und anderer Thomas-Mann-Kritiker, die sich gern einen «helleren Siegfried-Ton» gewünscht hätten, blieb Leverkühns «Weheklag» ausschließlich als antigoethische Dissonanz «Faustus versus Faust» haften.

Auch frühere Exilgefährten, wie zum Beispiel der Germanistikprofessor Bernhard Blume, zeigten sich enttäuscht, wenn nicht schockiert über Thomas Manns «Abkehr» von Goethe im «Doktor Faustus». Noch 1944 hatte Blume das Anliegen des Nobelpreisträgers gelobt, «die bürgerlich-humane, pädagogisch-individualistische Haltung der Goethezeit für Deutschland zu retten». 1949 mußte er dann konstatieren, daß im «Doktor Faustus» der «schrittweise Genesungsprozeß unter Führung Goethes» widerrufen worden sei. Der «furchtbare Höllensturz des Dr. Faustus» zeuge von Thomas Manns Rückkehr zu Nietzsche, von der «katastrophalen Gewalt des Rückfalls».

Die deutsche Ablehnung des Romans war fast flächendeckend – die Kritik reichte von der einflußreichen Stimme Hans Egon Holthusens bis zum lutherischen Kirchenführer Lilje. Und die 1945 von den Schriftstellern Walter von Molo (ehemaliger Präsident der preußischen Dichterakademie) und Frank Thiess mit Thomas Mann begonnene Kontroverse über die deutsche Schuldfrage und die Rolle der Literatur erlebte nach Erscheinen des «Doktor Faustus» (1947) einen vorläufigen Höhepunkt. Leserbriefe, die damals in den deutschen Zeitungen abgedruckt wurden, machen deutlich, daß die Haltung der Selbstbemitleidung gegenüber dem in amerikanischer «Behaglichkeit» lebenden Thomas Mann der allgemeinen deutschen Nachkriegsbefindlichkeit entsprach. Es war der selbstgerechte Tonfall der sogenannten «inneren Emigration»: Man warf den aus dem Exil Zurückgekehrten vor, «in harten Zeiten aus den Logen und Parterreplätzen des Auslandes der deutschen Tragödie» zugeschaut zu haben.

Eine andere, vornehmere Art der Auseinandersetzung mit Thomas Manns Faust-Idee war das Schweigen und Verschweigen. 1947, im gleichen Jahr, als der «Doktor Faustus» erschien, veröffentlichte auch der Kulturphilosoph Rudolf Kassner seine große Arbeit «Das neunzehnte Jahrhundert» mit ausführlichen Passagen über Faust und das «Faustische» (als geistige Schicksalsproblematik Deutschlands), ohne sich auch nur mit einer einzigen Zeile über Hitler-Deutschland zu äußern oder Thomas Mann zu erwähnen. Faust sei zwar «die mächtigste und schicksalsvollste Verkörperung des Geistesmenschen, weshalb auch das Faustische allerlei Gefahren vom Geiste her für den Menschen birgt», doch die Gefahr tangiere nicht das 20. Jahrhundert, sie reiche nur «bis Nietzsche». Das faustische «Zusammengehen von Psychologie mit dem Machtproblem» beschränke sich auf Phänomene «im Geistesleben des 19. Jahrhunderts».

Bei keinem anderen Werk hat Thomas Mann so empfindlich auf negative Kritik reagiert wie im Fall von «Doktor Faustus». Es war sein «wildestes» und zugleich «teuerstes» Buch, das er mit seinem «Herzblut» geschrieben hatte. «Früheres und Späteres von mir», so erklärte er, «mag glücklicher, heiterer, selbst künstlerisch gewinnender sein – an diesem Buch, d. h. ‹Doktor Faustus›, hänge ich wie an keinem anderen. Wer es nicht mag, den mag ich sogleich nicht mehr. Wer sich sensibel zeigt für die seelische Hochspannung, unter der es steht, dem gehört meine ganze Dankbarkeit.» Mit banger Erwartung sah er vor allem der amerikanischen Kritik entgegen. Obwohl die wohlwollenden Stimmen überwogen, beschäftigte er sich fast nur mit den negativen Rezensionen. In einem Brief an Agnes Meyer schrieb er am 6. November 1943: «Einige Tage war ich niedergeschlagen durch die Faustus-Kritiken, die mir vor Augen kamen und mir einen trostlosen Eindruck machten. N.Y. Times war schon schlimm, aber den tiefsten Punkt erreichte ein gewisser Hamilton Basso im ‹New Yorker›. Es war da der Dummheit eine Bosheit beigemischt, die ich übrigens verstehe. Ich bin zeitweise in diesem Land zu oft als ‹the greatest living man of letters etc.› ausgerufen worden und mußte auch als Herausforderung wirken, denn gerade in diesem Land soll kein Baum in den Himmel wachsen – was ich nur billigen kann. Aber ich war in alledem ja unschuldig und bin … nicht halb so anmaßend und selbstzufrieden und überheblich wie die review-Schreiber zu glauben scheinen. Nur ist gerade dieses Buch, der ‹Faustus›, mir eigentümlich teuer und immer noch wie eine offene Wunde, schrecklich empfindlich gegen plumpe Berührung – die doch unvermeidlich ist …»

Über die seelische Befindlichkeit Thomas Manns in der letzten Arbeitsphase am «Doktor Faustus» geben mehr noch als der Werkstattbericht «Roman eines Romans» seine Tagebücher 1946–1948 Auskunft. In einer Situation des geistigen und körperlichen Leidens war der Roman, so scheint es, der einzige Bezug zur Gegenwart. Der Autor vermutet selbst, daß die Beschäftigung mit dem Manuskript des «Doktor Faustus» ihm buchstäblich geholfen habe, seine schwere Lungenkrankheit zu überleben. Nach der Rückkehr aus dem Krankenhaus notierte er in sein Tagebuch: «Vollendung des Romans Hauptziel. Unendliche Tröstung über das Werk durch den Eindruck, den die mitgenommenen Kapitel (einschließlich der Apokalypse) auf Erika und K. machten. In Tränen einmal, als Erika davon sprach …» (28. Mai 1946). Während Thomas Mann sich immer wieder um wohlwollende Kommentare von Erika und Katja bemühte, gab es kaum Diskussionen mit dem Bruder Heinrich über das «Faustus»-Projekt. Als der ihm dann kurz vor seinem Tod ein Buch widmete mit den Worten «Meinem großen Bruder, der den ‹Doktor Faustus› schrieb», war die Ergriffenheit des Jüngeren nach eigener Aussage «unbeschreiblich».

Auch wenn Thomas Mann seine Äußerungen in den Briefen und Tagebüchern stets sorgfältig hinsichtlich ihrer möglichen Wirkung auf die Nachwelt formuliert hat, waren seine «Faustus»-Emotionen echt. Zweifellos hat er darunter gelitten, sich innerlich gerade dann vom Goethe-Deutschland distanzieren zu müssen, als es ihm gelungen war, sein äußeres Leben «nach Goetheschem Muster auszubauen». Die Spiegelungen Goethes, die über mehr als fünfzig Jahre Thomas Manns Leben und Werk durchziehen, erscheinen im Rückblick als ununterbrochene Versuche, das persönlich erlebte Ideal künstlerischer Existenz im Weimarer Vorbild sichtbar zu machen.

Das Bild von der «offenen Wunde», die sein «Doktor Faustus» hinterlassen habe, verwendet Thomas Mann mehrfach. Eckhard Heftrich hat dieses Bild dann auch zum Thema seines Gedenkartikels (in der FAZ vom 1. Februar 1997) anläßlich des 50. Jahrestages der Vollendung des Romans gemacht. Er erinnert an den Parsifal-Vergleich, den Thomas Mann gezogen hat, und an den Unterschied. «Erlösung dem Erlöser» lauten die letzten Worte des «Parsifal», nachdem der Speer, der die Wunde schlug, sie auch geschlossen hat. Im «Doktor Faustus» sei es Leverkühn, der das Leid der Epoche trage, wobei offenbleibe, ob er «gerettet» oder «gerichtet» werde. Aber schon in den «Buddenbrooks» finde sich das «jahrzehntelang unentdeckte Urmuster» der geheimen Identität: «Thomas Mann begann

‹Buddenbrooks› im steinernen Saal zu Palestrina (dem Geburtsort des gleichnamigen Komponisten) zu schreiben. In ebendiesem Saal findet das imaginäre Teufelsgespräch statt. Zwischen dem großen Werk des Anfangs und jenem des Endes liegt das deutsche Verhängnis, das den welthistorischen Namen Hitler trägt. So ward dafür gesorgt, daß mit dem ‹Parsifal› des zwanzigsten Jahrhunderts die Wunde sich nicht schließt.»

Eine andere «offene Wunde» in der Entstehungsgeschichte des «Doktor Faustus» sind die Urheberansprüche Theodor W. Adornos. Daß sein Anteil am Roman weitaus größer war als bis dahin angenommen, weiß man seit dem Erscheinen der Tagebücher Thomas Manns 1946–1948. Wie stark das Verhältnis zwischen Mann und Adorno zeitweilig durch das «Faustus»-Problem belastet war, dokumentieren die Aufzeichnungen aus der ersten Februarhälfte des Jahres 1948. Am 7. Februar notierte Thomas Mann einen «hysterischen Ausbruch» Adornos, «in dessen Brust das Bewußtsein der musikalischen Teilhaberschaft am Faustus gährt. Etwas unheimlich.» Einen Tag später wird berichtet, «daß Adorno sich schon zu Bibi (d. i. der Sohn Michael Thomas Mann) über seine Teilhaberschaft triebhaft entladen u. entlastet hat. Überlege Maßnahmen zu seiner Beruhigung.» Am 13. Februar schließlich informiert Thomas Mann seinen Gast und Nachbarn Adorno beim Abendessen «über die Absicht, auch über Faustus eines Tages Autobiographisches zu schreiben, – zu seiner Beruhigung». So geht also der Plan für die Abfassung des Werkstattberichts («Roman eines Romans – Die Entstehung des Doktor Faustus») vor allem auf das schlechte Gewissen des Autors gegenüber seinem «Hauptberater» zurück. Obwohl Thomas Mann sich bereits in der Endfassung des Romans von zahlreichen Adorno-Exkursen im Sinne der «Diskretisierung» getrennt hatte, wie Inge Jens im Anhang der Tagebücher akribisch dokumentiert, befürchtete er weitere peinliche Bloßstellungen.

Der 29. Januar 1947 («Abschluß des ‹Faustus›») wurde nicht zu der erhofften befreienden Zäsur. Außer Adorno, dessen «Enthüllungen» Katia Mann inzwischen «unerträglich und desillusionierend» fand, meldete jetzt auch Arnold Schönberg energisch Urheberansprüche an. Thomas Mann stellte alle anderen Arbeiten zurück und begann mit dem «Roman eines Romans». Den Rezensenten erschien der fertige Arbeitsbericht als Dechiffrierung eines komplexen Schlüsselromans – obwohl auch hier nicht alle Quellen preisgegeben wurden. Der Religionsphilosoph Hans-Joachim Schoeps zum Beispiel hat erst 1970 im 14. Kapitel des «Doktor Faustus» das «Plagiat mehrerer Seiten» aus einer von ihm 1931 herausgegebenen Programmschrift der bündischen Jugendbewegung («Die Freideutsche Position») entdeckt und dazu in der *Zeitschrift für Religions- und Geistesgeschichte* einen langen kritischen Kommentar verfaßt. Doch die Erörterung der Werkbeziehung Adorno–Thomas Mann läßt sich nicht auf eine kritische Reflexion der Mannschen Collagentechnik reduzieren. Ohne die Hilfe Adornos wäre der «Doktor Faustus» vermutlich nicht realisiert worden. Thomas Mann benötigte für seinen Roman die wissenschaftliche Bestätigung der Möglichkeit einer «musikalisch-faustischen Endzeitpersönlichkeit» und der damit verbundenen Musik. Die ihm vertraute Ideenwelt von Goethe, Nietzsche und Wagner reichte dafür allein nicht aus.

Adorno vermittelte nicht nur die musiktechnische, sondern vor allem auch die soziologisch-philosophische

Grundlage für eine adäquate Analyse der deutschen Endzeitproblematik. Das Verhältnis Thomas Mann–Adorno läßt sich kaum allein aus dem Werkstattbericht des «Doktor Faustus» und den dort zitierten musiktheoretischen Einzelschriften erschließen. Aufschlußreicher ist es, frühere Arbeiten des Soziologen mit dem Roman zu vergleichen und auch die Korrespondenz einzubeziehen. Einzelne Aphorismen der «Minima Moralia» Adornos lesen sich wie Kommentare zur fehlenden gesellschaftlichen Perspektive Faust / Leverkühns, so zum Beispiel: «Für den Intellektuellen ist unverbrüchliche Einsamkeit die einzige Gestalt, in der er Solidarität etwa noch zu bewähren vermag. Alles Mitmachen, alle Menschlichkeit von Umgang und Teilhabe ist bloße Maske fürs stillschweigende Akzeptieren des Unmenschlichen.» War das als Rechtfertigung für das Verhalten Thomas Manns gemeint? Auch ihm hatte man nach 1933 «stillschweigendes Akzeptieren» vorgeworfen. Es scheint so, als ob die Romanfigur Leverkühn mit Unterstützung Adornos auch eine autobiographische Rehabilitationsfunktion für den Autor zu erfüllen hatte. Im «Doktor Faustus» heißt es: «Einzelne mögen von seiner Scheuheit, der Einsamkeit, die ihn umhüllte, der hohen Schwierigkeit seiner Existenz verständnisvoll berührt gewesen sein ... Meiner Erfahrung nach gibt es in der Schweiz viel Sinn für Leiden.»

Die Schwierigkeiten, mit denen Thomas Mann bei der Abfassung seines Romans zu kämpfen hatte, entsprangen aus dem Zwiespalt zwischen gewolltem «Neuem» und der belastenden Tradition des «Alten». In dieser Situation kam die Hilfe Adornos, der damals zusammen mit Horkheimer an der «Dialektik der Aufklärung» arbeitete, wie gerufen. In der Vorrede zur «Dialektik» analysierten die beiden Repräsentanten der «Kritischen Theorie» die intellektuelle Situation des Faustus-Deutschland: «Was die eisernen Faschisten heuchlerisch anpreisen und die anpassungsfähigen Experten der Humanität naiv durchsetzen: die rastlose Selbstzerstörung der Aufklärung zwingt das Denken dazu, sich auch die letzte Arglosigkeit gegenüber den Gewohnheiten und Richtungen des Zeitgeistes zu verbieten» (Mai 1944). Das ist auch das Thema des zentralen Teufelsgesprächs im «Doktor Faustus». In diesem Gespräch erweist sich Leverkühn als «zu klug eigentlich für die Kunst» (so Thomas Mann 1949 an Albert Oppenheimer), und der gelehrte Teufel, der Adorno gleicht («auf der gebogenen Nase eine Brille mit Hornrahmen, hinter der feucht-dunkle, etwas gerötete Augen schimmern»), spottet über die naiven Versuche, das magische Wesen der Musik in menschliche Vernunft aufzulösen.

In der Darstellung Thomas Manns erweist sich das Teuflische als das abtrünnige Gute. In der dämonisierenden Metaphorik liegt die Klage über Verwandtschaft und gleiche Herkunft des «guten» Deutschland des Humanismus und des «bösen» der Barbarei. Bei Thomas Mann beinhaltete diese Metaphorik zugleich eine selbstkritische Tendenz. Als er seinem Bruder Heinrich den Entwurf der Rede «Deutschland und die Deutschen» zu lesen gab, erkannte der sogleich die emotionale Bedeutung der Selbstkritik und sagte: «Ich will mich so stark ausdrücken, wie ich es meine. Der Satz ‹Das böse Deutschland, das ist das fehlgegangene gute, das gute im Unglück, in Schuld und Untergang› – dieser Grundgedanke, ihn gefunden zu haben in seiner unvergesslichen Prägnanz, würde jeden Autor rechtfertigen sein Leben lang. Der Autor aber bist Du allein. Das hatte niemand gewusst. Vor Deinen Hörern wirst Du in der Haltung des Bekenners stehen. ‹Ich habe es auch in mir.›»

Thomas Mann hatte die moralisch einseitige Selbstdarstellung des «anderen Deutschland» bereits vor Beginn der Arbeit an seinem «Faustus»-Projekt zu hinterfragen begonnen. Schon im Dezember 1936, nach der Lektüre des Romans «Mephisto» von Klaus Mann, hielt er es für einen Fortschritt, daß «das Böse» im Guten wiederentdeckt sei und es den Teufel wieder gebe. Und das heißt, daß es für alle Beteiligten keine Erlösung vom Übel des deutsch-faustischen Machtstrebens geben kann. So endet sein «Doktor Faustus» fast ohne Hoffnung: «Deutschland, die Wangen hektisch gerötet, taumelt dazumal auf der Höhe wüster Triumphe, im Begriffe, die Welt zu gewinnen kraft des einen Vertrages, den es zu halten gesonnen war, und den es mit seinem Blute gezeichnet hatte. Heute stürzt es, von Dämonen umschlungen, über einem Auge die Hand und mit dem anderen ins Grauen starrend, hinab von Verzweifelung zu Verzweifelung. Wann wird es des Schlundes Grund erreichen? Wann wird aus letzter Hoffnungslosigkeit, ein Wunder, das über den Glauben, das Licht der Hoffnung tragen? Ein einsamer Mann faltet seine Hände und spricht: Gott sei eurer armen Seele gnädig, mein Freund, mein Vaterland.»

Symbolisch für den Untergang Deutschlands erschien auch die Zerstörung des Frankfurter Geburtshauses Goethes im März 1944. Ernst Beutler, der Direktor des Freien Deutschen Hochstifts und des Goethemuseums, hat das Ende dieser Kultstätte als ein tragisches Flammenszenario beschrieben. Das Feuer brach nach einem Bombenangriff am 22. März aus. Während der Museumstrakt sofort niederbrannte, hielt das Dichterhaus den Flammen hartnäckig stand. Am Morgen des 23. war zwar das Giebelzimmer verschwunden, doch es standen noch die Fensterreihen einschließlich des zweiten Stocks. Gegen Abend stürzte das Treppenhaus ein –

aber erst am Vormittag des 24. März neigte sich das ganze Haus von Süden nach Norden und «brach dann prasselnd zusammen». War damit am Ende des nationalsozialistischen Systems – das symbolisch in der Ruinenlandschaft deutscher Städte stattfand – nicht auch der deutsche Repräsentationsbegriff von klassischer Kultur und Bildung in Trümmer gefallen? Einige stellten damals solche Fragen. Der Philosoph Karl Jaspers beispielsweise, der 1947 den ersten Frankfurter Goethe-Preis nach dem Krieg erhielt, fragte, ob die «Bildung durch Goethe, so wie sie geschehen ist», nicht «zum Teil ein Verhängnis» gewesen sei. Noch deutlicher artikulierte der damalige Frankfurter Universitätsrektor Franz Böhm sein Mißtrauen: «Ist ein Volk, dessen Angehörige zu einem ins Gewicht fallenden Teil von Goethe geprägt sind, gegen eine Entwicklung gefeit, die zum totalitären Terrorstaat, zum Despotismus einer auf Gewalt gegründeten Fanatikerpartei führt? Schützt uns der Ruf: Zurück zu Goethe! vor einer Wiederkehr dessen, was wir erlebt haben, was wir getan haben, was uns widerfahren ist?»

Entsprechend kontrovers, weil von symbolischem Rang, verlief die Diskussion über den Wiederaufbau des Goethehauses. Es gab Widerspruch gegen Beutlers Rekonstruktionspläne. Vor allem Dolf Sternberger rückte die Frage «Wiederaufbau oder nicht?» in den Problemzusammenhang von Kontinuität und Diskontinuität des klassisch-geistigen Erbes. Schon vor dem Brand des Goethehauses sei Frankfurt geistig zerstört gewesen, «inwendig, ganz ohne Krieg, erstickt, zerpreßt, ausgehöhlt». Und der Germanist Richard Alewyn konstatierte: «Zwischen uns und Weimar liegt Buchenwald.»

Doch die kritische und selbstkritische Betrachtung der Wirkungsgeschichte der deutschen Klassik blieb gesellschaftlich und kulturpolitisch eine Minderheitenposition. Das geistige Nachkriegsklima (West-)Deutschlands wurde durch eine Goethe-Renaissance geprägt, in der das Bild des Weimarer Dichterfürsten nicht durch den abgewirtschafteten deutschen Nationalismus verdunkelt wurde, sondern im Lichte der Tradition des christlichen Abendlandes wieder hell erstrahlte. Der Thomas-Mann-Kritiker Frank Thiess feierte Goethe sogar als Quelle des Widerstands gegen Hitler, dessen «Geist» allein die «totale Vergiftung und Selbstzerstörung des deutschen Volkes verhinderte». Die Periode zwischen dem Zusammenbruch des Dritten Reiches und der Gründung zweier deutscher Staaten im Jahre 1949, als man zugleich Goethes 200. Geburtstag feierte, stand überwiegend im Zeichen einer legitimatorischen Rückbesinnung auf die «guten» Traditionen.

Zur einstimmenden Vorbereitung auf die Feiern zum großen Dichtergeburtstag erhielt das von den ehemaligen Redakteuren der NS-Wochenzeitung *Das Reich* – Elisabeth Noelle und Erich Peter Neumann – neu gegründetete Allensbacher Institut für Demoskopie seinen ersten großen Umfrageauftrag. Für eine dreiteilige Rundfunksendung sollte das deutsche Goethe-Bild im Jahre 1949 ermittelt werden. Der größte Teil der verwertbaren Antworten kam von Beamten, die eine höhere Schule besucht hatten. Die Meinungsforscher hatten einen neuen, scheinbar von negativen Traditionen unbelasteten Typus des deutschen Bildungsbürgers gesucht und gefunden: «Ein Mensch, der ab und zu etwas von Goethe liest und mit diesem Wenigen lebt, gehört im Sinne unseres Experiments eher zur echten Goethegemeinde als ein kundiger Fachmann, der nicht unbedingt eine wirklich *innere* Beziehung zu Goethe haben muß.»

Nicht so erbaulich war der Eindruck der Emigrantin Hannah Arendt, als sie im Goethe-Jahr 1949 Deutschland besuchte. Die Menschen, denen sie damals begegnete, werden von ihr als sprachlose und starre Geschöpfe beschrieben. Keine Trauer, kein Zorn auf die Verbrecher, sondern Schweigen über die Greueltaten und Vergessen – sowie eine fast sinnlose Geschäftigkeit, die alles überdeckte. Auch Thomas Mann, der 1949 zu Vorträgen nach Frankfurt / Main und Weimar geladen war, muß sich in dieser Atmosphäre der Verdrängung unwohl gefühlt haben. Seine Reden wirkten lustlos, waren – wie Mandelkow urteilt – «gekonnte Pflichtübungen». Die «echte Goethe-Gemeinde» (Noelle / Neumann) begegnet Thomas Mann, der nicht mehr in Deutschland leben wollte, mit Mißtrauen und Häme. Am 7. Juli 1949 erschien in der *Zeit* ein denunziatorischer Artikel mit dem Vorwurf, daß der Frankfurter Preisträger Thomas Mann einen «anderen Goethe» repräsentiere, «als wir ihn zu sehen gewohnt sind». Noch ablehnender drückten sich Provinzblätter aus. So hieß es im *Flensburger Tageblatt* vom 14. Mai 1949: «Man hätte sich wünschen müssen, daß ein Dichter, der in seinem Werke jene Richtung des schöpferischen Geistes repräsentiert, jene Deutschheit, zu der auch Goethe sich bekannte ..., daß ein solcher Dichter in Frankfurt am Goethe-Tag zu Wort gekommen wäre – einer, der nicht in die Emigration ging, sondern unter uns blieb, als es schwer und bedrückend war, in Deutschland zu leben.»

Was die «Daheimgebliebenen» dem Exilanten Thomas Mann wohl am meisten verübelt haben, war seine Erklärung bei der Einwanderung in die USA: «Wo ich bin, ist Deutschland.» Er hatte, wie man in seinem Tagebuch nachlesen kann, von der «Höllenfahrt» Deutschlands nicht nur literarische Vorstellungen. So notierte er am 5. Mai 1945, daß rund eine Million Deutsche, darunter Literaten wie Hanns Johst und Will Vesper, ausgemerzt werden müßten. Doch wenn Thomas Mann Deutschland als eine Art Kollektivwesen oder besser als eine mythische Gesamtpersönlichkeit betrachtete, dann meinte er in erster Linie das kulturelle Deutschland. In realpolitischer Hinsicht wußte er durchaus zwischen Nazis und anderen Deutschen zu unterscheiden. Doch er blieb heimatlos, war immer wieder Mißverständnissen ausgesetzt. Die Linken warfen ihm vor, daß er als Vertreter der Kollektivschuldthese Opfer und Täter gleichermaßen büßen lassen wolle, während die Rechten in ihm Moskaus fünfte Kolonne vermuteten. Was ihn zur Verzweiflung trieb, war das offensichtliche Scheitern einer Versöhnung zwischen dem «anderen Deutschland» und dem Deutschland nach Hitler.

Faust und Marx – der Tragödie dritter Teil

Im Osten Deutschlands ging man mit Thomas Mann im Goethe-Jahr 1949 höflicher um als im Westen. In Weimar wurde der ehemalige Emigrant als Repräsentant des «anderen Deutschland» begrüßt, als Erbwahrer einer humanistischen Tradition, in deren geistiger Nachfolge sich auch die in Gründung befindliche DDR zu stilisieren versuchte. Thomas Mann, der sich auf Gesten verstand, ließ sich durch westdeutsche Kritiker nicht davon abbringen, am 1. August 1949 den «Goethe-Nationalpreis» im Deutschen Nationaltheater zu Weimar persönlich entgegenzunehmen. Nach seiner Rückkehr in die USA hat er seine Haltung – in einem Brief an Paul Olberg vom 27. August 1949 – begründet: «Nach Weimar bin ich gegangen, weil ich die ‹tiefe Kluft›, die durch Deutschland läuft, beklage und der Meinung bin, daß man sie nicht vertiefen, sondern womöglich, sei es auch nur festlich-augenblicklicherweise, überbrücken soll. Die Leute dort haben mir Dank gewußt dafür, daß ich sie nicht vergaß, sie nicht als verlorene Kinder Deutschlands behandelte, die man wie Pestkranke meiden muß, sondern daß ich auch zu ihnen kam und zu ihnen sprach, wie zu Auch-noch-Deutschen.» Und er vergaß nicht zu erwähnen: «In der Ostzone habe ich keine schmutzigen Schmähbriefe und blöde Schimpfartikel zu sehen bekommen, wie sie im West vorkamen – und nicht nur ‹vorkamen›.»

Das Goethe-Jahr war für die SED eine willkommene Gelegenheit, ihren Kulturbegriff vom «klassischen Erbe» propagandistisch zuzurichten. Sie nutzte diese Chance durch sorgfältige Vorbereitung. Als Präsident des «Kulturbundes zur Demokratischen Erneuerung Deutschlands» initiierte Johannes R. Becher bereits im Sommer 1948 die Bildung eines «Goethe-Ausschusses», dessen Mitglieder «Leitgedanken» für die Ausrichtung der kommunistischen Goethe-Feiern entwickeln sollten. Die SED stellte sich per Dekret «an die Spitze aller fortschrittlichen Kräfte im Kampf um eine neue Kultur, die an das große kulturelle Erbe des klassischen deutschen Humanismus anknüpft». Die marxistisch-leninistische Partei habe die Aufgabe, «die fortschrittlichen Ideen Goethes als Bestandteil des kulturellen Erbes unseres Volkes zu pflegen und weiterzuentwikkeln». In seiner pathetischen Weimarer Festrede vom 28. August 1949 unterstrich Becher den sozialistischen Anspruch auf das kulturelle Alleinerbe: «Das Reich, das Goethe heißt, wiederzuentdecken, ist gleichbedeutend damit, daß wir Goethe, den Befreier, befreien müssen aus den Händen derer, die sein Erbe so schändlich verschwendet und so schamlos mißbraucht haben.» Den Verrat an der Sendung Goethes datierte Becher zurück bis ins 19. Jahrhundert. Der deutschen Klassik sei «keine klassische deutsche Politik» gefolgt, wie die Niederlage der 48er Revolution bewiesen habe. Hätten die Deutschen sich Goethe «richtig» angeeignet, dann wäre es nicht zur Nazibarbarei gekommen.

Das Stichwort für dieses Interpretationsmuster stammte von Georg Lukács, der bereits 1941 in der Moskauer Exilzeitschrift *Internationale Literatur* seine «materialistischen» Faust-Studien veröffentlicht hatte und auch noch nach dem Krieg die Stalin-Diktatur mit einer faustischen Ideologie zu legitimieren suchte. «Der Große Oktober» habe, so Lukács, «Mephistopheles samt seinen magischen Kräften von der

Bühne der Geschichte verjagt», und «die mehr als dreißigjährige sozialistische Praxis der Sowjetunion zeigt: ein jeder Mensch steht auf freiem Grund mit freiem Volk ...» («Goethe und seine Zeit»). Die magischen Kräfte, mit denen Mephisto Fausts Höhenflüge ermöglichte, interpretierte Lukács als Elemente des sich formierenden Kapitalismus, symbolisiert durch das Zirkulieren von «Papiergeld», Enteignungsformen (Philemon und Baucis) und technologische Prozesse (Naturbeherrschung). Euphorion wird zum «ideologischen Repräsentanten des entstehenden kapitalistischen Zeitalters» ernannt, und der gesamte V. Akt des zweiten Teils erscheint als Darstellung der gesellschaftlichen Widersprüche im Kapitalismus. Auch das tragische Schicksal Gretchens erklärt sich aus diesen Widersprüchen. Für Lukács war Goethe ein Realist, dessen «Faust»-Drama die Realität «richtig» wiedergegeben habe. Obwohl sein Horizont über den Kapitalismus nicht hinausreiche, verkörpere Goethe – wie Hegel – den «höchsten Standpunkt des bürgerlichen Bewußtseins». Aufklärerisch und «demokratisch» sei Goethe deshalb, weil er im Fortschritt «das echte Feld der menschlichen Praxis eröffnet» gesehen habe. So konnte er samt seiner Dramenfigur «Faust» als «Humanist» sozialistisch vereinnahmt werden. In der Interpretation Lukács' spiegelt sich das marxistische Geschichtsbild des 19. Jahrhunderts.

Daß in der marxistischen «Faust»-Rezeption Karl Marx selbst fast nur in allegorischen Zusammenhängen bemüht wird, liegt vermutlich daran, daß es in seinen philosophischen und ökonomischen Schriften kaum direkt verwendbare Zitate gibt. Aufschlußreicher ist die Korrespondenz mit Friedrich Engels. Als zum Beispiel ein alter publizistischer Kontrahent, der Theologe Bruno Bauer, in der Nähe von Berlin «50 Acker Land» pachtete, um dort in Muße die «Geschichte des Urchristentums» zu schreiben, äußerte Marx gegenüber Engels (in einem Brief vom 10. Januar 1857) die ironische Vermutung, Bauer sei «durch die Reminiszenz» beeinflußt, «daß Faust im zweiten Teil Grundeigentümer wird. Er vergißt nur, daß der Faust das Geld zu dieser Transformation vom Teufel erhielt.» Obwohl Marx das Werk Goethes wie ein antikes Kulturgut verehrte (laut Wilhelm Liebknecht war «Faust» sein «Lieblingsgedicht»), konnte er das «faustische Streben» nur schwer als historische Produzentenleistung einordnen, die gemäß seiner Logik als «unmittelbar verflochten in die materielle Tätigkeit und den materiellen Verkehr der Menschen» erkennbar gewesen wäre.

Ähnlich ordnete später Franz Mehring die Wirkungsmöglichkeit der klassischen Literatur in die «deutsche Misere» ein. Da das deutsche Bürgertum – anders als das französische – «nicht stark genug» für die politische Machtausübung gewesen sei, habe es sich «in der Literatur ein Idealbild der bürgerlichen Welt» geschaffen. Wolfgang Leppmann nennt es eine ironische Tatsache, «daß dem marxistischen Goethebild nicht ein existentielles Dilemma Goethes, sondern ein intellektuelles Dilemma von Karl Marx zugrunde liegt».

Das intellektuelle Dilemma der DDR bestand, wie Lothar Ehrlich von der «Stiftung Weimarer Klassik» nach der «Wende» resümierte, nicht in einem «Goethe-Zentrismus», sondern «Faust-Zentrismus». Die Politiker würzten ihre Reden mit entsprechenden Zitaten, in den Theatern wurde zu allen gesellschaftlichen Höhepunkten Goethes «Faust» gespielt, Schriftsteller, Komponisten und bildende Künstler waren aufgerufen, ihre «konstruktive» Beziehung zum

Faust-Motiv zu beweisen, im Literaturkanon an den Schulen und Hochschulen nahm das Werk einen besonderen Stellenwert ein. Der Umgang mit dem Faust-Mythos war Staatsangelegenheit und Grundsatzfrage, die Tradition des antifaschistischen Goethe-Faust-Erbes war heilig. So ist die Geschichte der Faust-Rezeption in der DDR ausschließlich eine Geschichte des Anspruchs auf die «richtige» Rezeption des Goetheschen Werks.

«Faust» als sozialistische Offenbarung, die den geheimen ideologischen Sinn der Welt entschlüsselt, das ist auch eine Traditionsvariante der absoluten Weltanschauungsinterpretation von Schelling und Hegel. Der neue «materialistisch-marxistische Faust» geht auf das alte idealistische Erklärungsmuster zurück. Für dieses alt-neue Erklärungsmuster durfte sich dann auch, auf seinem Leipziger Lehrstuhl, der Faustik-Experte des Nationalsozialismus, Hermann August Korff, ohne Verbiegungen weiter nützlich machen. Am 28. August 1949 hielt er in Leipzig das Koreferat zu Bechers Goethe-Ansprache. Auch wenn Korff «mit dem Gefühl der tiefsten Beschämung» eingestand, daß das «Vertrauen zum faustischen Menschen – im ganzen genommen – getrogen» habe, blieb er bei seinem alten Bekenntnis: «Wir haben keine andre Wahl, denn als faustische Menschen zu leben und zu handeln. Hüllen wir uns in den Mantel unseres heroischen Fatalismus! Es ist das Gesetz, nach dem wir angetreten und in dem Goethe auch seinen sterbenden Faust enden läßt.»

In der Person Korffs dokumentiert sich die ungebrochene Kontinuität der deutschen Faust-Forschung. Er hat in vier verschiedenen staatlichen Systemen gelehrt und publiziert: in der Weimarer Republik, im Dritten Reich, in der DDR und in der alten BRD! Neben der traditionellen

Korff-Faustik in Leipzig bildete sich in Weimar um Gerhard Scholz, den Leiter des «Goethe- und Schiller-Archivs», ein marxistisches «Faust»-Zentrum. Scholz betrieb die Germanistenausbildung im Sinne einer Kaderschmiede für Lukács-Jünger. In seinen berühmt-berüchtigten «Faust-Gesprächen» rechtfertigte er die von Faust begangenen Morde als «geschichtlich notwendiges Ungerechtsein», denn Goethe habe das «Ermüdenmüssen der Gerechtigkeit in revolutionären Ausnahmezuständen» als geschichtliche Notwendigkeit zeigen wollen.

Abweichler von der Lukács-Ästhetik und der Kulturlinie der Partei wurden von Absolventen der Scholz-Kaderschule heftig attackiert. Diese Erfahrung mußte auch der Literaturwissenschaftler Hans Mayer machen, als er in Leipzig versuchte, das Goethe-Bild von Lukács zu erweitern, indem er sich gegen die einseitige Verdammung von Romantik und Moderne wandte. Mit welcher Willkür die stalinistischen Kulturpolitiker den Frontverlauf veränderten und den jeweiligen politischen Bedürfnissen anpaßten, dokumentieren die Ereignisse nach dem Ungarn-Aufstand im Jahre 1956. Jetzt galt Lukács plötzlich als «Revisionist», und seine ästhetische Theorie – einschließlich seiner «Faust-Studien» – wurden als «bourgeois» kritisiert.

Der Faust-Mythos besitzt – so scheint es – eine besondere Affinität zur totalitären Instrumentalisierung. Die Nationalsozialisten bemühten ihn *gegen* «jüdische Zersetzung», *für* faschistische Siedlungsprogramme und totalen Kriegseinsatz – die Kommunisten *gegen* «bürgerliche Dekadenz», *für* die Arbeiterklasse und den Sieg des Sozialismus. Walter Ulbricht verkündete in seiner Rede vor dem DDR-Nationalrat im März 1962, daß der noch fehlende «Faust III» als Gesamtkunstwerk des deutschen Arbeiter-und-Bauern-Staates entstehen werde. Den im V. Akt von Goethes «Faust II» beschriebenen «Sumpf» und «faulen Pfuhl», der «alles schon Errungene» verpeste, verglich er mit dem Zustand der kapitalistischen Bundesrepublik und sah in der sozialistischen DDR die Vision von «freiem Grund mit freiem Volk» verwirklicht.

Bevor der Begriff der «sozialistischen Nation» auf die «Klassenbasis» des DDR-Territoriums eingeengt wurde, war bereits der kommunistische Traum vom «freien Grund» mit nationalistischem Pathos durchsetzt. Insbesondere in den Liedern der «Freien Deutschen Jugend» klangen altvertraute bündisch-völkische Töne an. Unter Berufung auf Stalin forderte man nicht nur die soziale, sondern auch die *nationale* Befreiung. Die Propaganda richtete sich gegen den «Bonner Separatstaat», der als von «Landesverrätern» regiert und von amerikanisch-imperialistischer Kultur «zersetzt» hingestellt wurde. In den Reden Walter Ulbrichts mußte Faust nicht nur die rote Fahne, sondern auch die der Nationalen Front hochhalten. «Die Dialektik der Entwicklung in Goethes Faust enthält das Wesen jenes großes Kampfes, den wir in Deutschland führten und zum Sieg führen werden. Das heißt, nur die deutsche Arbeiterklasse und die Nationale Front des demokratischen Deutschland können die hohen Ideen Goethes endgültig zum Sieg führen.»

Das staatlich verordnete Faust-Dogma der DDR stieß aber auch auf marxistische Kritik. Heftige Kontroversen gab es 1952/53 um Hanns Eislers Opernlibretto «Johann Faustus» und um Bertolt Brechts «Urfaust»-Inszenierung am Berliner Ensemble. Eisler und Brecht stellten die Vorbildfunktion des klassischen Erbes und damit die offizielle Kulturpolitik in Frage. Eisler griff in seinem Textbuch des Opernentwurfs auf die frühen, vorgoethischen Überlieferungen des Faust-Stoffs zurück, thematisierte den Komplex Bauernkrieg/Thomas Müntzer und analysierte die Rolle des Geistes in der politischen Geschichte Deutschlands kritischer, als die Lukács-Doktrin es erlaubte. Auch Brecht stellte «den ursprünglichen Ideengehalt des Werks» in einen Gegensatz zur deformierten Klassizität. In einem seiner Probenberichte (24. März 1952) heißt es: «Fausts Grenzen kennt man, man sieht sie im Stück. Sein dialektischer Widerspruch: Zugleich aufgeklärter Geist *und* Verbrecher.»

Der Literaturwissenschaftler Walter Hinck hat Brechts «Urfaust»-Inszenierung zu Recht als einen jener Versuche bezeichnet, «die auf jeweils andere Weise die Frage nach Schuld und Mitschuld der Intellektuellen an der ‹Deutschen Misere› umkreisen». Faust als «Zentralgestalt der deutschen Misere» und der «Humanist als Renegat» waren auch die Reizworte, mit denen der österreichische Marxist Ernst Fischer in der Zeitschrift *Sinn und Form* die Debatte über Hanns Eislers Oper auslöste. Fischer lobte Eislers Entwurf als «geniale Konzeption», die es verdiene, als «deutsche Nationaloper» akzeptiert zu werden. Er begrüßte, daß Faust im Zusammenhang mit der Problematik des Bauernkrieges dargestellt werde. In der Theorie sympathisiere der Humanist zwar mit den Ideen Müntzers, wenn es aber um praktische und revolutionäre Entscheidungen gehe, lamentiere er «in feiger Klugheit». Für die SED-Führung antwortete Alexander Abusch mit der schroffen Rüge, daß es «keine ‹Zurücknahme› von Goethes Faust von ‹links› her» geben dürfe, und im gleichen Atemzug wurde auch erstmals der «nietzscheanische Pseudo-Faust» von Thomas Mann in die parteioffizielle Kritik einbezogen. Gegen alle Abwertungsversuche bleibe Goethes «Faust» die «große geistige Figur des einstigen bürgerlich-revolutionären Strebens zur Erkenntnis und Veränderung der Welt».

Brecht, der sich selbst gegen den Vorwurf der «formalistischen Verunstaltung Goethes» zu wehren hatte, erhob Einspruch: «Hat Eisler versucht, unser klassisches Faustbild völlig zu zerstören? Entseelt, verfälscht, vernichtet er eine wunderbare Gestalt des deutschen Erbes? Nimmt er den Faust zurück? Ich denke nicht. Eisler liest das alte Volksbuch wieder und findet in ihm eine andere Geschichte als Goethe und eine andere Gestalt, ihm bedeutsam erscheinend. Freilich bedeutsam in einer anderen Weise als die der Goetheschen Gestaltung. So entsteht für mein Empfinden ein dunkler Zwilling des Faust, eine finstere, große Figur, die den helleren Bruder nicht ersetzen noch überschatten kann und soll. Von dem dunklen Bruder hebt sich der helle viel mehr ab und wird sogar heller. So etwas zu machen, ist nicht Vandalentum.»

Eine Sonderstellung in der marxistischen «Faust»-Diskussion nahm Ernst Bloch ein, der nach seiner Rückkehr aus dem amerikanischen Exil in Leipzig Ordinarius für Geschichte der Philosophie wurde. 1949 veröffentlichte er in der *Neuen Welt* den Aufsatz «Das Faustmotiv in der Phänomenologie des Geistes», ein Thema, das er später auch in seine «Tübinger Einleitung in die Philosophie» aufnahm. Obwohl der Aufsatz für das Goethe-Jahr konzipiert war, paßte er nicht so recht in die von Becher initiierten SED-Feierlichkeiten. Für Bloch ist Goethes «Faust»-Idee zwar auch ein Produkt der Realität des 18. Jahrhunderts, doch Goethes und Hegels Bedeutung für die Gegenwart wird abstrakter abgehandelt als bei Lukács. Für die aktuelle «Erbe»-Diskussion waren Blochs Thesen zu ortlos. Das «Faust-motiv in der Phänomenologie» und das «Phänomenologiemotiv im Faust» kommen bei ihm überein in der «Erzeugungsgeschichte des Menschen und seiner Welt durch Bewegung und Arbeit».

An der Kontroverse um Eislers Oper und Brechts «Urfaust» hat Bloch sich nicht beteiligt. Erst 1956 äußerte er sich wieder öffentlich zum Faust-Mythos. In der Zeitschrift *Sinn und Form* erschienen vorab als Essay die späteren Faust-Passagen aus dem dritten Band seines Hauptwerkes «Das Prinzip Hoffnung». Faust wird als eine «Figur der Grenzüberschreitung» skizziert. In der Darstellung verschränken sich drei Betrachtungsebenen: Hegels Thesen über Sein und Seinsweise, die marxistische Methode, Literatur aus dem historischen Gesellschaftsprozeß zu begründen, und die existenzphilosophische Beschreibung der Situation des Individuums. Faust ist jetzt nicht mehr in die reale Welt Goethes eingebunden: «Der Drang zum Jetzt und Da ist nie auf den eigenen, inneren Ort beschränkt. Er wird nur dort zuerst empfunden, auch gelöst, aber so, daß erst recht alles Draußen in dieser Nähe gesammelt und angerichtet werden soll. Dies eint die Figuren der Unruhe, sobald sie nur Raum um sich schlagen und haben. Sie sind auf dem Zug ins Volle ebenso welterfahrend, wühlen die Frauen und alle Dinge nach dem auf, was ihre Sehnsucht stillt. Am sichtbarsten die Meistergestalt der Unruhe, die nun auf der Höhe und in der Mitte aller anderen erscheint: Doktor Faust oder die intensiv-extensive Unbedingtheit zugleich. Er ist der Grenzüberschreiter schlechthin.»

Nach 1989 gehörte es zur wohlfeilen «political correctness» westdeutscher Intellektueller, politische Äußerungen Blochs aus den dreißiger Jahren zu einem «stalinistischen» Gesamtbild zu formen. Vor allem Joachim Fest war es ein

Anliegen, nachzuweisen, daß Bloch mit seinem eschatologischen, alttestamentarischen Sendungs- und Umsturzbewußtsein notwendigerweise beim stalinistischen Zwangskommunismus habe landen müssen. Zweifellos ist Blochs philosophisches Werk reich an kräftigen Metaphern – doch diejenigen von Gewalt, Kadavergehorsam und Grausamkeit wird man nicht finden.

In der DDR war es nicht Tagesmode, sondern Staatsauftrag, Theorien und kulturelle Strömungen nach politischen Erklärungen ihrer Urheber abzuurteilen. Ernst Bloch wurde 1957 zwangsemeritiert und floh wenig später in den Westen. Für den Akademischen Senat der Leipziger Universität hatte «damit der Prozeß der Selbstentlarvung Blochs» sein Ende gefunden. Die SED-Parteileitung der Universität nannte ihn einen «Deserteur, Renegat, Verräter, Betrüger, gefährlichen Verbrecher». Er sei «zu Globke gegangen» und «Jaspers und Schlamm vor die Füße gefallen. Pack schlägt sich, Pack verträgt sich ...» In Tübingen fand Bloch eine Bleibe als Gastprofessor. 1967 erhielt er den Friedenspreis des deutschen Buchhandels. Mit seinen «Utopie»-Thesen übte er großen Einfluß auf die Studentenbewegung aus, und vermutlich ist das der eigentliche Grund für die jüngsten Demontagearbeiten. Bis heute wird Bloch im Sinne seiner eigenen Definition als eine faustische «Figur der Unruhe» betrachtet.

1968 sorgte Faust in der DDR noch einmal für Unruhe. Nach einer Inszenierung von Wolfgang Heinz und Adolf Dresen am Deutschen Theater in Berlin und der Uraufführung des Stückes «Hans Faust» von Volker Braun am Deutschen Nationaltheater in Weimar mußte Alexander Abusch erneut «die Ausstrahlungen von Goethes Humanismus leider vermissen». In den siebziger Jahren gab es dann vorsichtige Ansätze zur Korrektur der staatlich verordneten «Faust»-Interpretation. In der Akademie der Wissenschaften und der Akademie der Künste bemühte sich eine jüngere Generation um eine Entdogmatisierung des «Faust»-Stoffes. 1973 wurde in *Sinn und Form* erneut eine «Faust»-Debatte geführt, unter anderem von Lothar Ehrlich, Helmut Holtzhauer und Werner Mittenzwei. Und 1978 erschien der «Faust»-Kommentar von Heinz Hamm («Werkgeschichte und Textanalyse»), in dem betont wird, daß Goethe sich «im Rahmen eines bürgerlichen Denkens» und nicht der marxistischen Theorie bewege.

Während sich die Positionen der offiziellen DDR-Faustik denen der traditionellen «bürgerlichen» West-Forschung anzugleichen begannen, übernahmen es westdeutsche Interpreten, den «materialistischen» Ansatz von Lukács zu verfeinern. Hier sind vor allem die Arbeiten von Thomas Metscher («Faust und die Ökonomie», 1976) und Heinz Schlaffer («Faust Zweiter Teil. Die Allegorie des 19. Jahrhunderts», 1981) zu nennen. Metscher versuchte die mehr geistesgeschichtliche Argumentation von Lukács durch eine Analyse der «Produktionsverhältnisse» zu ergänzen. Er bestätigt das Bild eines «linksbürgerlichen» Goethe. Schlaffer war noch radikaler in dem Bemühen, Goethe und Marx zu harmonisieren. Er berief sich auf Walter Benjamin, um zu beweisen, wie ähnlich sich «Faust II» und «Das Kapital» seien. Es bestehe ein Zusammenhang zwischen moderner Verkehrsform und allegorischer Denkform. «In eben der allegorischen Gestalt, die sich im Prozeß der Wertabstraktion bildete», so Schlaffer, «werden in Faust II die Grundbegriffe der politischen Ökonomie die Bühne betreten.» Politisch origineller war der Aufsatz «Faust und die

Nachrüstung» von Horst Domdey, der 1981 in den *Berliner Heften* erschien und auf die fatalen Konsequenzen des ungebrochenen Fortschrittsglaubens hinwies. Die Mephisto-Formel vom Guten des Bösen nähre die Illusion von einer stabilen Endform der Geschichte.

Insgesamt jedoch hatte die Übereinstimmung der etablierten Germanistik in West und Ost inzwischen eine stabile Form in der gemeinsamen Stilisierung Goethes als Vorbild des Humanismus erreicht. Die *Frankfurter Allgemeine Zeitung* konnte am 11. Juni 1977 vermelden, daß die gesamtdeutsche Goethe-Tagung in Weimar in einem «erfreulichen Geist der Harmonie» verlaufen sei. Ein westlicher «Faust»-Experte soll gesagt haben, daß er sich mit «den Marxisten aus Jena und Greifswald» besser verstehe als «mit den Neomarxisten und Maoisten an den westdeutschen Hochschulen». Daß dann aber zwanzig Jahre später – im sechsten Jahr der Einheit – in einer Leserbriefkontroverse der FAZ der Vers vom «freien Grund mit freiem Volk» noch einmal die alten «Faust»-Fronten zu beleben vermochte, mutete wie eine Parodie auf das «letzte Gefecht» an. Klaus Höpcke, letzter stellvertretender Kulturminister der DDR, gab sich auch in seiner neuen Funktion als Thüringer Landtagsabgeordneter goethefest. Er konfrontierte die Alteigentümer von DDR-Besitz mit dem «Faust»-Vers und orakelte: «Nachdem das vorsozialistische private Grund- und Bodeneigentum bei uns restauriert wird, gewinnt die Goethezeile neue geistige Sprengkraft.» Mit großer Geste überführte daraufhin der «Faust»-Herausgeber Albrecht Schöne den «früheren ‹DDR-Buchminister›» der stalinistischen Fehlinterpretation. Er habe wohl nur jene «Faust»-Deutung gelernt und behalten, «welche der Staatsratsvorsitzende Ulbricht am 25. März 1962 in seiner ‹an die ganze deutsche

Nation› gerichteten Rede vor dem Nationalrat der Nationalen Front verkündet hatte».

Doch die Probleme, die die Kommunisten mit Faust und Marx hatten, waren nicht in erster Linie Fragen der philologischen Deutung. Es geht nicht darum, wie «wissenschaftlich» ihre Goethe-Interpretationen oder wie textauthentisch ihre Bühnenstücke waren. Die realen Tragödien spielten sich im GULag ab. Wer den Pakt mit Stalin im Moskau der Terrorzeit unbeschadet überlebt hatte, mußte nicht nur seine Seele, sondern auch andere Menschen geopfert haben. Das galt für Wissenschaftler oder Künstler ebenso wie für Parteifunktionäre. Auch der «marxistische» Theater- und Filmregisseur Gustav von Wangenheim hat als Denunziant in Moskau überlebt. Ihm bot der GULag die Möglichkeit zur Inszenierung einer wahrhaft schaurigen «Gretchen-Tragödie». Er lieferte das «Material» für die Anklage gegen die Schauspielerin Carola Neher. In seiner «Zeugenaussage» vom 1. Juni 1936 stellte er seine denunziatorische Mißgunst und Eifersucht als «faustische» Standfestigkeit dar. Gegenüber dem NKWD gab er zu Protokoll: «Carola Neher halte ich für eine Abenteurerin, die nach ihrer ideologischen Einstellung nichts Gemeinsames mit der kommunistischen Partei hat. Ihre politische Einstellung ist antisowjetisch.» Der Schauspielerin, die durch ihre Rolle als Polly Peachum in Brechts Filmversion der «Dreigroschenoper» berühmt geworden war, wurde zum Verhängnis, daß sie 1933 dem deutschen Kommunisten Anatol Becker ins Exil nach Moskau gefolgt war. Nach dessen Verhaftung und Hinrichtung als angeblicher «Gestapo-Agent» kam auch sie in Untersuchungshaft. Bis dahin hatte sie der Regisseur von Wangenheim für Produktionen einer sowjetischen Filmfirma engagiert und war ihr auch privat sehr zugetan.

Carola Neher wurde zu zehn Jahren Gefängnis verurteilt und starb am 26. Juni 1942 unter elenden Umständen im Gefängnis von Sol-Ilezk. Der Denunziant von Wangenheim hingegen setzte seine glänzende Karriere auch nach 1945 in der SBZ / DDR fort, unter anderem als Intendant des Deutschen Theaters in Ostberlin. Zehn Jahre nach dem Tod von Carola Neher erkundigte sich der weiter mit Wangenheim kooperierende Brecht «ahnungslos» beim sowjetischen Botschafter Semjonow nach dem Schicksal seiner Lieblingsschauspielerin, deren Gefängnisstrafe ja eigentlich «schon seit geraumer Zeit verbüßt sein dürfte».

Bei Wangenheim und auch bei Brecht dokumentiert sich das faustisch-männerbündische Element nicht auf der Ebene von Theaterdramaturgie (hier geriet Brecht ja in Opposition zur Klassik und zum System), sondern als brutale Lebenspraxis. Daß Brecht die Frauen seiner Umgebung als «Abschreibsysteme» benutzt habe, erscheint als nur unzureichende Kritik dieser Zusammenhänge. Die totalitären Zwänge haben es offensichtlich erleichtert, auch und gerade die Geschlechterbeziehungen als dramatische Ausbeutungsverhältnisse zu gestalten.

Wie aber erklärt sich die oft Täter und Opfer gleichermaßen auszeichnende ideelle Emanzipation von totalitärer Wirklichkeit und Erfahrung? Hannah Arendt spricht in ihrer Totalitarismusanalyse ganz allgemein von der großen Anziehungskraft, «die das dem Terror entsprechende, sich selbst zwingende Denken auf moderne Menschen» ausübe und zur Bereitschaft führe, «sich in ein Narrenparadies oder eine Narrenhölle abkommandieren zu lassen». Diese für das Zeitalter des Totalitarismus allgemein geltende Bereitschaft, «sich abkommandieren zu lassen», hat – so scheint es – noch eine besondere Quelle in der spezifisch deutschen Mandarin-Tradition. Das Traditionsverhältnis vom autoritären System und einer geistigen Elite, die ihm diente, das war nicht nur ein «rechtes» Phänomen. Angesichts des Sieges des Nationalsozialismus in Deutschland und des Vormarsches der Hitler-Armeen bot der Glaube an den Sowjetmythos vor allem «linken» Intellektuellen eine Entschädigung für Entbehrungen und sinnlosen Tod. Für Heinrich Mann war die moderne Faust-Gestalt ein Sozialist und «militanter Humanist». Selbst zu Zeiten der stalinistischen «Säuberungen» behielt der Sowjetmythos für viele seine magische Aura. Der erfolgreiche Aufmarsch der Roten Armee gegen Hitler «befriedigte», so Arthur Koestler, «das ausgehungerte Gemütsleben» der ohnmächtigen deutschen Linken – und vor allem das ihrer geistigen Elite, «die bis dahin nie die Umarmung der Macht erfahren hatte».

Die zumeist im Exil entstandene emotionale Bindung an Dogma und Mythos, dieser «Teufelspakt» mit der stalinistischen Macht, kennzeichnet auch noch die Haltung der Parteiintellektuellen in der DDR. Daß sich in den Gauck-Akten ein Schriftsteller mit dem Decknamen IM-«Faust» fand, ist eine symbolträchtige Ironie. Die Auswertung der Akten hat ergeben, daß sogenannte «einfache Leute» den Stasi-Anwerbeversuchen meist widerstanden haben, während Geistesgrößen sich relativ oft mit der Staatsmacht einließen. So muß sich der Schrifsteller Rudolf Fries bei seiner Verpflichtungserklärung am 14. Oktober 1982 geradezu wie Faust gefühlt haben. Im Stasi-Protokoll heißt es: «Er trug in die vorgefertigte Verpflichtung seinen Decknamen ein und unterzeichnete sie mit seinem Klarnamen. Im Anschluß an die Unterzeichnung brachte er zum Ausdruck, daß er nun eigentlich einen Grund zum Feiern sehen würde, denn jetzt sei wohl *die ewige Verbindung(!)* besiegelt.»

V. Faust im Zeitalter seiner technischen Reproduzierbarkeit

Goethes Welttheater und Kaspers Reise durch die Hölle

In der Klassik, um deren Erbschaft man in Ost und West nach 1945 konkurrierend stritt, galt Kunst als ein Bereich menschlicher Tätigkeit und Wesensäußerung, der alle anderen dominierte. Das ästhetische Erziehungsideal der deutschen Klassik war geprägt von einem Negativerlebnis der Französischen Revolution, das dem Empfinden von Goethe und Schiller entsprach. Autonome Kunst erhielt eine eindeutig antirevolutionäre Funktion. Ästhetische Erziehung statt Politik, so Schiller, sei «eine Aufgabe für mehr als *ein* Jahrhundert». Dieses Kunstbewußtsein war einem vorklassischen Aufklärer wie Lessing noch fremd. Der hatte seine Dramen als Waffen im Emanzipationskampf des Bürgertums eingesetzt und betrachtete das Theater als «Kanzel» für seine Bemühungen um eine zensurfreie Öffentlichkeit. Die späteren Formen der Politisierung des Ästhetischen konnten sich – ebenso wie das gegensätzliche Prinzip der Ästhetisierung der Politik – zwar mit Recht auf die Klassik berufen, nicht aber auf die Aufklärung.

Für Lessing enthielt selbst die burleske Tradition des Hanswurst in den Puppenspielen und Volksstücken Elemente der Aufklärung. Die «lustige Person», in Marlowes Faust-Drama eingeführt als «Robin the clown», trat in den Puppenspielversionen unter den verschiedensten Namen auf, meist als Kasper, oft auch benannt nach volkstümlichen Gerichten: Hanswurst, Pickelhering oder Jean Potage.

Zunächst – wie zum Beispiel in der Überlieferung des

Ulmer Spiels vom «Doctor Johann Faust» aus dem 17. Jahrhundert – nur zur Belustigung des Publikums eingesetzt, entwickelte sich die Hanswurst-Figur später zum Handlungsträger und zum eigenständigen Gegenspieler von Faust und Mephisto. Während der Schauspieldirektor in Goethes «Vorspiel auf dem Theater» zur Vorbereitung einer «klassischen» Inszenierung die «lustige Person» für überflüssig erklärt, konnte sie in einigen Puppenspielen als Vernunftträger bis zum Ende des 19. Jahrhunderts überleben. So kündigte Richard Boneskys Marionettentheater noch 1894 ein Stück mit dem Titel an: «Dr. Faust oder Kaspers Reise durch die Hölle».

Walter Benjamin hat in seinem Aufsatz «Das Kunstwerk im Zeitalter seiner technischen Reproduzierbarkeit» prognostiziert, daß die massenhafte Rezeptionsmöglichkeit von Kunst im modernen Industriezeitalter nicht nur ein «Schlüssel zum Glück» sei. Mit dem Begriff der «Ästhetisierung der Politik» bezeichnete er jene Form der politischen Herrschaftstechnik der Nationalsozialisten, durch welche «die Massen zu ihrem Ausdruck», aber nicht «zu ihrem Recht» kämen. In diesem Sinne schrieb Goebbels am 1. April 1933 an den Komponisten Wilhelm Furtwängler: «Auch die Politik ist eine Kunst, vielleicht die höchste und umfassendste, die es gibt, und wir, die wir die moderne deutsche Politik gestalten, fühlen uns dabei als künstlerische Menschen, denen die verantwortliche Aufgabe anvertraut ist, aus dem rohen Stoff der Masse das feste und gestalthafte Gebilde des Volkes zu formen.»

Von den ästhetischen Vorlieben Albert Speers war bereits ausführlich die Rede, und Thomas Mann mußte verwundert auch die Affinität Hitlers mit dem Künstlerdasein feststellen. Der ästhetische Kult des Nationalsozialismus – in vielen formalen Aspekten mit dem stalinistischer Regime vergleichbar – ist oft mit dem Vokabular des Theaters umschrieben worden, mit Begriffen wie «Regie des öffentlichen Lebens» oder «Magie und Manipulation». Ausgehend von seinen eigenen Erfahrungen mit totalitärer Manipulation, hatte der russische Theateravantgardist Boris Arvator im Jahre 1926 vor der Verallgemeinerung ästhetischer Kunstformen gewarnt: «Man hat eine Zeitlang geglaubt, daß man das Theater durch die Übertragung der Handlung in den Zuschauerraum kollektivieren könne. Aber man hat vergessen, daß keine, wie auch immer geartete Übertragung ästhetischer Formen von der Bühne ins Publikum die Form rettet, sondern im Gegenteil das Publikum verdirbt. Das Bühnentheater ist ein Theater ästhetisierender Akteure; sie ins Leben hineinzustoßen bedeutet nicht Leben in das Theater bringen, sondern das Leben theatralisieren, d. h. ästhetisieren, es dekorieren, sich mit ‹angewandtem› Theater zu beschäftigen.»

Schon Goethe scheint befürchtet zu haben, daß es mit seinem «Faust»-Stück Probleme geben würde bei der Übertragung der ästhetischen Formen von der Bühne ins Publikum. So schrieb er seinem Berliner Freund Carl Friedrich Zelter im Jahre 1810, «daß uns ein seltsames Unternehmen bevorsteht, nämlich den ‹Faust› aufzuführen, wie er ist, insofern es nur einigermaßen möglich werden will». Seit 1808 lag der erste Teil gedruckt vor, zur Uraufführung kam es aber erst am 19. Januar 1829 am Braunschweiger Hoftheater. Der Theaterdirektor August Klingemann hatte nur widerwillig dem Drängen des Braunschweiger Herzog Karl II. nachgegeben. Noch im Oktober 1828 hatte er dem Inszenierungswunsch seines Landesherrn entgegengehalten: «Durchlaucht, der Faust von Goethe ist allerdings eine dramatische Dichtung, aber nicht für die Bühne geschrieben.» Vorherige Versuche, den «Faust» aufzuführen – wie 1810, 1812 und 1817 in Weimar oder 1816 in Königsberg und 1819 auf Schloß Monbijou in Berlin –, waren im Ansatz steckengeblieben oder konnten nur bruchstückhaft umgesetzt werden

Das Problem der Bühnenrealisierung von Goethes «Faust» – und das gilt nicht nur für den zweiten Teil – liegt in dem Absolutheitsanspruch des Stückes als «Weltgedicht». Im «Vorspiel auf dem Theater» läßt Goethe den Schauspieldirektor Theaterkunst als eine symbolische Darstellung des Absoluten verkünden: «Ihr wißt, auf unsern deutschen Bühnen / Probiert ein jeder was er mag; / Drum schonet mir an diesem Tag / Prospekte nicht und nicht Maschinen. / Gebraucht das groß' und kleine Himmelslicht, / Die Sterne dürfet ihr verschwenden; / An Wasser, Feuer, Felsenwänden; / An Tier und Vögeln fehlt es nicht, / So schreitet in dem engen Bretterhaus / Den ganzen Kreis der Schöpfung aus, / Und wandelt mit bedächt'ger Schnelle / Vom Himmel durch die Welt zur Hölle.»

Der Direktor verlangt gleichsam eine epische Inszenierung des gesamten Welttheaters von außen und übergibt im «Prolog» die Regie in diesem Spiel an den «Herrn im Himmel», der fortan sämtliche Handlungsfäden zieht. Das «enge Bretterhaus» und «der ganze Kreis der Schöpfung» können nur zusammenkommen, wenn – wie in «Faust II» – das Fragment zur Allegorie seines Gegenteils, also zur Totalität wird. Walter Benjamin hat in seiner Arbeit über den «Ursprung des Trauerspiels» mit direkten und indirekten Verweisen auf Goethe dargelegt, daß nicht die Bühne, sondern das Buch – beziehungsweise der Text – die entscheidende Materie sei. Nichts dürfe hingenommen werden als das, als welches es sich zeige oder als welches es erscheine. Die Möglichkeit, eine fragmentarisch zersplitterte Welt als Allegorie ihres ganzheitlichen Sinns zu «lesen», liege in der Fähigkeit des Menschen zur Interpretation.

Als ein Hauptproblem in der Theatergeschichte von Goethes «Faust» erwies sich aber auch die Fülle des Textes. So strich man für den ersten Aufführungsversuch von «Faust II» im Jahre 1849 am Königlichen Hoftheater in Dresden von den 7498 Versen fast 6000. Für «Faust I» ist es inzwischen zur Regel geworden, das Stück an einem Abend in vier Stunden zu bringen. Einspruch gegen eine Theaterpraxis der Textamputation artikulierte sich schon früh. Bereits im 19. Jahrhundert gab es Experimente mit Aufführungszeiten von sechs bis acht Stunden. Auch neuere Inszenierungen – wie die von Günter Krämer 1996 in Köln («Faust I» in sieben Stunden an zwei Abenden) – fanden Gefallen an der überlieferten Textfülle. Während die Kölner «Probennotizen» die enge Orientierung an der Vorlage Goethes als eine «Forschungsreise in den Text und die an den Text herangeschwemmten Bedeutungsebenen» ausgaben, erblickten Kritiker nur «Ekstasen eines tönenden Reclamhefts» (FAZ). In der Tat bürgen authentische Textorientierung und Ausdehnung der Aufführungszeit allein noch nicht für die Originalität einer «Faust»-Inszenierung.

Originell war zumindest die Werbung für Krämers Inszenierung. Auf riesigen Plakaten an den Kölner Ausfallstraßen posierte die Gretchen-Darstellerin Birgit Walter mit entblößtem Rücken als Callgirl, unter dessen Telefonnummer sich die Theaterkasse meldete. Der Leiter des Kölner Presse- und Informationsamtes vermochte in dieser Werbung keinen Hinweis auf Goethes Gretchen-Tragödie zu erkennen und ließ – um «Mißverständnissen» vorzubeugen

– den weiblichen Rückenakt zum Schulterakt stutzen. Damit entsprach er unbewußt der Dramaturgie, die im Gegensatz zur Reklame ausdrücklich keine «intellektuelle oder moralische Eindeutigkeit» der Inszenierung suggerieren wollte. Das Anliegen Krämers reduzierte sich darauf, «die spezifischen Qualitäten des Goetheschen Sprachorganismus lebendig zu erhalten».

Doch nicht allein die Wiederbelebungsversuche des «Goetheschen Sprachorganismus» sorgen für aktuelle «Mißverständnisse» bei «Faust»-Aufführungen. Schwierigkeiten hatten und haben die Bühnenpraktiker vor allem auch mit den verschiedenen Geistern, Allegorien und mythischen Figuren des zweiten Teils. Was früher als nicht spielbar galt, ist heute zu einem Technikspektakel und einer Videoshow geworden. Die inhaltliche Frage nach den Abbildungsmöglichkeiten von historischer Wirklichkeit – über die sich einst Intendanten und Dramaturgen den Kopf zerbrachen – scheint im Zeitalter der technischen Reproduzierbarkeit von allegorischen Geisterbahnen und mythologischen Spiegelkabinetten ihren Sinn verloren zu haben.

Die schon im 19. Jahrhundert vollzogene Akzentverlagerung von der Gretchen-Tragödie zum Gelehrtendrama war nicht in erster Linie vom Entwicklungsstand der Bühnentechnik abhängig, sondern entsprach den sich wandelnden Ansichten von Moral und Selbstzensur. Opfer der (Selbst-)Zensur wurden vor allem der gotteslästerliche «Prolog im Himmel» sowie derb-laszive Szenen der «klassischen Walpurgisnacht». Auch der Versuch Albrecht Schönes, 150 Jahre nach Goethes Tod «die gewaltigen Bildphantasien» einer unrezensierten Fassung der «Walpurgisnacht» filmisch in Szene zu setzen, scheiterte. Sein Angebot an die ARD, auf der Grundlage des rekonstruierten Originaltextes (zuerst abgedruckt in «Götterzeichen, Liebeszauber, Satanskult», 1982) im Harz einen «Walpurgisnacht»-Film zu drehen, wurde nicht angenommen, da man sich diesem «zwar bestechenden Vorschlag gleichwohl nicht gewachsen» fühlte. Für Schöne war das ein Beleg, daß die «Rezeptionsgeschichte der ‹Walpurgisnacht› vom 19. Jahrhundert bruchlos ins 20. sich fortzusetzen scheint».

Den ersten größeren Versuch, beide «Faust»-Teile nebst «Vorspiel» und «Prolog» auf die Bühne zu bringen, unternahm am 6. und 7. Mai 1876 am Weimarer Hoftheater Otto Devrient. Sein Inszenierungstrick bestand darin, den Ablauf des Stückes auf drei verschiedene Ebenen zu verteilen, was durch eine Simultantechnik ermöglicht wurde, die sich an der mittelalterlichen «Mysterienbühne» orientierte. Die weihevolle Atmosphäre der Weimarer «Faust»-Inszenierung von 1876 – nachhaltig unterstrichen durch Ballett- und Musikeinlagen – erinnerte stark an die im gleichen Jahr in Bayreuth eröffneten Wagner-Festspiele. Auch Rudolf Steiner, der sein Goetheanum ausdrücklich als Konkurrenz zu Bayreuth gründete, hat in seinen Dornacher Ritualen seit 1915 auf Elemente des Mysterienspiels zurückgegriffen. Ihm ging es darum, «Faust» als «größte Strebensdichtung der Welt» nicht nur mit Goethe zu identifizieren, sondern auch zu Christus eine Beziehung herzustellen. Dabei setzte er – unterstützt von seiner Lebensgefährtin Marie von Sivers – die Bewegungskunst der Eurythmie als bevorzugtes Mittel ein, um geistig-übersinnliche Erscheinungen szenisch zu realisieren. Anläßlich der Pariser Weltausstellung von 1937 sollte das eurythmische «Faust»-Konzept Steiners zusammen mit den Filmen Leni Riefenstahls als repräsentatives Beispiel deutscher Kunst gelobt werden.

Als «Überwinder des Naturalismus» ist Max Reinhardt mit seinen Berliner «Faust»-Aufführungen 1909 und 1911 in die Theatergeschichte eingegangen. Besonders zweckmäßig erwies sich die Einführung der neuen Drehbühne, wie Reinhardts Bühnenmaschinist Joseph Dworsky anschaulich erläutert hat: «So beginnt gleich der Prolog im Himmel auf einem Schauplatz, der auf dem sechsten Gewölbe von Auerbachs Keller, vier Meter über der Bühne aufgebaut ist. Für die zweite Szene wird die Bühne um eine Viertelwendung gedreht: das Studierzimmer steht fertig da. Eine weitere Drehung der Bühne (um eine Hälfte) bringt die dritte Szene: ‹Spaziergang› an die Rampe. Dieser Teil vor dem Tor ist auf hügeligem Terrain aufgebaut, das von ebener Erde in der durch Pfeile angedeuteten Richtung immer höher ansteigt, bis an dem Stadttor die Höhe von fünf Metern erreicht ist. Hinter dem Stadttor, dem Zuschauer verborgen, geht die Eisenkonstruktion (die durchweg eine Tragfähigkeit für etwa sechzig Menschen hat) noch bis zu einer Höhe von sechseinhalb Metern, das heißt: bis zu dem Gipfel des Berges, auf dem später die Walpurgisnacht sich abspielt.»

Das Neue der Reinhardtschen «Faust»-Ära gegenüber der Tradition des Mysterienspiels (Otto Devrient) bestand nicht nur in der technischen Gigantomie der Bühnenarchitektur, sondern auch im weitgehenden Verzicht auf opernhafte Elemente durch eine prägnante Regie- und Sprechführung. Für seine Salzburger Festspielinszenierung des Jahres 1933 ließ Max Reinhardt eine spektakuläre «Fauststadt» aufbauen. In der riesigen, etwa zwanzig Meter hohen Anlage in der Felsenreitschule Salzburgs wurde auf verschiedenen Ebenen nebeneinander und übereinander agiert. Man hat diese Aufführung «Illusionstheater» genannt – eine äußerst doppeldeutige Bezeichnung für die letzte große Goethe-Inszenierung eines jüdischen Intendanten im deutschsprachigen Bereich. Im März 1933 mußte Reinhardt Berlin verlassen und emigrierte über die Zwischenstation Österreich nach New York, wo er am 31. Oktober 1943 verarmt und vereinsamt starb.

Das «seltsame Unternehmen», «Faust» zu inszenieren, hat die Bühnentechnik revolutioniert wie kein anderes Stück. Doch ob Mysterienspiel oder spektakuläres Technikwunder – Goethes «Welttheater» blieb immer staatserhaltend. Schauspieler und Zuschauer kamen zu ihrem Ausdruck, nicht aber zu ihrem Recht.

Gründgens' Pakt unter Komödianten

Im nationalsozialistischen Deutschland war inzwischen der frühere Reinhardt-Verehrer Gustaf Gründgens zum Theaterprinzipal avanciert. 1941 und 1942, als das Hitler-Regime begann, die «Endlösung der Judenfrage» in die Praxis umzusetzen, inszenierte er als Schauspieler, Intendant und «Staatsrat» von Görings Gnaden in Berlin seine vielbejubelten «Faust»-Aufführungen und übernahm selbst die Rolle des Mephisto. Seit seinem ersten Auftritt als Mephisto im Harzer Bergtheater Thale im März 1919 schien Gründgens mit dieser Figur verwachsen zu sein – er spielte sie immer wieder: 1922, 1932, 1933, 1941, 1942, 1949, 1957 und 1958. «Mir schien der Sturz, den Luzifer tat, um Mephisto zu werden, so ungeheuerlich, so unverwindbar, daß er mich völlig beherrschte», erklärte er 1958 anläßlich der Hamburger Aufführung. Bereits 1932 und 1933, als Gründgens noch unter der Regie von Lothar Müthel und Gustav Lindemann am Preußischen Staatstheater spielte, hatte Werner Krauß als Faust keine Chance gegen das nach Gründgens' eigener Beschreibung «Aggressive, Aktivistische, das den Faust Überrennende» des Mephisto. Das Bühnenproblem des Goetheschen «Faust» sei, wie Gründgens es nannte, als «genialer Zwerg» im Selbstgespräch einen «genialen Riesen» andeuten zu müssen. Mephisto hingegen konnte auch ohne die alte Illusionsbühne – von der Gründgens radikal Abschied nahm – mit verbissener Leidenschaft gespielt werden. So führte der Teufel den eigentlich «faustischen Kampf».

Klaus Mann hat in seinem berühmten und umstrittenen Schlüsselroman das «Mephisto-Syndrom» bei Gustaf Gründgens (Hendrik Höfgen) nicht nur als individuelles Karrieremotiv, sondern auch als typologisches Psychogramm skizziert. Er beschreibt die Geschichte des «Teufelspakts» eines intellektuellen Künstlers mit der Macht. Der ironische, aber mitfühlende Skeptiker wird zum «ruchlos-charmanten» Zyniker. Ein unglücklicher, über das Leiden der Menschen verzweifelter Mephisto verwandelt sich in einen gefühllosen Repräsentanten der «faustischen» Gewalt, einen Parteigänger der Ästhetik des Bösen. Das Komödiantische selbst wird zum Modell faschistischer Machtausübung. Der Bund, den der Schauspieler Höfgen / Gründgens mit dem Nationalsozialismus eingeht, ist für Klaus Mann ein Pakt unter Komödianten, wie aus einer Passage seines handschriftlichen Manuskripts, die später gestrichen wurde, eindeutig hervorgeht: «Komödianten waren sie samt und sonders, wie er; sie liebten alle die große mephistophelische Rolle, sie brauchten alle das Scheinwerferlicht, hungerten nach dem Beifall der Menge, die sich gerne betrügen ließ, und gefielen sich in Posituren, die historischen oder zeitgenössischen Vorbildern abgeschaut waren (...) Sollten wirklich unüberwindbare Gegensätze bestehen zwischen diesen Komödianten, die wirkliche Verbrechen begingen, und dem anderen, der die Verbrechen nur spielte? Gehörten sie nicht im Grunde zu einer Familie?»

Klaus Manns «Mephisto – Roman einer Karriere», als Erstausgabe 1936 im Amsterdamer Exil-Verlag Querido erschienen, führte nach dem Krieg zu heftigen öffentlichen Kontroversen und jahrelangen gerichtlichen Auseinandersetzungen. Erben und Freunde Gründgens' beklagten sich über die böswillige «Verunglimpfung» und sahen in den

Bestrebungen Erika Manns, eine Neuauflage des Buches zu erreichen, eine «Privatrache» der enttäuschten früheren Ehefrau (Erika Mann war von 1926 bis 1929 mit Gründgens verheiratet). Als der Roman schließlich 1956 im ostdeutschen Aufbau-Verlag herauskam, polemisierte der Journalist Paul Hühnerfeld in der *Zeit* gegen das Buch Klaus Manns: Es sei das «Dokument eines von Ressentiments geschüttelten blindwütigen Bruders, der die Ehre der Schwester verletzt sieht». Dieses Argument machte sich offensichtlich auch die westdeutsche Justiz (Hamburger Oberlandesgericht und Bundesverfassungsgericht) zu eigen und erließ ein Verbreitungsverbot.

Erst 1980/81 nach der Uraufführung einer Bühnenfassung Ariane Mnouchkines im Pariser Théatre du Soleil und der Präsentation einer Romanverfilmung von István Szabó in Cannes ist das Buch, trotz formal noch geltenden Verbots, im Rowohlt-Verlag erschienen. Klaus Mann selbst hat seinen Gründgens-Roman in einem Brief an Katia Mann vom 17. März 1936 als «richtig gemeines Buch, voll von Tücken» bezeichnet. Das mag auf manche private Indiskretion zutreffen, nicht aber auf die authentische Schilderung des künstlerischen und politischen Opportunismus. Es soll nicht geleugnet werden, daß Gründgens eine vielschichtig-widersprüchliche Persönlichkeit war, deren Schicksal und Ende tragisch verliefen, doch der Blick auf den Menschen Gründgens darf nicht – wie es bei den meisten seiner Biographen der Fall ist – apologetisch kultiviert werden. Von 1933 bis 1945 war die Funktion des Schauspielers, Intendanten und Staatsrats Gründgens die eines führenden kulturellen Repräsentanten des Nationalsozialismus.

Das preußische «Staatliche Schauspielhaus» in Berlin, das Gründgens seit 1934 leitete, war, wie es der Kointendant

Heinz Tietjen umschrieb, eine zentrale «Reichsrepräsentation», die unmittelbar dem Einfluß des preußischen Ministerpräsidenten Göring unterlag. Göring hatte die preußischen Staatstheater, vor allem das «Staatliche Schauspielhaus», seinem Ministerium mit der Absichtserklärung unterstellt, es zu der «repräsentativsten deutschen Bühne» zu machen. Unter der Leitung von Gründgens schien dieses Ziel bereits nach zwei Jahren erreicht. So enthielt sein neuer Dienstvertrag vom 25. Juli 1936 die lobende Feststellung, daß er seine Theater zu «Musterstätten deutscher Schauspielkunst» ausgebaut habe. Und anläßlich des 150. Jubiläums des «Staatlichen Schauspielhauses» betonte Göring in seiner Laudatio, «daß er (Gründgens) meinen Wunsch und meine Sehnsucht, aus diesem Hause das große deutsche Theater zu machen, voll und ganz erfüllt hat». Als Dank erhielt Gründgens ein für damalige Theaterverhältnisse außergewöhnlich hohes Jahresgehalt von 200000 RM.

Gründgens hat sein kunstpolitisches Pflichtprogramm einer nationalistischen Dramatik – wie es scheint – nicht widerwillig erfüllt. Wie wäre sonst sein Drang zu Hauptrollen nicht nur in Goethes «Faust» oder in Hans Rehbergs «Der Siebenjährige Krieg», sondern auch in peinlichen Stücken von Mussolini und Foranzo («Hundert Tage» [1934] oder «Cavour» [1940]) zu erklären?

Typisch für Gründgens' eigene Verdrängungspraxis ist seine chronologische Darstellung «Meine Begegnung mit Faust», die zu seinem 60. Geburtstag erschien. Da ist von einer harmonischen, bühnenästhetischen Entwicklung die Rede, da werden ohne jeglichen Bezug auf politische, staatliche und ideologische Rahmenbedingungen seine Mephisto-Rollen und «Faust»-Inszenierungen von 1922 bis 1958 Revue passiert. Über die Berliner «Faust»-Inszenierungen von 1941 und 1942 erfährt man lediglich, daß Gründgens sich durch eine «Konzentration aufs Wort» von «früheren Vorstellungen weitgehend freimachen» konnte. Aber wollte und konnte er sich 1941 / 42 mit einer «Faust»-Inszenierung auf der «repräsentativsten deutschen Bühne» auch «freimachen» von den Vorstellungen seines Dienstherrn?

Göring war nicht nur Theaterfreund und preußischer Ministerpräsident, sondern führte auch den Vorsitz im Reichsverteidigungsrat, wurde 1940 zum Reichsmarschall ernannt und von Hitler öffentlich zu seinem Nachfolger proklamiert. Auch die Weisung, die am 31. Juli 1941 an Heydrich erging, «alle erforderlichen Vorbereitungen für eine Gesamtlösung der Judenfrage im deutschen Einflußgebiet in Europa» zu treffen, trug die Unterschrift Görings. Klaus Mann, der in seinem Roman den Mephisto-Darsteller Hendrik Höfgen als eine «Art von Hofnarren», «Affen der Macht» und «Clown zur Zerstreuung der Mörder» bezeichnete, hatte noch nicht die Dimension des «totalen Krieges» und der «Endlösung» vor Augen. Als Gründgens 1941 / 42 in die Maske des Mephisto schlüpfte, befand sich auch die NS-Kultur im Kriegseinsatz. Der Staatsschauspieler und Generalintendant war sich dessen bewußt, und seinen Rollentext als NS-Kulturpolitiker hatte er gut gelernt. Schon am 19. Oktober 1939 gab Gründgens in einem Interview für den *Völkischen Beobachter* das erwünschte Bekenntnis ab: «Deutschland führt Krieg, und ob wir eingezogen sind oder nicht, wir sind doch alle einbezogen! Wir stehen alle in der großen Front der Landesverteidigung. Der Abschnitt, den wir zu halten haben, ist die deutsche Kunst.» Und am 28. Januar 1940 beschrieb er im *Berliner Börsencourier* die Programmorientierung des Kriegstheaters als «Beschränkung auf den wesentlichen Kern deutscher oder jedenfalls nordischer Dramatik.»

1941 erfolgte parallel zur Offensive an der Ostfront die Offensive der NS-Faustik mit dem Höhepunkt der «Faust»-Inszenierungen in Berlin. Am 20. September 1941 erläuterte Gründgens auf einer Münchener Tagung des Auslandsamtes der Dozentenschaft der deutschen Universitäten und Hochschulen, daß die «Idee des Darzustellenden» in diesen Tagen «die Idee des Soldatischen» sein müsse. Gestützt auf Ernst-Jünger-Zitate, rechnete er mit den Jahren eines «nachgiebigen Liberalismus» ab und propagierte Wehrhaftigkeit als künstlerische Wahrhaftigkeit: «Und gerade der Krieg nimmt das künstlerische Erleben des Schauspielers in seine harte Schule. Es wird Sie nicht überraschen, wenn ich Ihnen von mir persönlich sage: mein stärkstes künstlerisches Erlebnis der letzten Jahre war eine Wehrmachtstournee, die ich unternahm. In einem Kriege, der um Sein oder Nichtsein der Existenz von fast hundert Millionen Deutschen geht, vor den Krieger hinzutreten und ihm den Schein des Lebens vorzuspielen – ihm, der das Leben selbst in blutigsten Gefechten eingesetzt hat, das ist eine unerbittliche Probe auf die Wahrhaftigkeit unserer Kunst. Hier muß unsere Wirklichkeit – die Wirklichkeit des holden und großartigen Scheins – gegen die Wirklichkeit des kriegerischen Erlebnisses und seine Kämpfer bestehen. Da gibt es keine billige Anbiederung, kein Augenzwinkern, kein Beiseiteflüstern. Da muß gedient und bekannt werden, wie dieses Publikum auf den Schlachtfeldern gedient und bekannt hat. Augen, die den Tode gesehen haben, blicken scharf. Und es bedarf einer strengen Disziplin des Darstellers, wenn es ihm aufgegeben ist: vor Soldaten den Soldaten zu spielen oder vor dem Krieg den Krieg.»

Drei Wochen später, am 11. Oktober 1941, fand im Berliner Staatstheater vor versammelter NS-Prominenz und hochdekorierten Offizieren Gründgens' «Faust-I»-Premiere statt. Schon im September hatten die deutschen «Krieger» Kiew erobert, Odessa fiel am 16. Oktober und Charkow am 24. Oktober. Im November wurde die Krim eingenommen, und die Deutschen begannen mit der Belagerung Sewastopols. Auch die Teilnehmer des «deutschen Dichtertreffens 1941» in Weimar fühlten sich dem doppelten Sendungsbewußtsein von Front und Faustik verpflichtet. Die Wochenzeitung *Das Reich* berichtete am 2. November 1941, daß nach dem «von kraftvoller Zuversicht erfüllten Festvortrag über den Sinn und die Sendung des Kampfes im Osten sich eine nicht kleine Schar im herbstlichen Park (beim Goethehaus am Frauenplan) zusammenfand, wo das Weltgedicht vom Doktor Faust seinen Ursprung hat». Und als am 22. Juni 1942 der Vorhang aufging für Gründgens' «Faust II», begann an der Ostfront das Drama von Stalingrad. Der Kapitulation der Sechsten deutschen Armee unter Generalfeldmarschall Friedrich Paulus am 2. Februar 1943 folgte die trotzige Erklärung Gründgens' vor der «Kameradschaft der Künstler»: «Für wen spielen wir heute Theater? Für die ‹gemeinsame Front aus Feld und Heimat›!»

Als Konsequenz der totalen Kriegserklärung von Goebbels wurde am 1. September 1944 eine Schließung aller Theater in Deutschland verfügt. Gründgens nahm mit großer Geste Abschied. Am 6. September 1944 verkündete er auf einer Betriebsversammlung des Schauspielhauses am Gendarmenmarkt: «Gefolgschaftsmitglieder der Staatlichen Schauspiele! – Durch den euch bekannten Führerbefehl sind die deutschen Theater mit Wirkung vom 1. September vorläufig geschlossen. Die gesamte Gefolgschaft wird ohne Ausnahme im Rahmen des totalen Krieges dienstverpflichtet.» Eckart von Naso, der letzte Chefdramaturg der Bühne, erinnert sich an eine Begegnung mit Gründgens kurz vor Kriegsende in dem leeren, halb zerstörten Theatergebäude: Der Intendant saß allein in seiner Garderobe. Auf Nasos Frage «Was tun Sie hier?» soll er geantwortet haben: «Ich lerne Goethes Gedichte auswendig – ist das nicht eine gute Beschäftigung?» Als sie sich trennten, fuhr Gründgens auf dem Fahrrad davon.

In jenen Tagen war auch Schwerte / Schneider in Berlin mit dem Fahrrad unterwegs. Er hatte sein SS-Amt in Dahlem ordentlich aufgeräumt und radelte einer neuen Identität entgegen. Doch Gründgens versteckte sich nicht und wahrte seine Identität – auch in dem russischen Internierungslager bei Frankfurt / Oder, wo er einige Monate verbringen mußte. Die sowjetischen Offiziere verlangten von dem berühmten Künstler «Kultura». Da man klassische Monologe nicht hören wollte, tanzte er auf einem Kantinentisch und sang den Schlager «In der Nacht ist der Mensch nicht gern alleine». Gründgens wurde aus der Internierung entlassen, weil Gustav von Wangenheim, der neue Intendant des Deutschen Theaters im Osten Berlins, für ihn Verwendung hatte. Der linientreue Stalinist von Wangenheim soll Gründgens, wie der Biograph Curt Riess berichtet, «mit Tränen in den Augen» empfangen haben. Die erste Rolle, die Gründgens 1946 am Deutschen Theater spielte, war die des Christian Maske in Carl Sternheims «Der Snob». Wenig später erhielt er Angebote für eine Intendanz aus Dresden und Düsseldorf. Er entschied sich für Düsseldorf und stand dort am 13. April 1949 in eigener Regie wieder als Mephisto in «Faust I» auf der Bühne. Die

Rolle des Faust hatte er – wie 1941/42 – mit Paul Hartmann, «dem männlichsten Darsteller des deutschen Theaters» (Gründgens), besetzt.

1957/58 unternahm Gründgens dann noch einmal in Hamburg den Versuch, beide Teile des «Faust» auf der Höhe der Zeit und der Reproduzierbarkeit zu inszenieren. Von Anfang an war geplant, das Stück gleichzeitig für die Bühne und als Film zu realisieren. Der Filmregisseur Peter Gorski verzichtete darauf, das Medium Film gegen die Bühne auszuspielen. Die Fiktion des Theaters sollte für den Kinogänger bewahrt und hervorgehoben werden. Das Filmprogrammheft mit dem grellweiß geschminkten Mephisto auf der Titelseite wirkte wie eine Dokumentation der Theateraufführung. Gründgens' kalkulierte Rechnung, für sich und Goethe Denkmalpflege zu betreiben, ging auf. Die Verfilmung seiner Hamburger Inszenierung, die von einer großen Zahl von Menschen wahrgenommen wurde, hat bis heute das populär-moderne «Faust»-Bild entscheidend geprägt. Der gotische Spitzbogen ist durch das Signet des Atomzeitalters ersetzt worden. Faust und Famulus Wagner sind keine Alchemisten mehr, sondern irren in einem Glaskugelsystem herum, das dem Brüsseler Atomium ähnelt, und die Walpurgisnacht wird mit Rockmusik und Atomexplosion eingeleitet. Diese «gezielten Aktualisierungen» sollten, so das Begleitbuch zur Hamburger Inszenierung, «die Enthüllung der Dämonien in unserer modernen Welt beabsichtigen».

Doch Gründgens hatte wie in allen seinen «Faust»-Inszenierungen das Archaische im Sinn. In den Großaufnahmen der Filmdokumentation drängt sich der grellweiße Mephisto als faustischer Titan ins Bild. Nach eigener Aussage hat Gründgens jene Szenen des Stückes akzentuiert, «in denen Mephisto über Faust hinweg mit Gott spricht».

Der einzige wirkliche Gegenentwurf zu den Inszenierungen der Ära Gründgens war Brechts «Urfaust» 1952/53 in Potsdam und Berlin. Brecht distanzierte sich nicht nur von jeder Mephisto-Dämonisierung, sondern lehnte alle «Faust»-Aufführungen ab, in denen – wie er im «Arbeitsjournal» schrieb – «reichlich gebrüllt» wurde, «was hierzulande der Ausdruck der Leidenschaftlichkeit ist». Aus Brechts Regienotaten zum «Urfaust» lassen sich seine Motive für eine Aufführung rekonstruieren. Was ihn faszinierte, war vor allem der «dialektische», zwiespältige Charakter Fausts, das heißt dessen Wißbegierde und Triebhaftigkeit, die er mit Hilfe des Teufels zu erfüllen suchte und dabei über Leichen ging. Im Mandarinentum Fausts und in der Gretchen-Tragödie sah er eine Variante seiner Lieblingsthematik, den moralischen Verrat des Intellektuellen.

Sowohl die Düsseldorfer Gründgens-Inszenierung als auch die parteioffizielle Darbietung beider «Faust»-Teile durch Wolfgang Langhoff in Ostberlin versah Brecht mit dem Etikett «Einschüchterung durch die Klassizität». Die DDR-offizielle Erbe-Traditionslinie von Luther über Müntzer, Lessing zu Goethe und Marx lehnte er als «eine falsche, oberflächliche, dekadente, spießige Auffassung von der Klassizität» ab, durch die man «niemals zu lebendigen, menschlichen Darstellungen der großen Werke» kommen könne. Brecht glaubte, daß ein provozierender Bruch mit dieser falschen Tradition eher mit einer Bühnenfassung des «Urfaust» zu erreichen sei als mit einer Aufführung von

«Faust I» und / oder «Faust II». Auch wenn Goethe kein abgeschlossenes Werk mit dem Titel «Urfaust» verfaßt hatte, gestand Brecht der von Luise von Göchhausen aufgeschriebenen und später so benannten frühen, fragmentarischen Szenenfolge von 1776 / 77 ein «durchaus eigenes Leben» zu. Es sei «dem Theater beim ‹Urfaust› leichter gemacht als beim fertigen Werk, der Einschüchterung durch die Klassizität sich zu erwehren und sich die Frische, den Entdeckersinn, die Lust am Neuen des erstaunlichen Textes anzueignen», lautete seine Erklärung. In Goethes «Urfaust» fanden sich «Rüpelszenen», die ihn an die Shakespearesche «Mischung von Ernst und Spaß» erinnerten. Die «berüchtigte deutsche Misere» habe uns, so Brecht, «die Lustspiele gekostet, die Goethe hätte schreiben können».

Der fragmentarische Charakter des «Urfaust» erleuchtete die Ausrichtung der Inszenierung auf ein «Volksstück» und erlaubte epische Bereicherungen, wie zum Beispiel die Einfügung des Teufelspaktes als Erzählhandlung. Die erste Fassung, die am 23. April 1952 am Potsdamer Landestheater Premiere hatte, war eine deutlichere Distanzierung vom Klassiker Goethe als die Berliner Aufführung. Faust wurde rigoros als Held demontiert und auf eine negative Figur reduziert. Er war nicht der strebende Wahrheitssucher, sondern ein Scharlatan, leichtfertiger Abenteurer und brutaler Verführer. Und in entschiedener Abgrenzung zu Gründgens erschien Mephisto nicht als dämonischer Widersacher, sondern als wassertragender Befehlsempfänger.

Erstaunlicherweise zeigten sich die meisten Zuschauer in Potsdam begeistert, und auch die *Märkische Volksstimme* applaudierte. «Wenn wir unseren Lesern aus vollem Herzen einen Theaterabend empfehlen können, dann ist es die Aufführung des ‹Urfaust›. Jeder, der nicht dort war, hat etwas Bedeutsames versäumt. Darum zum Schluß vor allem ein Wort an die Kulturfunktionäre in unseren Betrieben: Organisiert den Besuch der Kollegen zu diesen Vorstellungen! Es wird keinen geben, der euch nicht dafür dankbar wäre.» Die Leitung der Betriebsparteiorganisation des Brandenburgischen Landestheaters antwortete mit einem Protestschreiben an die Kulturredaktion der Zeitung. Da man noch nicht wagte, Brecht und das «Berliner Ensemble» insgesamt anzugreifen, mußte vorerst der junge Regisseur Egon Monk allein als Sündenbock dienen. In der Potsdamer Parteikritik heißt es unter anderem: «Wir sind der Meinung, daß bei der kritischen und schöpferischen Aneignung unseres Kulturerbes die wahren humanistischen Ideen unserer Klassiker in Erscheinung treten müssen, um eine positiv aktivierende Wirkung beim Publikum auszulösen. Die Konzeption des Regisseurs Monk jedoch ließ erkennen, daß er das Negative, Dekadente an jeder handelnden Figur in den Vordergrund seiner Aufführung schob.» Getadelt wurde vor allem, daß durch die Orientierung «auf den historischen Stoff» der «Goethesche Inhalt» vernachlässigt worden sei. «Die Aufgabe des Regisseurs», so die Rüge, «besteht nicht in interessanten Experimenten, sondern in der unverfälschten Wiedergabe unserer Klassiker.»

Für die Berliner Aufführung im «Deutschen Theater» am 13. März 1953 versuchten Brecht und Monk der Potsdamer Kritik in gewissem Maß Rechnung zu tragen. Faust wurde jetzt zum dynamischen Renaissancemenschen stilisiert. Die Figur erhielt, wie es in Probennotizen hieß, «unter Beibehaltung des matten Tons, eine neue Haltung: die steife, aufrechte Haltung des großen Gelehrten, der gewohnt ist, vor Publikum aufzutreten.» Auch Mephisto wurde aufgewertet. Die Tatsache, daß Faust sich bei der Verwirklichung der humanistischen Ideale auf die Kraft des Teufels verlassen mußte, erschien in der Dramaturgie nun eindeutiger als tragischer Konflikt. Doch die Veränderungen konnten das bereits gefällte oberste Parteiurteil nicht mehr beeinflussen.

Die SED-Kritik richtete sich grundsätzlich gegen die Inszenierung des Goethe-Fragments als «das Zurückgehen auf frühe primitivere Formen» (Alexander Abusch) und als eine «formalistische Verunstaltung» (Walter Ulbricht). Am 28. Mai 1953, einen Tag nach der Rede Ulbrichts vor «Angehörigen der Intelligenz», erschien im *Neuen Deutschland* eine zusammenfassende Schlußabrechnung von Johanna Rudolph, in der Brechts Inszenierung und Eislers Opernlibretto als «volksfremde, antinationale» Abkehr von der Klassik verurteilt wurden. Der Stab war gebrochen, der «Urfaust» des Berliner Ensembles verschwand nach fünf Vorstellungen in der Versenkung. Wie Gründgens hatte aber auch Brecht sein «Faust»-Stück filmisch dokumentieren lassen. Allerdings entstand kein Kinofilm, sondern ein 8-mm-Streifen über die Berliner Proben im Frühjahr 1953. Gedreht hat ihn der 17jährige Hans Jürgen Syberberg, der damals noch kein Wagner-Fan war. Eine größere Öffentlichkeit erreichte der Film erst im Februar 1977, als er im Begleitprogramm zu Claus Peymanns «Faust»-Aufführungen in Stuttgart gezeigt wurde. Man hatte ihn auf 35 mm vergrößert, um mit Unschärfen und Überbelichtungen «die von Brecht gewünschte Richtung, Puppenspiel und Kasperltheater» zu unterstreichen.

Seit 1950 hat es im deutschsprachigen Bereich annähernd 120 «Faust»-Inszenierungen gegeben. Mit wenigen Ausnahmen, zu denen die psychologischen Neudeutungen Fritz Kortners (1956) und Klaus Michael Grübers (1982 mit

Bernhard Minetti) oder Einar Schleefs Identitätssuche eines zwölffachen Faust (1990) gehören, bewegten sich Regie und Dramaturgie innerhalb des von Gründgens und Brecht vorgegebenen Koordinatensystems. Erstaunlicherweise gilt auch für die Möglichkeit der «Faust»-Verfilmung nur ein eingeschränkter Rahmen. Seit den ersten Laterna-magica-Bildern und Experimenten der Firma Lumière ist der «Faust»-Film im Prinzip Hilfs- und Dokumentationsinstrument für das Theater geblieben. Goethes «Welttheater» scheint in filmischer Hinsicht nur eingeschränkt reproduzierbar. Auch der große Regisseur Friedrich Wilhelm Murnau, der 1926 die «deutsche Volkssage» (mit Knittelversen von Gerhart Hauptmann) für das Kino illustrieren wollte, scheiterte – so die fast einhellige Meinung der Kritiker – an dem historisierenden Konzept seines Drehbuchautors Hans Kyser. Der Franzose René Clair war 1949 mit seinem Film über die «Schönheit des Teufels» erfolgreicher, weil es ihm nicht um die «deutsche Volkssage» ging. Für den Mephisto-Film des Ungarn István Szabó, der 1981 in Cannes viel Lob erhielt, lieferte bekanntlich Klaus Manns Gründgens-Roman die Vorlage. Weniger Glück hatte Franz Seitz 1982 erwartungsgemäß mit Thomas Manns «Doktor Faustus». Für das «Lexikon des internationalen Films» handelt es sich bei diesem Drehversuch um eine «oberflächliche, klischeebeladene Zitatensammlung».

Als ZDF-Serienheld «Kommissar Faust» erfreut sich neuerdings der Schauspieler Heiner Lauterbach großer Beliebtheit beim deutschen Fernsehpublikum. Obwohl die «Jagd nach Mephisto» (Titel der Pilotfolge) nichts mit Goethe, Wissensdrang und Teufelspakt zu tun hat, enthält sie einige «Rüpelszenen», an denen vermutlich auch Brecht seine helle Freude gehabt hätte.

Wagners arische Droge «Faust-Parsifal»

Die Diskussion um Brechts «Urfaust» und Eislers Opernlibretto «Johann Faustus» bezog sich fast ausschließlich auf den Präzedenzfall der kulturpolitischen Auseinandersetzung und vernachlässigte stets die musikalischen Aspekte der Werke. Daß auch Brecht der Musik für die Behandlung des Faust-Stoffes eine wichtige Rolle beimaß, kann man daraus schließen, daß er Paul Dessau, der bereits 1949 Vertonungsentwürfe und Lieder zu Goethes «Faust» vorgelegt hatte, für die Potsdamer Inszenierung seines «Urfaust» mit der Bühnenmusik beauftragte. In der Kritik des Eisler-Librettos wurde allenfalls über den agitatorischen Gebrauchswert der «Bauernchöre» diskutiert, nicht aber über die Gesamtkonzeption als Oper.

Unter den kürzlich der Berliner Akademie der Künste übergebenen bisher unbekannten «Johann-Faustus»-Archivmaterialien befindet sich auch eine Auflistung der geplanten Musikumsetzungen. Aus den Korrekturnotizen in Eislers Handexemplar wird transparent, an welchen Stellen der Komponist sich zum Beispiel Arie, Ballett oder Ensemble vorgestellt hatte. Erst durch die Rekonstruktion der geplanten Kombination von Text- und Musikelementen in den einzelnen Szenen ist der Prozeß von der Idee über vielfache Wandlungen und Präzisierungen bis zur Fassung im Opernlibretto nachzuspüren. Es scheint so, als ob der österreichische Marxist Ernst Fischer mit seiner Vermutung in der Zeitschrift *Sinn und Form* (6 / 1952) recht hatte, daß Eisler eine «deutsche Nationaloper» anstrebte. Die «dichterische Erfindung» Thomas Manns, ein deutscher Musiker werde die Faust-Sage neu entdecken, sei nun – so Fischer – «zur Wirklichkeit» geworden. Er fand es «merkwürdig», daß vor Eisler «kaum ein deutscher Musiker sich an den faszinierenden Stoff herangewagt hatte, der von Lessing bis Thomas Mann die deutsche Literatur so tief beeinflußte» und sich in Goethes Dichtung «zum größten deutschen Nationaldrama» gesteigert habe. Wenn man von Schumann absehe, «waren es nur nichtdeutsche Musiker, die sich der Faust-Thematik zuwandten, Liszt, Berlioz, der süßliche Gounod und andere mehr». Die Faust-Sage habe «ungerufen an der Schwelle der deutschen Musik» gestanden, «als hindere sie ein unsichtbarer Drudenfuß, in ihr Laboratorium einzudringen». Erst Richard Wagners «arisches Gesamtkunstwerk» sollte diese magisch-mystische Schwelle überwinden.

Goethes erklärter Wunsch war es, seinen «Faust» vollständig vertonen zu lassen. Fast das ganze Stück ist mit musikalischen und opernhaften Strukturelementen ausgestattet: Leitmotivtechnik, Durchführung von Themen, kontrapunktische Führung der einzelnen Personen, Oratorienstil. In einzelnen Abschnitten werden die Vorbilder der großen italienischen Barockoper sowie des zeitgenössischen Kantatenstils deutlich – und der Schluß der klassischen Walpurgisnacht trägt eindeutige Züge des Opernlibrettos. Goethe hielt die Musik den anderen Künsten für überlegen, weil sie einerseits etwas Dämonisch-Elementares an sich habe, andererseits ein Kunstmittel der äußersten Vergeistigung und Verklärung sei. Hinweise allerdings, daß er sich – entsprechend seiner Farbenlehre – auch um die Schaffung einer eigenen Tonlehre bemüht habe, liegen nicht vor. Immerhin war der zeitgenössische Komponist und Schriftsteller Johann Friedrich Reichardt so fest von der Vertonbarkeit der Lyrik Goethes überzeugt, daß er eine sechsbändige Kompositionsausgabe «Musik zu Goethes Werken» plante. Aber mit seinen Vertonungsversuchen erging es ihm wie dem Goethe-Freund Zelter und anderen deutschen Musikern: Ihre Kompositionen sind vergessen oder gelten als überholt. Von den hundertfachen Vertonungen der Gedichte Goethes war für Johannes Brahms nur die letzte Strophe des Suleika-Liedes ein Beispiel dafür, daß ein Goethe-Gedicht durch die Musik «gehoben» werde. Die Gedichte seien «alle so fertig», daß «mit Musik» kaum künstlerische Verbesserungen erreicht würden.

Auch Goethe selbst beurteilte die Möglichkeiten der zeitgenössischen Komponisten eher skeptisch. Gegenüber den Huldigungen junger Musiker verhielt er sich demonstrativ herablassend. Franz Schubert beispielsweise, der mit seinen achtzig Liederkompositionen in quantitativer Hinsicht wohl der produktivste Musikinterpret Goethes war, erhielt auf seine anbiederischen Briefe nie eine Antwort aus Weimar. Zeit seines Lebens ist Goethe keine Freundschaft mit einem großen Komponisten eingegangen. Mit Beethoven kam es immerhin im Sommer 1812 in Teplitz zu einem Treffen, über das eine Anekdote zu berichten weiß: Als die beiden auf einem schmalen Weg im Park der Kaiserin von Österreich mit ihrem Gefolge begegneten, soll Goethe ehrfurchtsvoll zur Seite getreten sein, während Beethoven unbeirrt und gradlinig mitten durch die Reihen der Höflinge schritt. Ob es sich tatsächlich so zugetragen hat, wissen wir nicht. Doch neben dieser Anekdote gibt es auch authentische gegenseitige Zeugnisse über die Charakterunterschiede der beiden Männer. So schrieb Beethoven am 9. August 1812 seinen Verlegern Breitkopf und Härtel:

«Goethe behagt die Hofluft zu sehr, mehr als einem Dichter geziemt.» Und Goethe wiederum teilte kurz darauf Zelter mit, daß Beethoven «leider eine ganz ungebändigte Persönlichkeit» sei. Es gab offenbar nur zwei Komponisten, denen Goethe zugetraut hätte, sein Hauptwerk vollständig in eine Oper zu verwandeln: «Die Musik müßte im Charakter des Don Juan sein; Mozart hätte den Faust komponieren müssen. Meyerbeer wäre vielleicht dazu fähig, allein der wird sich auf so etwas nicht einlassen; er ist zu sehr mit italienischen Theatern verflochten» (Gespräch mit Eckermann vom 12. Februar 1829). Mozart ist zu früh gestorben, Meyerbeer hat sich tatsächlich nicht darauf eingelassen, und Ludwig Spohrs Opernversuche (1813 und 1852) hatten nicht Goethe zum Vorbild, sondern das Spiessche Volksbuch.

Allein Robert Schumanns «Szenen aus Goethes Faust» (1843 / 53) waren eine ernstzunehmende musikalische Bearbeitung, von der heute besonders noch der Chorus Mysticus geschätzt wird. Schumanns «Szenen» galten als «eine bahnbrechende Tat» (Leppmann), weil sie sich erstmals auf den zweiten Teil der Dichtung konzentrierten – doch auch sie blieben Fragment. Alle berühmten und völlig durchkomponierten «Faust»-Opern, die mit Goethes Werk in Zusammenhang gebracht werden, kommen nicht aus Deutschland, sondern aus Frankreich und Italien: Hector Berlioz' «La Damnation de Faust» (1845 / 46), Charles Gounods «Faust et Marguerite» (1859) und Arrigo Boitos «Mefistofele» (1868). Berlioz, der bereits 1828 damit begonnen hatte, acht Szenen der «Faust»-Übersetzung von Gérard de Nerval musikalisch zu bearbeiten, komponierte ein dämonisches Werk, für das er alle verfügbaren Mittel einsetzte, um mit Leitmotivik, Instrumentation und Orchestervolumen die schaurige Verdammnis von Faust erlebbar zu machen. Gounod hielt sich zwar genauer an die Szenen von Goethes «Faust I», fühlte sich aber als Kirchenmusiker vor allem motiviert, die Gewissenskonflikte und Errettung Gretchens darzustellen. Ihm war die Domszene (L'èglise) wichtiger als der Teufelspakt. Bei Boito dominierte, wie der Titel der Oper signalisiert, das Höllenszenario und die Dynamik Mephistos.

Erwartungsgemäß fanden Berlioz, Gounod und Boito keine Gnade bei den deutschtümelnden Goethe-Verehrern und Musikkritikern. Die Peinlichkeit, daß kein deutscher Komponist von Rang eine vergleichbare «Faust»-Oper vorweisen konnte, wurde kompensiert durch den chauvinistischen Anspruch, ausländischen Komponisten das Recht abzusprechen, sich überhaupt am deutschen Nationalepos zu versuchen. Hatte Goethe selbst schon 1829 durch ablehnendes Schweigen auf Berlioz' Übersendung der «Huit Scènes de Faust» reagiert, stempelten die Musikkritiker der Kaiserzeit unter Berufung auf ein Wagner-Urteil Berlioz als «Beethovenepigonen» ab. So las man zum Beispiel in den *Berliner Signalen. Zeitschrift für die musikalische Welt* (14 / 1896): «Franzose von Geburt, mehr aber noch seinem ganzen innersten Wesen und Charakter nach; aller Vorzüge, aber auch aller Fehler seiner Landsleute in höchstem Grade theilhaftig, zog es dennoch seinen Geist mit unwiderstehlicher Gewalt nach einer Richtung hin, die in diesem seinen nationalen Charakter einen Zwiespalt, einen Konflikt hervorrufen mußte, der tragisch wirkt. Deutsche Klänge waren es, die diesen Zauber um ihn gewoben, und Beethoven ist der Name, der den Grund bildete. Vortrefflich hat Richard Wagner diesen Grundzug von Berlioz' Charakter zu schildern gewußt.» Auch die *Neue Musik Zeitung* vom 3. August

1905 brach den Stab über Berlioz' Oper. Er habe die Idee von Goethes «Faust»-Dichtung «aus dem Auge verloren oder gab ihr doch eine andere Richtung insofern, als er die Erlösung durch das Ewig-Weibliche fallen und auf die Schuld ohne Gnade die ewige Strafe folgen ließ». Boito wurde gar gleichzeitig an Wagner und Goethe gemessen. In der *Wiener Musikzeitung* hieß es am 21. März 1882: «Man vergleicht Boito mit Richard Wagner. Eine Ähnlichkeit hat er wohl mit unserem genialen deutschen Meister, daß er sich den Text zu den Opern zurecht richtet, sonst dürfte jedoch wenig übereinstimmen, am allerwenigsten die Musik. Eines hat Boito's Mefistofele mit den musikalischen Bearbeitungen der anderen Dichtung gemein, daß bei ihm das Ideal der Goethe-Dichtung gänzlich fehlt.»

Das Grundstereotyp der deutschen Kritik an ausländischen «Faust»-Opern erwies sich als ebenso langlebig wie der «Faust»-Mythos selbst. Der Führungsanspruch der «Germanen» auch in der Musik hatte sich schon vor dem Nationalsozialismus herausgebildet und überdauerte ihn. Selbst in der marxistischen Kontroverse um das Eisler-Projekt einer «Faust»-Nationaloper grenzte man sich vom «süßlichen Gounod» (Ernst Fischer) ab. Zehn Jahre zuvor war in der NS-Zeitschrift *Das Reich* der Essay «Die Faustidee in der Musik» erschienen. In der Ausgabe vom 10. November 1942, also zu einem Zeitpunkt, als Gründgens mit seinem Berliner «Faust II» Maßstäbe gesetzt hatte, schrieb der Autor Heinz Drewes: «Was Goethes ‹Faust› an opernmäßigen Wirkungsmöglichkeiten in sich trägt, hat Gounod geschickt und ‹kulissen›wirksam in seiner Margarethe herausgezogen. Unter dem Begriff ‹Das Faustische› aber verstehen wir etwas anderes: jenen dämonischen Drang der Menschheit und nicht zuletzt des deutschen Menschen nach

Vertiefung in die letzten Daseinsprobleme, das metaphysische Bedürfnis – wie Schopenhauer es nennt –, den verzehrenden Trieb, der ‹vom Himmel durch die Welt zur Hölle› voll Erkenntnishunger der ‹Idee› nachrennt, um schließlich zur Erfüllung zu gelangen, so wie Goethe die Engel singen läßt: ‹Wer immer strebend sich bemüht, den können wir erlösen.›»

Das Thema der «Faustidee in der Musik» mußte zwangsläufig zu Wagner führen. Der Autor des Essays würdigte selbstverständlich den Bayreuther Mythenschmied als vorbildlichen deutschen Tonkünstler, der «selbst eine sinfonische Verdichtung der aus Goethes ‹Faust› davongetragenen Eindrücke gewagt» habe. Daß der Gesamtentwurf «Fragment» geblieben sei, zeuge nur davon, «wie hoch und groß er das Ziel erschaute». Wagners «Faust-Ouvertüre» umfasse «auf edle und eindrucksvolle Weise das, was ihm unter den damaligen Umständen als ‹das Faustische› erscheinen mußte».

Für den Musikwissenschaftler Martin Geck zeigt sich in der Diskussion um «absolute» und «Programmusik» die Fortsetzung einer idealistischen Begrifflichkeit, die ihre «philosophische und literarische Blüte in der Goethezeit» hatte. Mit «deutscher» Musik vor allem des 19. Jahrhunderts sei auf «unheilvolle Weise Deutschtum verflochten und weltanschaulicher Krieg geführt worden – nicht nur im Sinne eines törichten Mißbrauches, sondern auch auf Grund von Zügen, die in der Musik selbst angelegt sein mögen». Im Zeichen des faustischen Antiintellektualismus ist Musik das Ausdrucksmedium, welches allergrößte Unmittelbarkeit garantiert. In diesem Zusammenhang ist die Idee der «Zurücknahme» der «Neunten Sinfonie» Beethovens im «Doktor Faustus» von besonderer Bedeutung. Dieses Werk Beethovens, das für Thomas Mann die Ideale verkörpert, um die «Menschen gekämpft, wofür sie Zwingburgen gestürmt, und was die Erfüllten jubelnd verkündigt haben», wird von seinem Komponisten Leverkühn ausgelöscht und negiert im Furor einer neuen Musik, die nicht human sein darf.

Die von Thomas Mann aufgezeigte «Nachbarschaft von Ästhetizismus und Barbarei», so der Komponist Konrad Boehmer, transzendiere die engen Grenzen kompositorischer oder ästhetischer Theorie. «Es ist da also» – so Boehmer – «irgendwo zwischen dem späten Beethoven und Leverkühn – etwas schiefgelaufen in der Entwicklungsgeschichte des Komponierens.»

Man kann den Zeitpunkt, wann da «etwas schiefgelaufen» ist, durchaus präzisieren. Er fällt in das Zeitalter Nietzsches und in jene Periode, in der die «Faustidee» in Wagners Musik zu reifen begann. Von allen geschichtsphilosophischen oder ideengeschichtlichen Mustern, die man in Beethovens «Neunter» entdeckt hat, ist Wilhelm Diltheys Hinweis auf Lessings «Nathan den Weisen» am originellsten. In seiner Studie «Das Erlebnis und die Dichtung» stellte er fest, daß «der Gehalt» dieses dramatischen Gedichtes «in der neunten Sinfonie Beethovens» zu «mächtigstem Ausdruck» gelangte. Auch sie führe «hindurch durch die partikulare Leidenschaft und ihre Schmerzen zu der universellen Stimmung, in der sich ganz im Geiste der Lessingschen Aufklärung die Harmonie der Welt, die Güte des göttlichen Wesens, die allgemeine Menschenliebe und eine das ganze Leben durchdringende, verklärte Heiterkeit verbinden».

Wagner hingegen hat Beethoven nicht mit dem «Geist der Lessingschen Aufklärung» in Verbindung gebracht, sondern mit Goethes «Faust». Auch bei Wagner durfte

Beethoven nicht human sein. Doch der Bayreuther Mythenschmied hat den musikalischen Aufklärer nicht intellektuell «zurückgenommen» wie Leverkühn, sondern archaisch verfälscht. Er hat Beethovens «weltbürgerliche Gedanken», wie Hans Mayer es nennt, «ins Nationalistische transponiert». Seine «Zurücknahme» begann am Palmsonntag 1849 in Dresden, als er nach einem Beethoven-Konzert einen Kommentar zur «Neunten Symphonie» verfaßte, in dem er jeden Satz durch ein vorangestelltes «Faust»-Zitat charakterisierte – und sie war vollendet mit der Uraufführung des «Parsifal» am 26. Juli 1882 in Bayreuth. Schon in seiner Jubiläumsschrift zum 100. Geburtstag Beethovens (1870) hatte Wagner den Komponisten der «Neunten Symphonie» an die Seite des Frankreich-Kriegers Bismarck gerückt. Er lobte ihn als «den großen Bahnbrecher in der Wildnis des entarteten Paradieses», der als «Weltbeglücker» nicht minder würdig «als die Siege deutscher Tapferkeit» zu feiern sei.

In der Beethoven-Schrift ging es Wagner neben dem aktuellen nationalistischen Tribut auch um eine Verkündung des Gefühls seiner eigenen geistigen Verwandtschaft mit Goethe. Wie der Weimarer Dichterfürst wähnte sich auch der Bayreuther Gralshüter mit seinem Werk der Zeit voraus und dem Publikum überlegen. In seinem Aufsatz «Über Schauspieler und Sänger» betonte er, daß die Aufführungsprobleme, die seine Opern mit Goethes «Faust» teilten, nicht an der Struktur der Komposition lägen, sondern an der Unfähigkeit der Musiker beziehungsweise der Schauspieler: «Ich zeige in Goethes ‹Faust› unseren deutschen Schauspielern ein Stück von allerhöchstem dichterischen Werthe, in welchem sie dennoch jede Rolle richtig zu geben und jede Rede richtig zu sprechen ganz von Natur befähigt sein müssen, wenn sie überhaupt irgendwelche Begabung für das Theater aufzuweisen haben.»

Das außergewöhnliche Interesse Wagners an Goethes «Faust» zeigte sich bereits in seiner Leipziger Schulzeit. Es wird berichtet, daß er immer eine «Faust»-Ausgabe unter der Schultafel liegen hatte, um heimlich darin zu lesen. Schon der 16jährige Gymnasiast Wagner trug seinem Mitschüler Ludwig Siegel, dem späteren Chefredakteur der Dresdener *Konstitutionellen Zeitung*, die Skizze einer «Faust»-Oper vor. In seinem Wagner-Buch dokumentiert Werner Otto, wie die Schauspielerin Maria Anna Löhn-Siegel diesen Opernplan nach den Erinnerungen ihres Bruders rekonstruiert hat: «Erster Akt: Die Hexenküche mit allen wunderbaren Dekorationen, nicht nur alte Weiber, Affen und Katzen, nein, da müßte Höllisch-Verführerisches dabeisein. Ein Wunderteich. Dante müßte zu Hilfe genommen werden. Schöne verdammte Frauen wandeln im mythischen Halbdunkel und singen seltsame Chöre. Plötzlich dazwischen fährt der Jammerschrei der Hölle. Kontraste. Dann im zweiten Akt Faust und Mephisto im Gretchenhain ... Begegnung. Entzücken. Verheißung. Herrlichste Gelegenheit zu einem Duett mit unsichtbaren Chören, die nach und nach immer mehr hervortreten. Dritter Akt: Auf der Erde. Verwirklichung dessen, was die Hölle voraussagt. Gretchen als Wirkliches, als die wahre Liebe, beglückend, aber selbst unglücklich. Zuletzt Verklärung durch Reue und Buße. Apotheose. Der Himmel senkt sich auf die Erde. Wunderbare Chöre aus den Wolken.»

Eine unmittelbare Anregung für die frühe Opernidee aus dem Jahre 1829 war vermutlich Goethes 80. Geburtstag. Aus diesem Anlaß wurde auch im Leipziger Stadttheater «Faust» aufgeführt – mit Wagners Schwester Rosalie in der Gretchen-Rolle. Zwei Jahre später legte der Student Wagner «Sieben Kompositionen zu Goethes Faust» vor, und 1840 schloß er in Paris die erste Fassung seiner «Faust-Ouvertüre» ab. «Die Beschäftigung Wagners mit Goethe war», wie Wolfgang Leppmann es ausdrückt, «zeitweise so intensiv, daß sie auch auf sein Privatleben, ja sogar auf die Beziehungen zu den Frauen abfärbte.» Interessanterweise geht es auch in jenem als «Morgenbeichte» bezeichneten pikanten Brief vom 7. April 1858 an die Geliebte Mathilde Wesendonck, der in die Hände seiner Frau Minna geriet und Anlaß für die Scheidung war, um Goethes «Faust». Wagner distanzierte sich hier vom «weiblichen Schluß» des Dramas, bei dem durch Gretchens Fürbitte die Erlösung gewissermaßen «ex machina» erfolge und im Widerspruch zu Fausts Erdenleben stehe. Der versöhnliche Schluß belege, daß man Goethe «für die philisterhafte Accomodation der Welt hergerichtet» habe. Noch in seinem letzten, unvollendeten Manuskript «Über das Weibliche im Menschlichen» gemahnt Wagner an das «authentische» Prinzip: «Gleichwohl geht der Prozeß der Emanzipation des Weibes nur unter ekstatischen Zuckungen vor sich. Liebe – Tragik.»

Gegen Ende seines Lebens hatte Wagner in seiner Kunst der Selbststilisierung selbst das Vorbild Goethe übertroffen. Im Vergleich mit dem Bayreuther Pomp und dem Kult des Hauses «Wahnfried» erschien das klassische Weimar fast als ein stiller Musentempel. Im Sommer 1876 wurde die Weimarer Kulttradition aus Anlaß des 100. Jahrestages der Ankunft Goethes im Wettstreit und in Kooperation mit den ersten Bayreuther Festspielen noch einmal reaktiviert. Fast synchron zu Wagners dreitägiger Erstaufführung des «Ring der Nibelungen» in Bayreuth inszenierte die «Mysterienbühne» Otto Devrients in Weimar beide Teile des «Faust».

Die Stimmen von Wotan, Brünhilde und Siegfried in Bayreuth erklangen allerdings lauter als die Monologe und Engelschöre in Weimar. Zur Eröffnung der Festspiele im August 1876 kamen nicht nur die getreuen Freunde und Freundinnen, die Wagner in Jahrzehnten um sich gesammelt hatte, sondern Künstlerprominenz und Adelshonoratioren aus aller Welt: natürlich Ludwig II., aber auch der deutsche Kaiser, der König von Württemberg und selbst der Kaiser von Brasilien.

Doch es gab nicht nur den donnernden Wagner-Applaus der Monarchen und Chargen. Schon die tränenreiche Verzauberung des bayerischen Kronprinzen Ludwig durch die «Lohengrin»-Aufführung hatte im Jahre 1862 in einigen Zeitschriften zu Spottversen und Karikaturen geführt. Und der Schriftsteller Ludwig Speidel kommentierte die Bayreuther Festspiele von 1876 als eine «nun offenbar gewordene musikdramatische Affenschande», mit der das deutsche Volk nichts gemein habe. Und Nietzsche, durch eine Art Haßliebe an den magischen Komponisten gefesselt, hat seine Schrift «Die Geburt der Trägödie aus dem Geiste der Musik» keineswegs – wie oft vermutet – als Plädoyer für eine Symbiose von Goethe und Wagner verstanden. Ihm ging es bei der Entwicklung seines Begriffs des Tragischen eher darum, «die ungeheure Kluft» aufzudecken, «welche die dionysischen Griechen von den dionysischen Barbaren trennt». An anderer Stelle hat er – erschrocken über Wagners antisemitische Ausbrüche – vor einer Entwicklung gewarnt, die, «im Bunde mit deutschem Bier und deutscher Musik, daran arbeitet, ganz Europa zu verdeutschen». Nietzsche hat das Unbehagen, das den Bayreuther Musikgenuß überlagerte, eindeutig als politische Kategorie definiert. Wagner war für ihn zum deutschen «Fall» geworden, erschien als ein «großes Fragezeichen, ein deutsches Unglück vielleicht, ein Schicksal in jedem Fall». Der deutsche Geist, so Nietzsche, habe zu allen Zeiten «in psychologicis der Feinheit und Divination ermangelt, heute wo er unter dem Hochdruck der Vaterländerei und Selbstbewunderung» stehe, verquicke und vergröbere er sich zusehends. «Wie sollte er dem Problem Wagner gewachsen sein!»

Nietzsches Kritik am Bayreuth-Kult und dem deutschen Geistesleben findet sich in satirischer Form auch beim jungen Heinrich Mann wieder. Sein «Untertan» Heßling fühlt sich in Wagner-Opern – bei Schilden, Schwertern und kaisertreuer Gesinnung – «wie zu Hause», er geht «nur in Konzerte, wo er Bier trinken kann». Heinrich Mann erkannte – wie Nietzsche –, daß sich hinter Wagners «schwitzender Kraftentfaltung» und einer bedenkenlosen Ausnutzung des «Vorrechts» des Künstlers «Schwülste des Deutschtums» verbergen, «die um des Farbenspieles und des Effektes willen sogar antisemitisch schillern».

Wagners vollendete «Faust-Idee» ist der «Parsifal» – Oper und Drama der deutschen Sehnsucht, Übersteigerung, Unwirklichkeit und des Weltverlustes. Wie Goethe am «Faust» hat auch Wagner an seinem «Parsifal» über Jahrzehnte – fast bis zu seinem Tod – gearbeitet. Es gibt kaum ein Lebens- und Werkmotiv von ihm, das sich hier nicht wiederfindet. Im Passionsstück um den Gral ist die Idee der Erlöserfigur entwickelt, an der die Macht des Bösen zerbricht. Wagners frühere Lichtgestalten hatten den Heldentod erlitten, ohne daß ihr Opfer in die ersehnte Erlösung geführt hätte. Der «Ring der Nibelungen» endete tragisch, und in der «Götterdämmerung» führte der Befreiungskampf der reinen Menschheit zur Apokalypse. Parsifal war der erste Held, der dem Untergang entging, weil er den teuflischen Intrigen und Verlockungen zur Blutschande widerstand. «Den konnten sie nicht fangen wie Siegfried», erklärte Wagner. «Parsifal's Erscheinung» sei, so ergänzte seine (zweite) Gattin Cosima, «glänzend rein und stark wie Stahl».

Wagners «Parsifal» ist unterschiedlich interpretiert worden: als christliches Erlösungsdrama, als Mysterienspiel der Weltverneinung, als widersprüchliche Einheit von Eros und Thanatos und, am gnadenlosesten – zuletzt von Joachim Köhler in seinem Buch «Wagners Hitler» –, als Loblied auf die Vorherrschaft der arischen Rasse und prophetische Quelle für den nationalsozialistischen Blutorden. So wie die nationalsozialistische «Faustik» in Goethes Dichtung eine elementare Verbindung von «willensfähiger Entelechie mit der Blutsubstanz» zu erkennen meinte, verkündete Wagners «Parsifal» die Rettung der arischen Welt durch «Erlösung» des heiligen Blutes. «Nicht die christlich-Schopenhauersche Mitleidsreligion wird verherrlicht», so Hitler in seinen «Parsifal»-Gesprächen mit Hermann Rauschning, «sondern das reine, adelige Blut, das in seiner Reinheit zu hüten und zu verherrlichen sich die Brüderschaft der Wissenden zusammengefunden hat. Da leidet der König an einem unheilbaren Siechtum, dem verdorbenen Blut. Da wird der unwissende, aber reine Mensch in die Versuchung gestellt, sich dem Zaubergarten Klingsors der Lust und dem Rausch der verdorbenen Zivilisation hinzugeben oder sich zu der Auslese von Rittern zu gesellen, die das Geheimnis des Lebens hüten, das reine Blut. Wir leiden an dem Siechtum des gemischten, verdorbenen Blutes. Wie können wir uns reinigen und sühnen? Merken Sie, daß das Mitleid, durch das man wissend wird, nur dem innerlich Verdorbenen, dem Zwiespältigen gilt. Und daß dieses Mitleid nur eine Handlung kennt, den Kranken sterben zu lassen.» Das ewige Leben, das der Gral verleihe, gelte nur den wirklich Reinen und Adligen. «Mir sind die Gedankengänge Wagners aufs innigste vertraut», zitiert Rauschning Hitler. «Parsifal» verkünde den Kampf um «eine Auslese und Erneuerung», die Abgrenzung von der «geschichtslosen Masse», die dem «Verfall und der Selbstauflösung» ausgeliefert sei. Man solle sie «sterben lassen mitsamt ihren Königen wie Amfortas». Vor dem Hintergrund dieses mörderischen «Mitleid»-Begriffs ist auch Himmlers Vollzugsmeldung der Massenvernichtung der Juden im Jahre 1943 zu verstehen: «Dies durchgehalten zu haben und dabei ... anständig geblieben zu sein, ist ein niemals geschriebenes und niemals zu schreibendes Ruhmesblatt unserer Geschichte.»

Wagner als künstlerisch-«faustischer» Vordenker des europäischen Judenmords? Vermutlich ist das Bild, das Köhler – und vor ihm Forscher wie Hartmut Zelinsky oder der Urenkel Gottfried H. Wagner – entworfen haben, zu eindimensional. Ganz sicher waren Werk und Leben des «Parsifal»-Schöpfers widersprüchlicher, als sie in der Kultinszenierung des Bayreuth-Clans – von Cosima über Winifried Wagner bis zu Houston Steward Chamberlain – erscheinen. Unbestreitbar jedoch ist, daß nicht nur Wagners Musik, sondern auch seine Schriften Hitlers Weltanschauung bis zu einem gewissen Grad geprägt haben. Was Hitler an Wagner faszinierte, war die Verbindung einer choralhaften musikalischen Strenge mit der antisemitischen Vision der «reinen» Blutsherrschaft.

Schon drei Jahrzehnte vor der Uraufführung des «Parsifal» hatte Wagner sich mit seiner Schmähschrift «Das Judentum in der Musik» (1850) als militanter Antisemit zu erkennen gegeben. Daß es in dieser Schrift nicht nur um eine Konkurrenzausgrenzung der Kollegen Mendelssohn

Bartholdy und Meyerbeer ging, verdeutlicht die aggressive Verwendung des rassenantisemitischen Stereotyps der «Zersetzung». Bei Wagner taucht bereits das Motiv des berüchtigten NS-Films «Jud Süß» auf, das Bild der einen Kadaver durchwühlenden Würmer. Die Vernunft der Natur wird dem Fanatismus des Geistes geopfert: Die Dramaturgie des «Parsifal» verwandelt das «Prinzip Leben» in das «Prinzip Abtöten». In diesem Sinne gehe es hier, so Martin Geck, mehr als um das Thema «Wagner und die Nationalsozialisten» – es gehe vielmehr «um Auswüchse abendländischer Ideologie». Es war nicht nur «viel ‹Hitler› in Wagner», wie Thomas Mann 1949 konstatierte, sondern auch «viel Faust».

Das Jahr der nationalsozialistischen Machtergreifung fiel mit dem 50. Todestag Wagners zusammen. Daß ganz Deutschland zur Wagner-Oper werden sollte – ein Fazit, das Carl von Ossietzky schon im Februar 1933 in der *Weltbühne* zog –, hatte mehr mit den «Auswüchsen der abendländischen Ideologie» zu tun als mit den neuen Möglichkeiten der technischen Reproduzierbarkeit durch Grammophon und Schallplatte. Auch Wagners Regieanmerkung, daß das Finale seines «Parsifals» eine Abwandlung des Schlusses von «Faust II» sei, verweist auf den abendländischen Zusammenhang von Mythos und Moderne. Gesamtkunstwerke dieser Art waren und sind in Deutschland als Seelenprogramm gefragt.

Im Frühjahr 1997 legte der Regisseur Einar Schleef als neueste gesammelte Rauscherfahrung eine Essaybiographie unter dem Titel «Droge Faust Parsifal» vor. In einer Mischung aus autobiographischer Erzählung, Werkstattbericht, Kulturkritik und Theater-/Opernprogramm sind hier Exkurse zur Parallelität von Goethes «Faust» und Wagners «Parsifal» assoziativ montiert. Das Verbindungsglied beider Stücke ist die Darstellung der rituellen Drogeneinnahme als Variation des Abendmahlmotivs. Goethe und Wagner berauschen sich am besonderen Saft des Erlösers. Faust unterschreibt den Teufelspakt damit, und auch die Gralsritter lechzen danach. Zum Blut kommen bei Schleef noch Alkohol und Sex. Er will mit seinen Parsifal-Sängern so arbeiten, wie Wagners Regieanweisungen es im Original vorschreiben, und er plant eine «Faust»-Aufführung, wie sie noch keiner gesehen habe, mit allen Drogenräuschen und Sexualexzessen. Goethes Drama und Wagners Oper werden als sakraler Verstrickungszusammenhang von deutscher Zeitgeschichte und persönlichem Leiden erfahren. Dramaturgie ist für Schleef ein «nicht-intellektueller» Vorgang. In einem Pressegespräch aus Anlaß seiner Düsseldorfer Aufführung von Oscar Wildes «Salome» (Mai 1997) erklärte der Regisseur: «Bei mir ist denken gleich Null.» Der «gedankenlose» Dramaturg der Zerstörung zieht für seine Untergangssinfonie eine Linie von der Antike über die deutsche Klassik und den Faschismus zur Apokalypse. Nackte Chorsänger hüllen sich in Militärmäntel und formieren eine Marschkolonne, in die sich sowohl Goethes Mörder von Philemon und Baucis als auch Wagners Gralsbande einreihen.

Die Verbindung «Goethe / Wagner» scheint ein aktuelles Faszinosum für deutsche Regisseure zu sein. So stürzte sich auch Günter Krämer unmittelbar nach seiner Kölner «Faust»-Inszenierung in die Vorbereitung einer «Parsifal»-Aufführung in Bonn (April 1997). Ausschweifung, Siechtum und Erlösung des Gralskönigs sind bei ihm zeitgemäßer dargestellt als in den Phantasien von Schleef: Amfortas tritt als Aidspatient auf, dessen Wunde nicht mit dem Speer, sondern mit der Hand berührt wird.

Die bedrückendsten Analogien zu den antisemitischen Vernichtungsphantasien in Wagners «Parsifal» und dem faustischen Kampf gegen das «Böse» finden sich in Karlheinz Stockhausens Opernzyklus «Licht». Seit Mitte der siebziger Jahre beschäftigt er sich mit der Symbolik der sieben Wochentage in den verschiedenen Kulturkreisen. Er lebt danach, kleidet sich täglich in bestimmten Farben und hat ein mythologisches Welterklärungsmodell erdacht, das auf den Elementarmächten Liebe, Haß, Zerstörung, Erlösung und Menschheitsbeglückung fußt. Im Opernzyklus soll die Trinität Liebe, Musik, Licht triumphieren. Bisher ist dabei aber lediglich das manichäische Prinzip deutlich geworden: gut – böse, hell – dunkel. War das 1993 uraufgeführte Teilstück «Dienstag» handlungsthematisch der faustischen «Schlacht» zwischen Michael und Luzifer gewidmet, ging es 1996 in «Freitag» nur noch um krude Rituale. Einzig erkennbares Thema ist die Verdammung einer kosmischen «Rassenschande». Weiße Kinder kämpfen gegen schwarze, Katzen und Hunde werden mit Menschen gekreuzt. Am Schluß erfahren die «Bastard»-Paare «Erlösung», indem sie in einer Riesenflamme langsam aufsteigend verglühen.

Vor der Leipziger Uraufführung wurde die Presse gebeten, bei ihrer Bewertung des Spektakels doch bitte «einen Unterschied zwischen dem ästhetischen und dem ethischen Gehalt» des neuen Werks zu machen. Zweifellos besitzt die elektronische Musikkomposition Stockhausens eine neue Qualität in der totalen Organisation des Klang-Innenlebens: differenziert in ihrer Farbskala und der Bewegung im rundum beschallten Raum. Doch solche musikalischen Innovationen können die Botschaft einer zivilisationsfeindlich-wagnerianischen Kritik an der «dekadenten» Moderne (Drogen, «Überfremdung», Technik und sexuelle Perversion) nicht auffangen. Stockhausens Bilder einer archaisch-christlich geprägten, mythologischen Gegenwelt vermitteln unverhüllten Rassismus und Antisemitismus.

Auch im Kopf eines Kontrabassisten der Deutschen Oper Berlin müssen solche Bilder lebendig gewesen sein, als er während einer Konzertreise im Mai 1997 in Tel Aviv seine Rechnung an der Hotelbar mit «Adolf Hitler» unterschrieb.

Angesichts der geschilderten Konjunktur einer epigonalen Parsifal-Faustik ist die Klage Konrad Boehmers nachvollziehbar, daß die «ästhetischen Theoreme» in Adrian Leverkühns Werken längst zum «banalen Tauschwert» einer Gesellschaft verkommen seien, «die – ratlos mit sich selber – den Kunstwert von Musik ihrem puren Reizwert ausgeliefert und diesen zur akustischen Handelsmarke neben Ecstasy, Jungle oder Cybersex degradiert» habe. Im «Doktor Faustus» tritt die Musik durch die Erscheinung des gelehrten Teufels aus den Höhlen des Unbewußten heraus. Der Dämon wird zum Symbol der Säkularisierung und des Übergangs zum Rationalen. Bei Schleef, Stockhausen und Co. verschwinden Ästhetik und Politik in irrationalen Nebeln. Die Endzeitstimmung, so scheint es, verlangt wieder nach theatralischen Absolutheitsansprüchen und reproduzierfähigen Gesamtkunstwerken.

Während der Glaube an Himmel, Hölle und Weltuntergang in früheren Zeiten Phantasie und Ideologie war, vermag die Menschheit heute wirklich, Paradies und Hölle zu verwirklichen. Bleibt zu hoffen, daß die Vorbereitung der pompösen Mysterienspiele «Faust 2000» auch lustige Personen wie Kasper wieder zu subversiven Attacken ermuntert.

Ein gelungenes Beispiel dafür gab es zu Beginn des Jahres 1998 in Potsdam. Zur gleichen Zeit, als Peter Stein in Frankfurt, allein mit Wasserkaraffe am Holztisch sitzend, stimmgewaltig Akt für Akt aus «Faust II» vortrug, spielte das «Erste Preußische Staatskabarett Obelisk» im ausverkauften Café Koschuweit unter Regie und Dramaturgie von Helmut Fensch, Dieter Seidel und Andreas Zieger den ganzen Faust, das heißt Teil I bis III. Nicht nur die Länge sprengte den Goetheschen Rahmen, ideologisch wurde eher an Brechts Urfaust-Rüpelszenen und Hanns Eislers Opernlibretto angeknüpft. Die klassische Gliederung des Stückes war wie bei Vischer durcheinandergeraten; allerdings glossierte der dritte Teil nicht nur den zweiten, sondern lieferte – wie schon der Untertitel «Blaue Engel über Sansscouci» signalisierte – derben Stoff für Regionalsatire. Der historische Konflikt Potsdam versus Weimar erfuhr eine neue Lesart. Faust, «der Mann ohne Leidenschaft», legte erfolgreich Brandenburgs Sümpfe trocken, während Mephisto als naiver Gutmensch einen Leasingvertrag einging, ohne zu ahnen, daß der Trend längst zur «Zweitseele» geht. Goethes O-Ton wurde, anders als von Stein, verfremdet vorgetragen. Schauspieler und Publikum lasen im Chor aus dem Reclamheft den Vers: «Werd ich beruhigt je mich auf ein Faulbett legen / So sei es gleich um mich gethan!» Möge es Peter Stein in den Ohren geklungen haben.

VI. Epilog

Mephisto und die Wiederkehr des Bösen

Es erscheint nur konsequent, wenn zu Zeiten, da Nation und Gesellschaft ihren eigenen Zustand als kritisch erfahren und ihren Bestand bedroht sehen, auch die kulturelle Identität und damit das eingespielte Verhältnis zur kulturellen Überlieferung problematisiert werden. Anschwellende Bocksgesänge fordern die Gegenaufklärung im Geiste der alten Werte. Faktoren wie «Nation», «Soldaten», «Kirche» und «Autorität» stehen wieder ganz oben auf der Rangliste identitätsstiftender und -stabilisierender Werte. Fast zeitgleich mit dem modern-distanzierten «Faust»-Kommentar von Albrecht Schöne erschien 1994 der Ullstein-Sammelband «Die selbstbewußte Nation», worin ein 24jähriger Autor euphorisch schrieb: «1914 stürmten deutsche Soldaten mit dem ‹Faust› im Tornister in die Schlacht, den sie alle gelesen hatten, wenn nicht gar auswendig konnten.» Klingen da nicht auch Oswald Spengler und Ernst Jünger ganz zeitgemäß, wenn sie von der faustischen «Willenskultur» schwärmen, die dem handelnden Ich das Ziel der eigenen Perfektion in Welt und Geschichte setze?

In der deutschen Kulturszene ist es nicht nur das verquaste Wagnertum von Schleef und Stockhausen, das die Mythen der Antimoderne beschwört – auch in den Werken und Äußerungen der Dramatiker Botho Strauß und Peter Handke werden Bilder für eine Zeit «nach der Moderne» plakatiert, dokumentiert sich die deutsche Tiefensehnsucht nach politischer Romantik, antiker Restauration und zeitloser Ordnung. Vor allem bei Botho Strauß, der aus der «zivilisationskranken» Großstadt Berlin in die «gesunde» Landöde der Uckermark geflüchtet ist, wird die elitäre Jünger-Metaphysik mit allen antidemokratischen Affekten immer penetranter. Seine hämische Kritik der konsumistischen Medien- und Massengesellschaft verliert sich im Irrationalen. Angesichts der «debilen und verbrauchten» Demokratie bleibe dem deutschen Geist – so Strauß in seiner Schrift «Die Fehler des Kopisten» – nur eine unterwürfige Perspektive als «Knecht» und «Leidensorgan».

Stichwortgeber für fast alle neudeutschen Romantiker ist der lange ewig jung gebliebene Ernst Jünger. Wohlwollende Festschriften und Geburtstagsreden begleiteten den Dauerjubilar bis zu seinem Tod im biblischen Alter von 102 Jahren. Armin Mohler, der Jünger mehrere Jahre treu als Sekretär gedient hatte, erkor ihn in seiner Laudatio zum 60. Geburtstag zum «Musterfall des modernen Schriftstellers» und stellte seine Festschrift unter das Motto «Freundliche Begegnungen». Die festlichen Begegnungen steigerten ihre Freundlichkeit bis zum vorläufigen Höhepunkt der Centenarfeier im Jahre 1995. Als Jünger siebzig wurde, veröffentlichte Heinz Ludwig Arnold eine Biographie, die Jünger als «Genius der Deutschen» feierte. Die Würdigung galt dem ganzen Jünger. Einfühlsam wurden auch die Kriegstagebücher «Stahlgewitter» und «Strahlungen» als exemplarische Existenzbehauptung dargestellt, die «Präzision der Erinnerung» bestaunt und unmenschliche Distanz als kunstvolle Ästhetik des Ent-Haltens gepriesen. Die Verherrlichung des Krieges erschien als Möglichkeit der Selbstverwirklichung eines neuen Menschentypus, als Entwicklung vom «heroischen Realismus» zum «späten Humanismus».

Seit den siebziger Jahren zeichnete sich in den ehrenden Betrachtungen Jüngers ein – wie man heute sagt – Paradigmenwechsel ab. Die «Arbeiter»-Ideologie der Materialschlachten und blutgespeisten Turbinen wurde einer ökologischen und astrologischen Weltsicht untergeordnet. Jetzt zählte der Greisenavantgardismus des «Waldgängers» und Kometenbetrachters. Die Verlagsankündigung für Jüngers Reisenotizen aus dem Jahre 1986 («Zwei Mal Halley») schlug einen großen hermeneutischen Bogen: «Auch von den entferntesten Gebieten wie den ehemaligen Kolonien hat die Technik Besitz ergriffen und sie dem Weltstil des Arbeiters unterworfen. So sind auch dort die Wälder in Gefahr und hat eine Dezimierung der Pflanzen- und Tierarten begonnen. Das übersieht Jünger nicht.»

Bei dem 95jährigen bedankten sich die Feuilletons artig für die späten Aphorismensammlungen, Erzählungen und Traum-Bücher – wie «Autor und Autorenschaft», «Die Schere» oder «Zeitsprünge». Letzteres sei, so die FAZ am 31. März 1990, «ein doppelbödiger, meisterhaft komponierter Text: leicht zu lesen, schwer zu vergessen». Und Peter Glotz schwärmte in der gleichen Zeitung: «Was soll man mehr bewundern? Die so subtile wie klare Erzählstrategie Ernst Jüngers, die dem Geschehenen selbst noch in seinen alltäglichen Zügen die Konsequenz einer griechischen Tragödie gibt? Die Geschmackssicherheit? Oder die Virtuosität, mit der dieser Schriftsteller die verschiedenen Gattungen, hoch und nieder, miteinander kombiniert, ohne einer einzigen etwas zu vergeben: Tragödie und Krimi, Gesellschaftsnovelle und Liebesgeschichte, Künstlerroman und Essay, Aphorismus und Charakterbild?» In der offiziellen Festschrift, diesmal vom Redakteur des *Rheinischen Merkur*, Heimo Schwilk, in Jüngers Hausverlag Klett-Cotta vorgelegt, gaben sich erstmals west- und ostdeutsche Autoren gemeinsam die Ehre – fast alle nach 1945 geboren. Ihre Themen waren Ökologie und Apokalypse, Erdvergeistigung und Atavismus der Träume, deutsche Melancholien und der glückliche Augenblick. Ernst Jünger erscheint als ein postmoderner Solitär mit magischen und zuweilen obskuren Neigungen, wird in eine Reihe mit Nietzsche, Heidegger, Bataille und sogar Baudrillard gerückt. Lediglich die 1990 erschienene Jünger-Monographie des Feuilletonchefs der *Neuen Zürcher Zeitung*, Martin Meyer, paßte mit ihrem Schwanken zwischen Distanz und Apologetik nicht so recht in die deutsche Rezeptionstradition. Vorübergehend schienen die Ornamente der Ordnung aus den Fugen geraten. Doch rechtzeitig zur Centenarfeier wurde Jüngers Naturordnung aus Macht und Sprache rehabilitiert.

Am Stammtisch und in manchen Feuilletons ist man sich einig in der Klage: Linke Moral und parasitäre Verleumder der abendländischen Kultur haben den Willen zur Macht zersetzt. Da sei es kein Wunder, wenn spiegelbildlich zu Wehleidigkeit, Wehruntüchtigkeit und zum Verfall des Heroischen das Faustrecht zurückkehre. Zum Faustrecht gesellte sich bei Jünger das Standrecht. Dem scharfen Beobachter, dessen Blicke Pflanzen, Insekten und Menschen in gleicher Weise festhalten, entging nichts. So entdeckte er in seiner Funktion als Kompaniechef der deutschen Wache an den Champs-Elysées im Mai 1941 rechtzeitig die Fahnenflucht eines jungen Soldaten und beaufsichtigte persönlich dessen Erschießung. Über ein solches Kavaliersdelikt sehen die heutigen Jungkonservativen gern hinweg. Sie sind beeindruckt von der Kunstfertigkeit, mit der Jünger die Ästhetik des Schreckens zu beschreiben und zu zelebrieren versteht. So bewundern sie die Gelassenheit ihres Meisters, mit der er zum Beispiel im Jahre 1944 aus der sicheren Distanz seines Hotelbalkons ein Bombardement auf die Vororte von Paris betrachtete, in der Hand ein Glas Burgunder, in dem Erdbeeren schwammen. Als der «Jahrhundertmensch» – für die meisten überraschend – dann doch im Jahre 1998 starb, hatte man nicht mehr viel zu sagen. Die Nachrufe waren seltsam monoton. Selbst in der bisher relativ distanzierten *Frankfurter Rundschau* ging Wolfram Schütte auf Tuchfühlung, verneigte sich vor der «geistigen Würde und Ehre» des «furchtlos-neugierigen Intellektuellen». Kritisch blieb (fast) allein Rudolf Walther, als er für die *Basler Zeitung* bilanzierte: «Jünger hatte im Ersten Weltkrieg für das deutsche Kaiserreich, dann gegen die Weimarer Republik und schließlich im Zweiten Weltkrieg hauptsächlich für und ein wenig gegen den Nationalsozialismus geschrieben, agitiert und gekämpft. Das prädestiniert ihn zum nationalen Vorarbeiter des eingebildeten Gesamtkunstwerks Deutschland.»

Der vorherrschende Duktus der Jünger-Renaissance läßt darauf schließen, daß sich intellektuelle Existenz nur mehr als rein ästhetische versteht. Martin Meyer hat diesen Vorgang als den Rückzug der Intellektuellen «in das Schweigen gegenüber dem Moralischen» beschrieben, als eine Phase, in der man Abstinenz übt «aus ironischer Distanz» und Apathie pflegt «aus Stilbewußtsein». Daß eine solche ästhetische Weltanschauung der Logik einer rechtskonservativen Geschichtsphilosophie folgt und alles andere als unpolitisch ist, liegt auf der Hand.

Neuen Aufwind bekam diese Form der Gesinnungsästhetik durch die Veränderung der politischen Landschaft nach 1989. Die deutsche Vereinigung hat vor allem auch das intellektuelle Klima nachhaltig beeinflußt. Nach einer Phase der Lähmung und Apathie entbrannte – ausgelöst durch die neonazistischen Gewaltexzesse gegen Ausländer –

eine Grundsatzdebatte über das Verhältnis der Intellektuellen zum Staat. Hinter dem Rauchschleier der «verlogenen Asylantendebatte» habe sich Deutschland innerhalb weniger Monate «mental tiefergreifend und schneller verändert als in den vorangehenden eineinhalb Jahrzehnten», konstatierte Jürgen Habermas 1992 in der *Zeit*. Nach der «ersten Lebenslüge» in der Adenauer-Ära («Wir sind alle Demokraten») entstehe nun eine zweite, nämlich die Überzeugung, man sei «endlich wieder normal geworden». Als Kronzeugen dieser neuen deutschen «Normalitäts-Gesinnung» führt Habermas Publizisten wie Arnulf Baring an, die für ein «gesundes Nationalgefühl» und ein Geschichtsverständnis plädieren, deren Kontinuitäten «weiter zurückgehen als bis 1945».

Als Normalitätsapostel zu erwähnen ist hier aber auch Ernst Nolte, der mit seinen Thesen zum «kausalen Nexus zwischen Gulag und Auschwitz» den deutschen «Historikerstreit» auslöste und inzwischen weitere einschlägige Publikationen vorgelegt hat. Er interpretiert bekanntlich die Geschichte unseres Jahrhunderts als europäischen Bürgerkrieg, der ein Abwehrkampf gegen die «Ewige Linke» gewesen sei. Als «Zerbrecher des Marxismus» war Hitler in diesem Bürgerkrieg für Nolte das Bollwerk des Westens gegen die bolschewistische Gefahr. Um seine These von der deutschen Normalität zu begründen, muß Nolte den Holocaust in die antibolschewistische Strategie des Abendlandes einordnen. Mit der Niederlage des Kommunismus sei nun der europäische Bürgerkrieg beendet. Aber wer ist der Sieger? Denkt man Noltes These zu Ende, dann gehören auch Hitler und seine geistigen Adepten dazu.

Auf die Tatsache, daß ein solches «neues Geschichtsverständnis» in Deutschland eigentlich sehr alt sei, hat der Tübinger Philosoph Manfred Frank 1992 anläßlich einer Veranstaltung in der Frankfurter Paulskirche zum Gedenken an die Pogromnacht vom 9. November 1938 mit großer Eindringlichkeit hingewiesen. Er kritisierte das Hintergrundverständnis einer Asyldiskussion, das dem politischen Existentialismus Carl Schmitts näher stehe als dem von der alten Bundesrepublik gepflegten Verfassungskonsens. Weil Frank diejenigen, die die Verfassung mit der asylantenfeindlichen Stimmung im Lande in Übereinstimmung bringen wollten, an den Populismus von Goebbels erinnerte, erntete er einen Proteststurm, der von der CDU bis zu den Grünen reichte und quer durch den deutschen Blätterwald rauschte. Beängstigend war die Einhelligkeit des antiintellektuellen Tenors der Schelte, die auch als Klammer zwischen neudeutschem Stammtisch und Feuilleton zu funktionieren begann.

Die «Gegenintellektuellen» legen großen Wert darauf, als Realpolitiker zu gelten. Sie versuchen, ihre eigene, intellektuelle Vergangenheit zu leugnen und sich von ihr zu distanzieren. Dieses Schema folgt – wie bereits erwähnt – einer ideologisch konstruierten Dichotomie von Geist und Rationalität. Manches erinnert an die Renegatenpolemik des Stalinismus und des kalten Krieges. Auch damals bekämpften Renegaten und Renegatenverfolger in ihren Polemiken jeweils wechselseitig die eigenen Zweifel. Vom Selbstverständnis her stilisiert sich der deutsche «Gegenintellektuelle» gern als elitärer und pseudoegalitärer Mandarin. Der Soziologe Alfred Weber warnte bereits 1922 vor dem Schicksal des «geistigen Todes», der dem Zerfall des Staates vorausgehe. Auch die Mandarine der Weimarer Republik erklärten die Intellektuellen zum inneren Feind und versuchten selbst die Rolle der ideologischen Kompensation zu übernehmen. Dabei entstand jene verhängnisvolle Mischung von geistiger Aristokratie, metaphysischem Optimismus und sozialem Pessimismus.

Die erste gesellschaftsrelevante Erscheinungsform des Antiintellektualismus im Nachkriegsdeutschland war eine Reaktion auf das Scheitern der 68er Fundamentalopposition mit ihrem abstrakten Moralismus und ihrem utopischen Rationalismus. Politologen und Historiker wie Ernst Nolte, Andreas Hillgruber, Alexander Schwan oder Michael Stürmer läuteten die Stunde des «Geschichtsrevisionismus» ein. Heute sind es überwiegend ehemalige 68er-Linke, die durch die Umbrüche in Europa, den Kollaps des Sozialismus und die deutsche Einheit aus der Fassung geraten und vor radikalem Intellektualismus und «linkem Alarmismus» warnen. Angesagt ist Legalismus, das heißt unkritisches, blindes Vertrauen in die bestehenden staatlichen Institutionen. Die gesellschaftspolitische Verantwortung der Intellektuellen möchte man auf die Tätigkeit beschränkt sehen, öffentlich darauf hinzuwirken, daß die Exekutive ihre Pflicht tut. Man scheint sich weitgehend einig in der bedingungslosen Befürwortung der starken und durchsetzungsfähigen Institutionen, die in der realen Politik zwingend herrschen und bindend entscheiden können.

Der gegenwärtige Antiintellektualismus pflegt darüber hinaus einen westdeutschen Hochmut und wendet sich gern gegen jene desorientierten ostdeutschen Intellektuellen, die ihren «Abschied von den Lebenslügen» nicht gnadenlos, sondern «weinerlich» gestalten. Die «Entwertung des intellektuellen Kapitals» (Habermas) wurde sichtbar in der Abwicklung von Akademien und Hochschulen, in einem neuen Gleichklang der Medien und äußerte sich nicht zuletzt im Verstummen der diskreditierten Sprachmächtigen von gestern. Vor diesem Hintergrund erhielt auch der P. E. N.-Streit West gegen Ost mit Einführung einer kollektiven Täter-Opfer-Kategorie und dämonisierender Ausgrenzungspolitik eine faustische Dimension.

Man kann als Intellektueller vom vereinigten Deutschland sprechen, ohne in Anklage oder Zerknirschung zu verfallen, und doch den Problemen nicht ausweichen. Die Vorträge und Essays ostdeutscher Theologen und Politiker wie Friedrich Schorlemmer oder Richard Schröder zeigen, daß es möglich ist, die vierzig Jahre des Lebens in und mit der DDR in einer Weise zu verteidigen, die frei von einseitiger Schuldzuweisung und falscher Nostalgie ist. Nicht jeder, der in DDR-Zeiten bespitzelt wurde und Repressalien ausgesetzt war, will sich im historisch-moralischen Vergleich als «Opfer» definieren. Auch Schröder, der sich eindeutig gegen eine Generalamnestie und die Schließung der Stasi-Akten ausspricht, warnt vor eifernden Gerechtigkeitsfanatikern, die versucht sein könnten, «das Tätersein der Täter zu vergrößern, damit der Opferbonus lange währt».

Ebensowenig, wie die Täter-Opfer-Dimension des Holocaust mit der des SED-Regimes zu vergleichen ist, kann man die jeweiligen Umbrüche und Systemwechsel in einen Zusammenhang stellen. Allerdings gibt es Parallelen in geistigen Strukturen und Ritualen. Wenn heute ein feierlicher Semesterbeginn in der altehrwürdigen Alma mater von Leipzig mit einer Gedenkveranstaltung für diejenigen beginnt, «denen politisch motiviertes Unrecht» geschehen sei, dann erinnert das in fataler Weise an die formelhaften Lippenbekenntnisse, wie man sie beispielsweise aus akademischen Feierstunden «zu Ehren» der Geschwister Scholl in München kennt. In beiden totalitären Systemen Deutschlands wurde die Legitimierung durch Wissenschaft gesucht, obwohl «Wissenschaftlichkeit» in den Basisideologien eine sehr unterschiedliche Rolle spielte. Beide Diktaturen waren auf die Mittäterschaft der akademischen Institutionen der Intelligenz angewiesen, beide versprachen und vergaben Privilegien.

Zur Hauptbeschäftigung der jungkonservativen Geschichtsrevisionisten gehört es heute, auf eine «Schieflage» des Verhältnisses von alter und neuer «Vergangenheitsbewältigung» hinzuweisen. Dabei teilen sie natürlich nicht die Sorge der «evaluierten» ostdeutschen Wissenschaftler, daß eine «dritte Schuld» dazu benutzt werde, die «zweite» in Vergessenheit zu bringen. Sie sind vielmehr der Auffassung, daß die Verantwortlichen der braunen Diktatur nach 1945 unerbittlich zur Rechenschaft gezogen worden seien, während die roten Seilschaften nach 1989 ungeschoren davonkämen. Ein Musterbeispiel dieser neudeutschen Revision ist das 1993 erschienene Buch von Manfred Kittel: «Die Legende von der ‹Zweiten Schuld›». Der 1962 geborene Kittel zeigt Flagge und Sendungsbewußtsein im Auftrag des Instituts für Zeitgeschichte. Seine «Danksagung» ist hilfreichen Professoren, Oberstudienräten – deren Rat ihn «seit der Gymnasialzeit» begleitet hat – und seinen Eltern gewidmet, die «auch während der starken beruflichen Beanspruchung im deutschen Revolutionsjahr 1989 / 1990» (der Autor war in historischer Stunde als «Politikberater» tätig) alles von ihm «fernhielten, was den Fortgang der Studie erschwert hätte». So hatte er den Rücken frei für den Sisyphusnachweis, daß die «vielzitierte ‹Unfähigkeit zu trauern› nicht als Signum für die Adenauer-Zeit taugt», daß hingegen «die staatliche Abwehr von Antisemitismus erfolgreich» und «der Aufbau demokratischer Strukturen solide» war. Von Anfang an sei die Bewältigung der NS-Erblast ein zentrales Thema in der politischen Kultur des Landes gewesen. Der Autor ist nicht der Ansicht, daß man in Sachen «Vergangenheitsbewältigung» die «breite Masse des Volkes» in die moralische Pflicht nehmen müsse. Das rieche nach «falscher Volkspädagogik», die den demokratischen Staat «überfordere». Auch den Appell des früheren hessischen Generalstaatsanwalts Bauer, die Bevölkerung solle aus den Auschwitz-Prozessen lernen, wohin bedingungloser Gehorsam führe, hält Kittel für «überzogen». Von einer solchen Argumentation führe «eine direkte Linie zu dem gesinnungsethischen Rigorismus der 68er-Generation». Als Väter dieser Gesinnungsethik werden Adorno und Walter Dirks dingfest gemacht. Insbesondere das gefühlsduselige «Element von Bußpredigt» bei Dirks, dem Herausgeber der *Frankfurter Hefte*, bereitet dem jungen «Zeithistoriker» geradezu körperliches Unbehagen. Cool bleiben ist die Devise, und das Plädoyer lautet: mehr «Gelassenheit» im Umgang mit der NS-Geschichte. Schließlich ist man nicht «Seelenkundler», sondern «Empiriker». Daher wird auch kein Wort über die furchtbare Gefühlsstarre verloren, mit der die meisten Deutschen auf die Leichenberge in den Konzentrationslagern reagierten. Der Auftrag bestand allein darin, nachzuweisen, daß «Vergangenheitsbewältigung» als christdemokratische Chefsache inzwischen längst zur staatstragenden «Gedenkkultur» aufgestiegen ist. Da werden unfreiwillig Kontinuitätslinien freigelegt, die von Globke bis Bitburg reichen. In der Tradition der Aufklärung war es eine intellektuelle Herausforderung, sich mit dem Gang der Geschichte – und insbesondere ihrer Katastrophen – kritisch auseinanderzusetzen. Die neuen jungkonservativen Historiker geben sich mit der einschläfernden Feststellung zufrieden, daß Deutschland «endlich wieder normal» geworden sei.

Zu den Normalitätsbestrebungen gehört auch der Anspruch, das Erbe des deutschen Bildungsbürgertums retten zu wollen. In diesem Sinne inszenierte die *Zeit* im Mai 1997 eine «Umfrage» nach der Notwendigkeit eines neuen Literaturkanons. («Wir besitzen unser Selbst nicht. In den Werken der Literatur weht es uns an.») In drei Ausgaben des Wochenblattes (Nr. 21–23) durften vierzig «prominente Zeitgenossen» rätseln: «Was sollen (Ober-)Schüler lesen?» So obskur die Fragestellung, so willkürlich war auch die Auswahl der Befragten. In konstruierter Repräsentanz führte der *Zeit*-Redakteur Ulrich Greiner einen bunten «bildungsbürgerlichen» Reigen von Politikern, Unternehmern, Entertainern, Wissenschaftlern, Kritikern und Schriftstellern vor. Kein Wunder, daß aus diesem Mischwald nahezu ungebrochen herausschallte, was hineingerufen wurde. In seiner Einführung hatte Greiner – wie vor zwanzig Jahren die FAZ in ihrer Polemik gegen die «reformierte Oberstufe» – betont, daß die «Lehrpläne für den Deutschunterricht» in den SPD-Ländern zum «Grausen» seien, während in CDU-Ländern «auf literarische Kenntnis eher Wert gelegt» werde. Und er bedauerte zutiefst, daß das Zeugnis der Reife auch jene Schüler erhielten, die weder «Faust» noch «Effi Briest» gelesen hätten. Die abschließende «Statistik» der Literaturvorschläge ergab einen «neuen» Kanon, der der alte war. «Effi Briest» ging zwar unter, aber Goethes «Faust» führte unangefochten die Hitliste an, und auch das «Nibelungenlied» konnte sich im Mittelfeld neben Schiller, Kafka, Thomas Mann und Brecht behaupten. Erstaunlicherweise gehörte der Generalsekretär der Goethe-Institute zu den wenigen, die sich ein deutsches

Abitur ohne «Faust»-Kenntnis vorstellen konnten. Doch die überwältigende Mehrheit der befragten Politiker, Unternehmer, Verleger und Autoren unterstützte mit ihrem Votum bekennerhaft das vorgegebene *Zeit*-Motto: «Wo keine Verbindlichkeit mehr herrscht, gähnt die geschichtsvergessene Leere.»

Erfreut kommentierte Greiner das Ergebnis seiner Umfrage: «Verblüffend klassisch!» Verblüffender als das Ergebnis war jedoch die sprachlose Begründung, mit der die deutsche «Prominenz» Goethes «Faust» als nationalliterarisches Hauptwerk für Gymnasiasten (Haupt- und Berufsschüler interessierten nicht) empfahl. Was bei dem Talkmaster Harald Schmidt noch ironisch klang («Jeder Abiturient sollte ‹Faust› kennen. Now and forever»), war bei den meisten anderen bitterernst gemeint. Der CSU-Politiker Gauweiler favorisierte «in jedem Fall» Goethes «Faust», allein mit der Begründung, daß der Autor ein «Gigant» der Klassik sei. Ein Unternehmer erklärte noch lakonischer: «Wer den ‹Faust› nicht gelesen hat, hat was verpaßt.» Ein anderer Managerkollege gab sich etwas tiefsinniger: «Natürlich Goethes ‹Faust›. Wie könnte man besser jene Zerrissenheit kennenlernen, die in jedem, auch in dir, steckt?» Während eine Schriftstellerin den faustischen Sinnzusammenhang im Internet vermißte («Was nutzt das Anklicken von ‹Faust› und ‹Goethe›, wenn man nicht weiß, wo man das Ganze geistesgeschichtlich einordnen soll?»), verwies die grüne Bundestagsvizepräsidentin die notwendige Arbeit am Mythos rigoros zurück auf die klassische Schulbank: «Das Faustische muß sein im Deutschunterricht.» Auch der Verleger Siegfried Unseld verengte seine Kanonperspektive auf die Mythentradition. Goethes Nationalgedicht, «der mit Abstand wirkungsmächtigste Text unserer klassischen Literaturepoche», sei «exemplarisch für die Synthese der antiken Mythologeme mit dem modernen und genuin deutschen Mythos der Faust-Gestalt».

Zu Recht vermutete der Literaturwissenschaftler Joachim Dyck in einem kritischen Nachtrag (*Die Zeit* Nr. 23), daß «die leeren Versatzstücke und Klappentextformeln», mit denen die Wahl des Goetheschen Faust begründet wurde, nicht allein «der Knappheit des vorgegebenen Platzes» geschuldet seien. Die *Süddeutsche Zeitung* kritisierte das Kanonunternehmen als eine Renaissance der «übelsten Vorurteile des Kulturkonservativen alter Prägung». Die FAZ hingegen fand ihre alten Kulturkampfthesen aus den sechziger Jahren bestätigt: «Eine kultivierte Gesellschaft muß sich auch über etwas anderes unterhalten können als über Fußball und Urlaub ... Aber heutzutage schwadronieren vor allem diejenigen über das Faustische in der deutschen Seele, die Goethes ‹Faust› nie gelesen haben.»

Der Abgesang auf das klassische Bildungsbürgertum, verbunden mit dem gleichzeitigen Aufruf zu dessen Wiederbelebung, ist seit dem Ersten Weltkrieg das beliebte Ritual einer selbsternannten geistigen Elite in Deutschland. Im Zusammenhang mit der Krise der Zeitschrift *Merkur*, deren 50. Jubiläumsjahr durch drastischen Leserschwund überschattet wurde, rief der Herausgeber Karl Heinz Bohrer zum «letzten Gefecht» auf. Ohne «wirkliche Innovationsarbeit gedanklicher Art» sei der Prozeß einer weitgehenden «Egalisierung, Proletarisierung, Verelendung und Zerstörung von Kriterien des Bildungsbürgertums» endgültig nicht mehr aufzuhalten. Welche positiven Kriterien im einzelnen gemeint sind, wird nicht ganz klar. Lediglich in der Negierung von geschichtsphilosophischen Tröstungen, das heißt in der ästhetisierenden Abgrenzung vom «Versuch einer ethischen, sozialen und politischen Artikulation des Gemeinwohls», den «heiligen sozialen Kategorien», ist Bohrer deutlicher. Er scheint fest davon überzeugt zu sein, daß jenes inkriminierte «linksmoralische Milieu» auch noch im vereinten Deutschland entscheidenden Einfluß auf Politik, Kultur und öffentliche Meinung ausübt. Erinnerungen an die linksintellektuelle Tradition der Aufklärung werden als lästige Störung des Rituals empfunden. Man möchte vielmehr ungestört vom vermeintlich sicheren Boden der Ästhetik aus lustvoll in den Abgrund blicken. Die scheinintellektuelle Distanzierung von menschlicher Autonomie und historischem Fortschrittsdenken hat auch schon eine für die Zukunft entlastende Fatalismusformel gefunden: Das «Böse» kehrt zurück.

Anläßlich einer Berliner Veranstaltung über «Strauß, Handke und die neue Kulturkritik» im Deutschen Theater erklärte Reinhard Baumgart, daß ihn «keine Theorie der Theorie der Moderne» interessiere und auch kein «in dritter Potenz epigonaler Text». Sein Unmut galt der Absurdität einer Diskussion, in der die «konservative Revolution» mit ihrer Sehnsucht nach Härte und Schwere einem staunenden Feuilleton- und Theaterpublikum als tabubrechende, neue Ideenproduktion verkauft werden soll. Offensichtlich kann man heute als tiefsinniger neukonservativer Provokateur Furore machen, wenn man kulturpessimistische Gedanken von Nietzsche, Jünger, Spengler oder Arnold Gehlen aus dem Zusammenhang reißt und sie als originelle Zeugnisse eigener philosophischer Individuation ausgibt.

Die geistigen Wurzeln der «konservativen Revolution», die heute ihre Renaissance erlebt, reichen weit zurück. Schon die deutschen Anhänger vor Rousseau verbanden mit ihrer Kulturkritik einen Angriff auf das, was sie für naiven Rationalismus und mechanistisches Denken der Aufklärung hielten. Später wollte man den Liberalismus und die Moderne treffen und leugnete deren philosophische Voraussetzungen. So heißt es zum Stichwort «Kritik der Modernität» bei Nietzsche zum Beispiel: «Der ganze Westen hat jene Instinkte nicht mehr, aus denen Institutionen wachsen, aus denen *Zukunft* wächst: seinem ‹modernen Geiste› geht vielleicht nichts so sehr wider den Strich. Man lebt für heute, man lebt sehr geschwind – man lebt sehr unverantwortlich: dies gerade nennt man ‹Freiheit›. Was aus Institutionen Institutionen *macht*, wird verachtet, gehaßt, abgelehnt: man glaubt sich in der Gefahr einer neuen Sklaverei, wo das Wort ‹Autorität› auch nur laut gedacht wird.» Die Nietzsche-Epigonen des 19. Jahrhunderts folgerten daraus – was wir heute in gedanklicher Drittverwertung wiederfinden –, daß die Politik des liberalen Individualismus auf einer falschen Vorstellung beruhe. Das Böse existiere wirklich und sei ein wesentlicher Bestandteil des menschlichen Daseins.

Auch bei Jünger und Spengler verbarg sich – obwohl diese das weit von sich wiesen – hinter der martialischen Geste der Härte und Heroik das Gefühl, ohnmächtig an den Gang der Dinge gefesselt zu sein. Und in Arnold Gehlens 1933 erschienener Schrift «Theorie der Willensfreiheit» heißt es an zentraler Stelle: «Amor fati ist also ein tiefes und richtiges Symbol der Freiheit: Bejahen dessen, was sowieso geschieht. In diesem Gedanken ist auch der Schlüssel der wahrhaften politischen Ethik zu finden, welche sich in der Forderung erschöpft, das Gesetz, das schon ist und gilt, zu bejahen.» In ähnlicher Weise verkürzt sich der Blick der Neukonservativen von heute auf die Fixierung des Abgrunds – auf die erwartete Katastrophe als Wiederkehr des Bösen. «Erwartung» wird dabei wie in der religiösen Prophetie als Aufforderung und Verheißung begriffen: Es soll kommen, und es wird kommen.

Dem Zeitgeist immer auf der Spur, beschwor der *Spiegel* in seiner Titelstory zum Jahresende 1996 die Erscheinung Satans: «Wir brauchen einen Namen für das Böse – um es zu benennen.» Als Experte für Geschichte und Aktualität des Bösen kam der an Schopenhauer und Heidegger geschulte Rüdiger Safranski zu Wort. Er erinnerte an den Satz von Schelling «Das Böse ist etwas Geistiges» und erläuterte den Verlauf seiner eigenen Tiefenerinnerung: «Mir wurde mit einem Schlage klar, daß es ein gewolltes Böses gibt, ein Böses als Selbstzweck.» Das sei auch die provozierende Erkenntnis von Daniel Goldhagen gewesen, wobei der «diesen richtigen Aspekt leider durch seine zu pauschale Behauptung einer angeblich seit Jahrhunderten bestehenden antisemitischen Obsession der Deutschen entwertet» habe. Soll das heißen, daß die NS-Täter zwar «böse», aber nicht antisemitisch waren? Dann wäre auch Himmlers Bekundung «Wir sind anständig geblieben» als die geschichts- und religionsphilosophische Legitimierung eines gläubigen Menschen zu akzeptieren. Laut Safranski muß man sich «den Begriff des Bösen in seiner ganzen religiösen Tiefe verdeutlichen». Die Bühne habe sich gedreht «hin zur großen Determination». Neben dem Religiösen beginne auch eine neue, verheißungsvolle Karriere des Naturalismus, des Darwinismus und «aller Denkformen», die nicht mehr vom «Springpunkt der Freiheit» aus gedacht werden. «Wir sind nicht gut, wir werden sterben, alles wird vieldeutiger, widerspenstiger, brüchiger, böser, als wir denken. Das ist so.»

Solche Erfahrungen mystischer Zeit sind getragen vom

Gespür für das Verlorene und Vergangene, fühlen sich einem Denken verpflichtet, das einen Sinn bewahrt für das dunkle, unaufgeklärte Geheimnis des Lebens. Über die «Wiederkehr des Bösen» schrieb Safranski schon im erwähnten Sammelband «Die selbstbewußte Nation». Auch ihn drängt es zu einem neuen politischen Bekennertum. Die Bühne hat sich gedreht. Eine «rechte» Option für die Metaphysik erscheint notwendig, denn es gibt eben mehr zwischen Himmel und Erde, als unsere Diskursvernunft sich träumen läßt. Obwohl in Thomas Manns «Betrachtungen eines Unpolitischen» – wie Safranski meint – «eigentlich schon alles Nötige gesagt» sei, hatte er in einem Beitrag für die Zeitschrift *Akzente* im Juni 1995 doch noch persönlichen Erklärungsbedarf: «Ich lebe aus der deutschen geistigen Tradition, ich liebe sie sogar. Als Schriftsteller will ich mithelfen, sie vor dem Vergessen zu bewahren. Heideggers Satz ‹Herkunft ist Zukunft› empfinde ich nicht als kitschig. Auch will ich die Westbindung nicht so weit treiben, daß Unverwechselbares unserer Tradition dabei verlorengeht, beispielsweise die romantische Weltflüchtigkeit oder die metaphysische Obsession. Ein bißchen schwanger, das geht nicht; aber ein bißchen deutscher Sonderweg in geistigen Dingen, das geht sehr wohl.» Die Abgrenzung der deutschen Kultur von der europäischen Zivilisation erscheine «inzwischen wieder plausibel», da täglich zu erfahren sei, «daß man eine ‹Zivilisation› haben kann, bei der man langsam die ‹Kultur› verliert». Zivilisation sei «das stets gefährdete Projekt der Domestizierung des Bösen». Man müsse sich jederzeit auf die Entsublimierung des in der Zivilisation gebundenen Gewaltpotentials gefaßt machen.

In vielen Aspekten ähneln die restaurativen intellektuellen Tendenzen der Gegenwart jener Entwicklung, die Karl

Mannheim in seiner Schrift «Ideologie und Utopie» im Jahre 1929 beschrieben hat: zum einen die «Spiritualisierung der Gegenwartssituation», die mit «Neubelebungsversuchen der Religiosität, des Idealismus, der Symbole und Mythen» betrieben werde, zum anderen die Absage an den historischen Prozeß zugunsten existentieller Seinsvergewisserung. In der neudeutschen Metaphysik hatte Hans Magnus Enzensberger als erster in dieser Richtung das ausgeprägteste Stilgefühl bewiesen. Schon 1992 berichtete er in seinem Beitrag zur Asyldiskussion («Die große Wanderung») über einige Besonderheiten bei der Menschenjagd. Ihn beunruhigte weniger die akute Bedrohung des Lebens von Ausländern in Deutschland als die Gefahr zukünftiger «Bandenkriege». Für Enzensberger sind solche «Ausbrüche prospektiver Panik» (Lothar Baier) offensichtlich der Preis, den er für die Anstrengung zahlen muß, unentwegt die Rolle des entspannt teilnahmslosen Beobachters spielen zu müssen.

Der Blick in den Abgrund ist nur lustvoll, wenn er in erhabener Einsamkeit von einem elitären Beobachtungsposten aus erfolgt. Doch die Wahrnehmung des Bösen ist längst zur Massenerscheinung geworden. Nach einer Emnid-Umfrage war im Dezember 1996 knapp die Hälfte aller Deutschen der Ansicht, daß «das Böse» in der Welt überwiege. Und immerhin 20 Prozent glaubten, «daß es den Teufel gibt». Jetzt kommt es nur noch darauf an, die metaphysischen Stichworte zu konkretisieren, um das Reich des Bösen genauer zu lokalisieren und dem Teufel eine konkrete Gestalt zu verleihen.

In der deutschen Geschichte war es immer nur ein kurzer Weg vom pseudoegalitären Antiintellektualismus zu mehr oder minder rassistischen Volksgemeinschaftsideologien.

Als die Sozialwissenschaftler Alphons Silbermann und Francis Hüser im Jahre 1995 die Ergebnisse einer empirischen Untersuchung über Ausmaß und Hintergründe des «‹normalen› Hasses auf die Fremden» vorlegten, hatten sie ermittelt, daß sich knapp 36 Prozent der Deutschen mit einer «ethnozentristisch-nationalistischen Grundhaltung» identifizieren. Das heißt, sie bekannten sich zu einem «wirtschaftlich begründeten Nationalstolz», glaubten an ihre «kulturelle Überlegenheit» und lehnten Formen der «Multikulturalität» ab. Als «überdurchschnittlich stark fremdenfeindlich» definierte sich ein Anteil von knapp 16 Prozent der Befragten, und in einer Zeit der Brandbombenanschläge zeigten noch fünf Prozent (das wären mehr als vier Millionen Deutsche) «Verständnis» für Menschen, «die zur Gewalt gegen Ausländer aufrufen».

Auf den ersten Blick könnte man dieses Umfrageergebnis im internationalen und zeitgeschichtlichen Kontext als Ausdruck einer gewissen «Normalität» hinnehmen, wenn da nicht noch eine besondere deutsche Abnormität zutage getreten wäre. Die aggressive deutsche Fremdenfeindlichkeit ist nicht, wie das liebgewonnene Klischee suggeriert, ein typisches Unterschichtsphänomen, ein Produkt mangelnder Bildung und sozialer Unzufriedenheit: An der Spitze der «stark fremdenfeindlich» orientierten Deutschen stehen nach dieser Untersuchung mit einem Anteil von 8,3 Prozent die Universitätsabsolventen. Im Vergleich dazu sind es bei Arbeitern mit Berufsausbildung lediglich 2,8 Prozent. Die Grauzone zwischen gebildetem Konservativismus und gewöhnlichem Rechtsradikalismus ist – so scheint es – fast flächendeckend geworden.

Vor dem Hintergrund der deutschen Geschichte ist das eine erschreckende Erkenntnis. Den Metaphysikern zur Erinnerung: Das wirklich Böse kam nicht von den Rändern der europäischen Zivilisation, sondern aus dem Zentrum der deutschen Hochkultur, aus der Tiefe der faustischen Seele. Der Teufel hat, so weiß man, verschiedene Masken. Auch Goethes Mephisto tauschte die Rollen und nahm, wie schon Schiller erkannte, «zuweilen die Vernunft gegen den Faust in Schutz». Dabei gewinnt er so kumpelhafte Züge, daß er einem «Gutmenschen» gleicht. «Gutmensch» ist heute aber das Schimpfwort für naive Sozialtherapeuten und moralisierende Intellektuelle. Wie sollte ein Mephisto, der schon im 19. Jahrhundert der faustischen «Willenskultur» unterlag, im Zeitalter der Medien und globalen Pakte als Repräsentant der Vernunft überleben können?

Die Technisierung von Leib und Seele erscheint ebenso unaufhaltsam wie die technologische Instrumentalisierung der Philosophie. In der medienstrategischen Umformung der Gegenwartskultur hat die aufklärerisch-intellektuelle Geste fundamental an Einfluß und Glaubwürdigkeit verloren. Dem herkömmlichen Anwalt des vernünftigen Allgemeinen und der «zersetzenden» Kritik bleiben – so scheint es – nur hilflose Flaschenpost-Botschaften in einem «telematisch» dominierten Aktionsraum. In dieser Situation droht nicht nur der kritische Intellektuelle ein Opfer seiner veralteten Vorstellungen zu werden, sondern ebenso der affirmative «Gegenintellektuelle». Reaktionäre Medienkritik und Zelebration der Schriftkultur in Form von Kanonverordnungen sind Ausdruck von Wirklichkeitsverlust und Autoritätsmangel. Auch der fliegende Wechsel mancher Metaphysiker von ihrer apokalyptischen Kassandrarolle zur Technikeuphorie hechelt den medialen Beschleunigungsvorsprüngen hinterher und bleibt rhetorischer Selbstbetrug. Strategien zur Kompensation des geistigen Machtverlustes münden immer häufiger in Unterwürfigkeit gegenüber dem Herrschaftswissen der Technologen.

Das Problem Mephistos war es, das Böse zu wollen und das Gute zu schaffen. Dem intellektuellen «Gutmenschen» wirft man heute das Gegenteil vor. Hinter den ins Böse entarteten ideologischen Großversuchen des naiven Humanismus verbarg sich ursprünglich das Ziel, den Menschen zu bessern. Die «Rechnungszeit» der Versuche stimmte nicht. Schon Lessing unterwarf in seinem «Faust»-Fragment die Höllengeister einem Geschwindigkeitstest, denn er hatte erkannt, daß «nichts schneller ist» als der «Übergang vom Guten zum Bösen». Daß die Vernunft zu langsam ist, um die Wiederkehr des Bösen aufzuhalten, ist aber nicht nur ein Phänomen im Beschleunigungszeitalter der Medien. Schon Heinrich Heine wußte, daß Geschwindigkeit durch Anmut ergänzt werden muß. Daher hat er seine Mephistophela als «sensiblen Geist» definiert, der «nicht bloß die Geschwindigkeit des Gedankens, sondern auch die Macht der Poesie» verkörpere. Nur wenn «Geschwindigkeit des Gedankens» und «Macht der Poesie» zusammenkommen, wird auch der verteufelte Gegensatz zwischen Aufklärung und Romantik aufgehoben.

Oder anders ausgedrückt: Wenn die technologischen Geschwindigkeitsprozesse die Existenz des traditionellen Intellektuellen und die des gegenintellektuellen Mandarins gleichermaßen bedrohen, wäre eigentlich ein neuer Pakt angesagt. Die Ideen der Freiheit, der Toleranz und der Menschenwürde sind Errungenschaften der Aufklärung, die nicht geopfert werden dürfen – weder einer totalen Ideologisierung noch der realpolitischen Dekonstruktion. In diesem Zusammenhang hat der polnische Schriftsteller Andrzej Szczypiorski darauf hingewiesen, daß die deutschen Intellektuellen nach 1989 eine einmalige Chance und Aufgabe haben, die Erfahrungen mit zwei verschiedenen Formen des Totalitarismus aufzuarbeiten und für eine europäische Zivilisation fruchtbar zu machen. Das wäre ein zeitgemäßer faustischer Höhenflug, für den Mephisto seinen Zaubermantel noch einmal ausbreiten sollte.

Anhang

Danksagung

Für liebevolle Unterstützung in allen Arbeitsphasen danke ich Renate Lohse-Jasper, für Anregung und Diskussion vor allem Jochen Meister, Detlef Michel, Julius H. Schoeps, Alphons Silbermann und Bernhard Vogt, für wichtige Hinweise Karl-Otto Conrady und Walter Jens. Ein besonderer Dank für die kritische Durchsicht des Manuskriptes gilt Rüdiger Dammann und Claudia Schmölders.

Quellen- und Literaturverzeichnis

Schon 1856 verzweifelte Karl Rosenkranz an der «Unermeßlichkeit der Faustliteratur». Inzwischen scheitert jeder Forschungsbericht an dem Versuch, die Literatur zu Goethes «Faust» vollständig zu erfassen. Auch Hans Henning, der von 1966 bis 1976 an einer Bilanz gearbeitet hat, konnte mit 8000 Titeln nur eine Auswahl treffen. Ebenso gleicht die periodische Registratur in den Jahrbüchern der Goethe-Gesellschaft dem Wettlauf zwischen Hase und Igel. Beruhigend ist die Feststellung, daß auch das Internet den Geschwindigkeitstest nicht besteht. Rüdiger Scholz zog aus dieser Situation für seinen «einführenden Forschungsbericht» 1983 den vernünftigen Schluß, daß der Anspruch auf Vollständigkeit «auch nicht sinnvoll» sei, «weil sich die Argumente vielfach wiederholen». Er fand, «daß der Fülle von Sekundärliteratur nicht eine ebensolche Fülle wissenschaftlichen Scharfsinns entspricht». Und Albrecht Schöne, der 1994 von «wohl annähernd 10000 Titeln» ausging, verzeichnet in der Bibliographie seiner kritischen Edition «lediglich diejenigen Arbeiten, die dem Herausgeber und seinen Helfern erreichbar waren und ihm bei der Einrichtung des Textes dienlich gewesen sind».

Für das Auswahlprinzip der Quellen zum erweiterten Thema «Faust und die Deutschen» gilt natürlich in besonderem Maß das Gebot der Zweckdienlichkeit. Als «zweckdienlich» haben sich in diesem Zusammenhang auch eigene Vorarbeiten erwiesen – wie u. a.: «Keinem Vaterland geboren. Ludwig Börne – eine Biographie» (Hamburg 1989), «Stunde der Gegen-Intellektuellen?» (Essay für die *Neue Zürcher Zeitung* vom 11. 1. 1993) sowie «Faust und die Deutschen. Zur Entwicklungsgeschichte eines literarischen und politischen Mythos» (Beitrag für die *Zeitschrift für Religions- und Geistesgeschichte*, Heft 3 [1996]). Bereits im Text angegebene Titel, Zeitschriften und Zitate aus Sammelwerken sind in der Regel nicht als Einzelnachweise aufgenommen.

Alexander Abusch: Faust – Held oder Renegat in der deutschen Nationalliteratur? In: Sinn und Form Nr. 3–4 (1953)
Theodor W. Adorno: Zur Schlußszene des Faust. In: Ders.: Noten zur Literatur. Frankfurt / Main 1994
Agrippa ab Nettesheym: De occulta philosophia. Hg. v. Karl Anton Nowotny. Graz 1967
Hannah Arendt: Elemente und Ursprünge totaler Herrschaft. Frankfurt / Main 1955
Alphonse Aulard: Le culte de la Raison et le culte de L'Etre Supreme. Essai historique. Paris 1892 (Nachdruck Aalen 1975)
Lothar Baier: Das Vergehen der Vergangenheit im Fernsehen. Der Barbie-Prozeß als Geschichtsstunde. In: Merkur 9 / 10 (1987)
Alfred Bäumler: Männerbund und Wissenschaft. Berlin 1934
Avram Baleanu: Die Geburt des Ahasver. In: Menora-Jahrbuch für deutsch-jüdische Geschichte. Bd. 2 (1991)
Wilfried Barner: 150 Jahre nach seinem Tod. Goethe und die Juden. In: Bulletin des Leo Baeck Instituts 63 (1982)
Julien Benda: Der Verrat der Intellektuellen. Frankfurt / Main 1988
Ernst Bloch: Figuren der Grenzüberschreitung. In: Sinn und Form. 2 (1956)
Ders.: Tübinger Einleitung in die Philosophie. Werkausgabe Bd. 13. Frankfurt / Main 1985
Walter Benjamin: Das Kunstwerk im Zeitalter seiner technischen Reproduzierbarkeit. In: Ders.: Gesammelte Schriften hg. v. Rolf Tiedemann und Hermann Schweppenhäuser. Frankfurt / Main 1974, Bd. I,2
Walter Benjamin 1892–1940. Ausstellungsband. Marbacher Magazin 55 / 1990
Dietz Bering: Die Intellektuellen. Geschichte eines Schimpfwortes. Stuttgart 1978
Helmut Berschin: Deutschland im Spiegel der französischen Literatur. München 1992
Johannes Bertram: Goethes Faust im Blickfeld des XX. Jahrhunderts. Eine weltanschauliche Deutung. Hamburg 1963 (zuerst 1939)

Heinz Boberach (Hg.): Meldungen aus dem Reich. Die geheimen Lageberichte des Sicherheitsdienstes der SS 1938–1945. Bd. 7. Herrsching 1984

Klaus Briegleb: Opfer Heine? Versuche über Schriftzüge der Revolution. Frankfurt / Main 1986

Wilhelm Böhm: Faust der Nichtfaustische. Halle 1933

Karl Heinz Bohrer: Die Ästhetik des Schreckens. Die pessimistische Romantik und Ernst Jüngers Frühwerk. München / Wien 1978

Ludwig Börne: Über Geist und Zweck des akademischen Lebens In: Sämtliche Schriften. Neu bearbeitet und hg. von Inge und Peter Rippmann. 5 Bde. Düsseldorf / Darmstadt 1964–1968

Bertolt Brecht: Thesen zur Faustus-Diskussion. In: Sinn und Form. 2 / 3 (1953)

Hauke Brunkhorst: Der Intellektuelle im Land der Mandarine. Frankfurt / Main 1987

Konrad Burdach: Faust und Moses. In: Sitzungsbericht der Königlich Preußischen Akademie der Wissenschaften. Philologisch-historische Klasse. Berlin 1912

Karl Otto Conrady: Goethe. Leben und Werk. Neuausgabe. München 1994

André Dabezies. Visage de Faust au XXe siècle. Littérature, ideólogie et mythe. Paris 1967

Richard Daunicht: Lessing im Gespräch. Berichte und Urteile von Freunden und Zeitgenossen. München 1971

Christoph Daxelmüller: Zauberpraktiken. Eine Ideengeschichte der Magie. Zürich 1993

«Deutschland, Deutschland» (Themenheft). Kursbuch Nr. 109 (1992)

Wilhelm Dilthey: Das Erlebnis und die Dichtung. 13. Auflage. Stuttgart 1957

Horst Domdey: Faust und die Nachrüstung. In: Berliner Hefte 18 (1981)

Heinrich Düntzer: Göthe's Faust in seiner Einheit und Ganzheit wider seine Gegner dargestellt. Nebst Andeutungen über Idee und Plan des Wilhelm Meister und zwei Anhängen: über Byron's Manfred und Lessing's Doktor Faust. Köln 1836

Johann Peter Eckermann: Gespräche mit Goethe in den letzten Jahren seines Lebens. (Goethe, Münchner Ausgabe Bd. 19). München 1986.

Hanns Eisler: Johann Faustus. Oper. Fassung letzter Hand. Hg. von Hans Bunge. Mit einem Nachwort von Werner Mittenzwei. Berlin 1983

Kurt R. Eissler: Goethe. Eine psychoanalytische Studie 1775–1786. 2 Bde. Frankfurt / Main 1983 / 85

Wilhelm Emrich: Die Symbolik von «Faust II». Königstein 1981 (zuerst 1943)

Michael von Engelhardt: Der plutonische Faust. Eine motivgeschichtliche Studie zur Arbeit am Mythos in der Faust-Tradition. Basel / Frankfurt / Main 1992

Hans Magnus Enzensberger: Nieder mit Goethe. Requiem für eine romantische Frau. Frankfurt / Main 1995

Faust – Annäherung an einen Mythos. Begleitband zur Ausstellung. Hg. von Frank Möbus / Friederike Schmidt-Möbus / Gerd Unverfehrt. Göttingen 1995

Helmut Fensch / Dieter Seidel / Andreas Zieger u. a.: Textbuch zu «Faust I–III – oder Blaue Engel über Sanssouci». Aufführung des Ersten Preussischen Staatskabaretts. Potsdam 1997 / 98

Saul Friedländer: Kitsch und Tod. Der Widerschein des Nazismus. München 1986

Karl Gabler: Faust-Mephisto der deutsche Mensch. Berlin 1938

Peter Gay: «Ein gottloser Jude». Sigmund Freuds Atheismus und die Entwicklung der Psychoanalyse. Frankfurt / Main 1988

Martin Geck: Von Beethoven bis Mahler. Die Musik des deutschen Idealismus. Stuttgart / Weimar 1993

Hermann Glaser: Bildungsbürgertum und Nationalismus. München 1993

Georg Gottfried Gervinus: Neuere Geschichte der poetischen Nationalliteratur der Deutschen. Zweiter Theil. Von Goethes Jugend bis zur Zeit der Befreiungskriege. Leipzig 1842

Johann Wolfgang Goethe: Sämtliche Werke. Briefe, Tagebücher und Gespräche. 40 Bde. Frankfurt/Main 1985 ff.

André Glucksmann: Die Meisterdenker.Reinbek 1978

Daniel Jonah Goldhagen: Hitlers willige Vollstrecker. Ganz gewöhnliche Deutsche und der Holocaust. Berlin 1996

Herman Grimm: Goethe. Vorlesungen, gehalten an der Königlichen Universität zu Berlin. 7 Bde. 1903 (zuerst 1877)

Christian Dietrich Grabbe: Don Juan und Faust. Eine Tragödie in vier Akten. In: Ders. Werke und Briefe. Historisch-kritische Gesamtausgabe in 6 Bänden. Hg. von der Akademie der Wissenschaften in Göttingen. Emsdetten 1960. Bd. 1

Reinhold Grimm / Jost Hermand (Hg.): Die Klassik-Legende. Frankfurt / Main 1971

Gustaf Gründgens: Wirklichkeit des Theaters. Frankfurt / Main 1954

Jürgen Habermas: Philosophisch-politische Profile. Frankfurt / Main 1981

Otto Julius Hartmann: Faust. Der moderne Mensch in der Begegnung mit dem Bösen. Freiburg 1957

Heinrich Heine: Der Doktor Faust. Ein Tanzpoem, nebst kuriosen Berichten über Teufel, Hexen und Dichtkunst. In: Ders.: Historisch-kritische Gesamtausgabe der Werke. Hg. von Manfred Windfuhr. Bd. 9. Hamburg 1987

Georg Friedrich Wilhelm Hegel: Phänomenologie des Geistes. In: Werkausgabe. Frankfurt / Main 1969 ff.

Jost Hermand: Der alte Traum vom neuen Reich. Völkische Utopien und Nationalsozialismus. Frankfurt / Main 1988

Rudolf Honegger: Goethe und Hegel. In: Jahrbuch der Goethe-Gesellschaft. 11. Bd. Weimar 1925

Karl-Heinz Hucke: Figuren der Unruhe. Tübingen 1992

Karl Jaspers: Unsere Zukunft und Goethe. Zürich 1948

Walter Jens: Völkische Literaturbetrachtung heute. In: Hans Werner Richter (Hg.): Bestandsaufnahme. Eine deutsche Bilanz. München / Wien / Basel 1962

Ernst Jünger: Das abenteuerliche Herz (1929). In: Essays III. Stuttgart o. J.

Kant et la modernité (Themenheft). Magazien littéraire. No. 309 (April 1993)

Jacob Katz: Vom Vorurteil bis zur Vernichtung. Der Antisemitismus 1700–1933. München 1989

Manfred Kittel: Die Legende von der «Zweiten Schuld». Vergangenheitsbewältigung in der Ära Adenauer. Berlin / Frankfurt / Main 1993

Joachim Köhler: Wagners Hitler. Der Prophet und sein Vollstrekker. München 1997

Dosio Koffler: Die deutsche Walpurgisnacht. Ein Spiel in 5 Szenen. Mit einem Nachwort von Karl Riha. Mannheim 1987 (zuerst London 1941)

Helmut König / Wolfgang Kuhlmann / Klaus Schwabe: Vertuschte Vergangenheit. Der Fall Schwerte und die NS-Vergangenheit der deutschen Hochschulen. München 1997

Hermann August Korff: Faustischer Glaube. Leipzig 1938

Julius Langbehn: Der Rembrandtdeutsche. Von einem Wahrheitsfreund. Dresden 1892

Nikolaus Lenau: Faust. Ein Gedicht. In: Ders.: Sämtliche Werke und Briefe. Bd. 2. Leipzig 1911

Wolfgang Leppmann: Goethe und die Deutschen. Der Nachruhm eines Dichters im Wandel der Zeit und der Weltanschauungen. Ein Spiegelbild deutscher Kultur und Bildung. Stuttgart 1962 (Erw. Neufassung 1982)

Dorothea Lohmeyer: Faust und die Welt. Der zweite Teil der Dichtung. Eine Anleitung zum Lesen des Textes. München 1975 (zuerst 1940)

Georg Lukács: Faust-Studien. In: Faust und Faustus. Vom Drama der Menschengestaltung zur Tragödie der modernen Kunst. Ausgewählte Schriften II. Reinbek 1967

Günther Mahal: Mephistos Metamorphosen. Fausts Partner als Repräsentant literarischer Teufelsgestaltung. Göppingen 1972

Ders.: Faust – Die Spuren eines geheimnisvollen Lebens. Bern / München 1980

Ders.: Faust und Faust. Der Teufelsbündner in Knittlingen und Maulbronn. Tübingen 1997

Karl Robert Mandelkow (Hg.): Goethe im Urteil seiner Kritiker. Dokumente zur Wirkungsgeschichte Goethes in Deutschland (1773–1982). Teil I–IV. München 1975–1984

Heinrich Mann: Professor Unrat. In: Studienausgabe in Einzelbänden. Hg. von Peter-Paul Schneider. Frankfurt / Main 1987 ff.

Klaus Mann: Mephisto. Roman einer Karriere. Reinbek 1980
Thomas Mann: Doktor Faustus. Das Leben des deutschen Tonsetzers Adrian Leverkühn erzählt von einem Freunde. Frankfurt / Main 1982
Ders.: Goethes Laufbahn als Schriftsteller. Zwölf Essays und Reden zu Goethe. Frankfurt / Main 1982
Ders.: Tagebücher 1946–1948. Frankfurt / Main 1989
Ders.: Deutschland und die Deutschen. In: Essays. Bd. 5. Frankfurt / Main 1996
Karl Marx: Das Kapital. Kritik der politischen Ökonomie. Erster Band (nach der vierten, von Friedrich Engels durchgesehenen Auflage 1890). Berlin 1971
Gert Mattenklott: «Auf den Füßen gehts nicht mehr, / Drum gehen wir auf den Köpfen». Literarische Komplexität und der Komplex Ökonomie. In: Das Argument 99 (1976)
Hans Mayer: Zur deutschen Klassik und Romantik. Pfullingen 1963
Siegfried Melchinger: Faust für uns. Über Gründgens' Hamburger Inszenierungen. Hamburg 1959
Moses Mendelssohn: Selbstzeugnisse. Ein Plädoyer für Gewissensfreiheit und Toleranz. Hg. von M. Pfeideler. Tübingen / Basel 1979
Martin Meyer (Hg.): Intellektuellendämmerung? Edition Akzente. München / Wien 1992
Peter Michelsen: Mephistos «eigentliches Element». Vom Bösen in Goethes «Faust». In: Carsten Colpe / Wilhelm Schmidt-Biggemann (Hg.): Das Böse. Eine historische Phänomenologie des Unerklärlichen. Frankfurt / Main 1993
Der militairische Faust. Eine Höllenparodie vom Famulus Wagner. Illustriert von O. Berlin 1891
Werner Mittenzwei: «Faust '82». Entwurf zu einem Gemeinschaftsprojekt der Berliner Bühnen. Berlin 1980
Arthur Moeller van den Bruck: Die Deutschen. Unsere Menschengeschichte. 8 Bde. Minden 1904–1910
Engelbert Monnerjahn: Giovanni Pico della Mirandola. Ein Beitrag zur philosophischen Theologie des italienischen Humanismus. Wiesbaden 1960

Ernst Niekisch: Das Reich der niederen Dämonen. Reinbek 1953
Friedrich Nietzsche: Die Geburt der Tragödie. In: Werke in 3 Bänden. Hg. von Karl Schlechta. München 1969
Ernst Nolte: Streitpunkte. Heutige und zukünftige Kontroversen um den Nationalsozialismus. Berlin / Frankfurt 1993
Karl Justus Obenauer: Der faustische Mensch. Jena 1922
Werner Otto: Richard Wagner. Ein Lebens- und Charakterbild in Dokumenten und zeitgenössischen Darstellungen. Berlin 1990
Robert Petsch (Hg.): Das Volksbuch vom Doktor Faust (nach der ersten Ausgabe 1587). Halle/S. 1911 (= Neudrucke deutscher Literaturwerke des XVI. und XVII. Jahrhunderts)
Ders. (Hg.): Lessings Faustdichtung. Mit erläuternden Beigaben (= Germanische Bibliothek. Untersuchungen und Texte. Bd. 4). Heidelberg 1911
Léon Poliakov: Der arische Mythos. Zu den Quellen von Rassismus und Nationalismus. Neuausgabe. Hamburg 1993
Harry Pross: Studenten, Verbindungen, Politik. In: Vor und nach Hitler – Zur deutschen Sozialpathologie. Olten / Freiburg 1962
Adalbert Reif: Albert Speer. Kontroversen um ein deutsches Phänomen. München 1978
Fritz K. Ringer: Die Gelehrten. Stuttgart 1983
Nico Rost: Goethe in Dachau. Berlin 1948
Rüdiger Safranski: Das Böse oder das Drama der Freiheit. München / Wien 1997
Friedrich Wilhelm Joseph Schelling: Philosophie der Kunst (1859). In: Schellings Werke. Hg. von Manfred Schröter. Bd. 3. München 1927
Heinz Schlaffer: Faust Zweiter Teil. Die Allegorie des 19. Jahrhunderts. Stuttgart 1981
Einar Schleef: Droge Faust Parsifal. Frankfurt / Main 1997
Carl Schmitt: Staat, Bewegung, Volk. Hamburg 1934
Albrecht Schöne: Götterzeichen, Liebeszauber, Satanskult. Neue Einblicke in alte Goethetexte. München 1982
Ders. (Hg.): Faust. Texte / Kommentare (Johann Wolfgang Goethe. Gesammelte Werke, a. a. O.). I. Abteilung. Bd. 7 / 1 u. 2. Frankfurt / Main 1994

Julius H. Schoeps: Deutsch-jüdische Symbiose oder Die mißglückte Emanzipation. Bodenheim 1996

Ders. (Hg.): Ein Volk von Mördern? Die Dokumentation zur Goldhagen-Kontroverse um die Rolle der Deutschen im Holocaust. Hamburg 1996

Rüdiger Scholz: Die beschädigte Seele des großen Mannes. Goethes «Faust» und die bürgerliche Gesellschaft. Rheinfelden 1982

Ders.: Goethes «Faust» in der wissenschaftlichen Interpretation von Schelling und Hegel bis heute. Ein einführender Forschungsbericht. Rheinfelden 1983

Christoph Schulte: «radikal böse». München 1988

Hans Schwerte: Faust und das Faustische. Ein Kapitel deutscher Ideologie. Stuttgart 1962

Heimo Schwilk / Ulrich Schacht (Hg.): Die Selbstbewußte Nation. «Anschwellender Bocksgesang» und weitere Beiträge zu einer deutschen Debatte. Frankfurt / Main / Berlin 1994

Klaus von See: Barbar, Germane, Arier. Die Suche nach der Identität der Deutschen. Heidelberg 1994

Alphons Silbermann: Propheten des Untergangs. Das Geschäft mit den Ängsten. Bergisch Gladbach 1995

Oswald Spengler: Der Untergang des Abendlandes. Bd. 1. München 1923

Botho Strauß: Die Fehler des Kopisten. München 1997

Die Tagebücher von Joseph Goebbels. Sämtliche Fragmente. Hg. von Elke Fröhlich im Auftrag des Instituts für Zeitgeschichte und in Verbindung mit dem Bundesarchiv. Teil I, Bd. 3. München / New York / London / Paris 1987

Klaus Theweleit: Männerphantasien. 2 Bde. Frankfurt/Main 1977 / 78

Alexander Tille (Hg.): Die Faustsplitter in der Literatur des 16. bis 18. Jahrhunderts. Nach den ältesten Quellen. Berlin 1900

Ernst Troeltsch: Deutscher Geist und Westeuropa. Tübingen 1925

Erich Trunz: Anmerkungen des Herausgebers zu Goethes «Faust». In: Goethes Werke. Hamburger Ausgabe. Bd. 3, 5. Auflage. Hamburg 1960

Hermann Türck: Goethe und sein Faust. Leipzig 1921
Volker Ullrich: Die nervöse Großmacht 1871–1918. Aufstieg und Untergang des deutschen Kaiserreichs. Frankfurt/Main 1997
Friedrich Theodor Vischer (Deutobald Symbolizetti Allegoriowitsch Mystfizinsky). Faust. der Tragödie Dritter Theil. Treu im Geiste des zweiten Theils des Goetheschen Faust gedichtet. Tübingen 1862
Klaus Völker (Hg.): Faust. Ein deutscher Mann. Die Geburt einer Legende und ihr Fortleben in den Köpfen. Ein Lesebuch. Berlin 1975
Max Weber: Gesammelte Aufsätze zur Religionssoziologie I. Tübingen 1978
Ralph-Rainer Wuthenow: Nachwort. In: Friedrich Nietzsche: Unzeitgemäße Betrachtungen. Frankfurt/Main 1986

Namenregister